Susan Pohlmann

Unser italienisches Jahr

Eine Familie steigt aus –
und findet wieder zueinander

Über die Autorin

Susan Pohlman lebt mit ihrem Mann Tim und den beiden Kindern in Arizona. Sie ist Lehrerin und hat neben dem vorliegenden Buch bereits Drehbücher für verschiedene Kurzfilme geschrieben.

SUSAN POHLMAN

UNSER *italienisches* JAHR

Eine Familie steigt aus –
und findet wieder zueinander

Aus dem Amerikanischen von Elke Wiemer

GerthMedien

FSC
www.fsc.org
MIX
Papier aus verantwortungsvollen Quellen
FSC® C014496

Verlagsgruppe Random House FSC-DEU-0100
Das für dieses Buch verwendete FSC®-zertifizierte Papier
Munken Premium Cream liefert Arctic Paper Munkedals AB, Schweden.

Die amerikanische Originalausgabe
erschien im Verlag Guideposts Books, Harlan, IA,
unter dem Titel „Halfway To Each Other".

1. Auflage 2012
Bestell-Nr. 816 665
ISBN 978-3-86591-665-5

Umschlaggestaltung: Hanni Plato
Umschlagfoto: Getty Images/Kieran Scott
Satz: Die Feder GmbH, Wetzlar
Druck und Verarbeitung: GGP Media GmbH, Pößneck
Printed in Germany

Manchmal wünschen wir uns,
dass uns Kämpfe erspart bleiben,
und ahnen nicht,
dass das Licht im Kampf mit der Finsternis
umso heller scheint.

W. Michael Gear

Vorwort

Tim und ich haben unseren Traugottesdienst gemeinsam geplant. Er hatte sich einige Bibelverse ausgesucht und dann Personen aus seiner Verwandtschaft gebeten, sie vorzulesen, und ich tat dasselbe. Ganz normale Hochzeitsvorbereitungen, dachte ich. Das Einzige, was manchen seltsam vorkam, war die Bibelstelle, die ich ausgesucht hatte. Ich fühlte mich auf unerklärliche Weise zu Matthäus 6,25-34 hingezogen, wo es darum geht, Gott ganz zu vertrauen, weil er für uns genauso sorgen wird wie für die Blumen auf dem Feld oder die Vögel am Himmel, wenn wir uns ganz auf ihn verlassen.

Ich überreichte dem Pfarrer die Verse sauber in kursiver Schrift gedruckt. Der warf einen Blick darauf und meinte: „Das ist mal etwas ganz Neues. Sind Sie sich sicher, dass Sie diese Verse nehmen wollen?"

Ich nickte.

„Es gibt jede Menge Verse über die Liebe zur Auswahl."

„Ich kann Ihnen nicht erklären, warum", erwiderte ich. „Ich hatte einfach den ganz starken Eindruck, dass das die richtigen Verse sind."

Er rückte seine Brille zurecht, las die Verse noch einmal, zuckte dann mit den Schultern und stieß hörbar die Luft aus.

Heute bin ich mir sicher, dass das Gottes volle Absicht war. Aus irgendeinem Grund wollte er, dass ich diese Verse für immer im Hinterkopf haben würde. Seine zweite Botschaft bekam ich am Morgen des großen Tages.

Am 9. Oktober 1985 wurde ich von einem Erdbeben geweckt. In New Jersey gab es sonst nie Erdbeben. Ich nahm den Zettel mit den Bibelversen, las sie noch einmal und fühlte mich besser. Ich liebte meinen zukünftigen Ehemann über alles und hatte keinerlei Zweifel, was unsere Hochzeit anging. Deshalb kam mir auch nie der Gedanke, dass wir in den kommenden Jahren schwere Zeiten durchleben würden. Aber Gott wusste es.

Achtzehn Jahre und zwei Kinder später verbannte ich diese inzwischen reichlich abgenutzten Bibelverse endgültig aus meinem Gedächtnis. Ich fühlte mich leer und war bitter enttäuscht und am Boden zerstört, weil wir nicht zu den wenigen Paaren gehören würden, die bis an ihr Lebensende beieinanderblieben. Ich hatte die Blumen auf dem Feld satt, und die Vögel sollten von mir aus irgendwo anders hinfliegen. Unsere Ehe war hinüber, und soweit es mich betraf, hatte Gott seinen Teil der Abmachung nicht eingehalten.

Das war's.

Aber für Gott noch nicht. Heimlich, still und leise schmuggelte er die Verse wieder an ihren Platz, weil er wusste, dass ich schon bald wieder danach greifen und sie endlich verstehen würde.

Unmittelbar vor unserer Scheidung trafen mein Mann und ich eine äußerst ungewöhnliche Entscheidung. In einem leicht irrationalen Glaubensschritt und im Vertrauen auf Gottes Gnade zogen wir mit unserer ganzen Familie nach Italien.

Unsere Eheberaterin meinte, das sei „bestenfalls ein ausgeklügeltes Ausweichmanöver". Als sie unbedingt eine Erklärung dafür haben wollte, antworteten wir: „Wir können es nicht erklären. Wir hatten einfach den ganz starken Eindruck, dass wir es tun sollten."

„Ich verstehe." Der Blick ihrer blauen Augen wanderte von mir zu Tim, während die Minuten unserer letzten Sitzung mit ihr vergingen. „Na gut, Sie wissen ja, wie Sie mich erreichen können, wenn Sie zurückkommen."

Menschen, die Lebenskrisen durchgemacht haben, sagen oft, dass ihr Glaube sie durchgetragen hat. Heute weiß ich, dass Gott uns jeden Tag Botschaften und Eindrücke schickt, aber wir hören sie nur hin und wieder und befolgen sie noch seltener.

Ich nahm mir die Verse in Matthäus 6,25-34 erst zu Herzen, als ich emotional am Boden zerstört war. Erst dann hörte ich genau hin, wie ein Kind, das an der Tür lauscht.

Kapitel 1

Das Ende vom Anfang

Es war in der letzten Maiwoche 2003. Ich war mit meinem Mann Tim, der sehr erfolgreich einen Radiosender in Los Angeles leitete, und einigen Geschäftskunden des Radiosenders auf einer Italienreise. Ich spielte brav meine Rolle als pflichtbewusste Ehefrau und half Tim, dafür zu sorgen, dass etwa 40 Geschäftspartner eine unvergessliche Zeit in Florenz und Portofino erlebten.

Tim war ein beeindruckender Zwei-Meter-Mann, zu dessen Stärken es – neben der Leitung von Radiosendern – gehörte, sich sicher in allen Gesellschaften zu bewegen. Und ich war nach so vielen Jahren Ehe mit ihm ebenfalls sehr gut darin geworden, anderen Honig um den Bart zu schmieren. Über die Jahre hatten wir etliche dieser Bonusreisen veranstaltet und erwarteten – abgesehen davon, dass wir neue Leute kennenlernen würden – nichts Außergewöhnliches: die üblichen schicken Hotels, gutes Essen und interessante Ausflüge, alles auf Firmenkosten.

Es war eine Geschäftsreise, nicht für romantische Zweisamkeit unter der toskanischen Sonne gedacht. Diese Zeiten waren für uns schon lange vorbei. Während wir in Italien waren, entwickelte mein Rechtsanwalt zu Hause einen Schlachtplan, wie ich aus dieser Ehe, die schon seit Jahren keine mehr war, möglichst ungeschoren herauskommen konnte.

Nach zahlreichen heftigen Auseinandersetzungen darüber, wer von uns beiden schwerer arbeitete, den anderen weniger beachtete, sich mehr um die Kinder kümmerte oder weniger, mehr Geld ausgab und weniger Interesse an dieser Ehe hatte, waren wir jetzt am absoluten Nullpunkt angelangt. Wir hatten uns vor dem Italien-Trip über unseren schön polierten Esstisch hinweg angesehen und es uns eingestanden:

Wir hatten einander satt.

Wir hatten es satt, uns ständig zu fragen, was wer falsch gemacht hatte, oder so zu tun, als seien wir glücklich. Wir hatten das anstrengende Leben miteinander satt. Wir hatten es satt, unsere Streitigkeiten mit unserer Eheberaterin aufzuarbeiten. Nach über 20 Jahren als Ehepaar waren wir nur noch Marionetten, die ihre Rollen als Mann und Frau spielten. Und unsere beiden Kinder, die 14-jährige Katie und der 11-jährige Matt, litten spürbar unter unserer unterschwelligen Wut aufeinander.

Als wir uns gegenseitig fragten, was aus unserer Ehe werden sollte, hatten wir beschlossen, dass wir es noch einmal versuchen wollten. Doch ich hatte gelogen.

In Florenz gab ich vor, dass nichts von alledem wirklich geschah, denn ich musste ja die Beziehungen zu den Menschen pflegen, die das Budget des Senders und damit auch die zukünftigen Unterhaltszahlungen meines Mannes positiv beeinflussen konnten. Wir arbeiteten gut zusammen – aber nur äußerlich. Innerlich hatte ich mich total abgeschottet.

Ich half Tim also, damit die Besichtigung des Doms für die Autohändler und Filialleiter reibungslos verlief. Aber die Tränen, die mir kamen, als ich die gewaltige Größe des Doms und seine wunderschönen Fresken, Gemälde und Skulpturen sah, trafen mich vollkommen unvorbereitet. Ich druckte kleine Stadtpläne aus, damit unsere Schützlinge sich in den Kopfsteinpflastergassen zurechtfanden. Aber als ich dann selbst durch die Straßen schlenderte, war ich überrascht, wie sehr mich die mittelalterlichen Gassen, die prachtvollen Häuser und die Kirchen mit ihren Werken von Michelangelo und Leonardo da Vinci verzauberten.

Pflichtbewusst führte ich Sehenswürdigkeiten wie die *Basilica Santa Croce* auf den Tagesplänen auf, die ich den Teilnehmern jeden Morgen unter der Tür hindurchschob. Aber als wir die gotische Basilika aus dem 14. Jahrhundert betraten, verschlug es mir die Sprache, als ich vor den Gräbern von Galileo, Michelangelo, Rossini, Machiavelli und anderen berühmten Florentinern stand. Irgendetwas hatten diese Männer gemeinsam, die nicht aufgaben, als alles gegen sie sprach, und nicht müde wurden, den Weg für bahnbrechende philosophische und wissenschaftliche Erkenntnisse zu bereiten. Plötzlich war Florenz nicht mehr nur eine Stadt mit jeder Menge Kunst und Geschichte.

Was ich nicht wusste, war, dass sich auch bei Tim etwas veränderte. Keiner von uns konnte es in Worte fassen, wir spürten nur, dass etwas anders war.

Am vierten Tag unserer Reise erwachte ich in Santa Margherita Ligure an der italienischen Riviera in einem vornehmen Hotel mit dem Namen *Miramare*. Während Tim noch schlief, setzte ich mich im Bett auf und schaute aus dem schmalen Fenster, das von strahlend weißen Gardinen umrahmt wurde, die sich in einer sanften Meeresbrise blähten. Von unserem Fenster im dritten Stock sah ich ein einsames Segelboot, dessen Segel zunächst grau, dann orange und zuletzt weiß aussah, während es sich im wechselnden Licht der aufgehenden Sonne durch den Hafen bewegte. Ich war seltsam ruhig, ja ich spürte sogar so etwas wie inneren Frieden. Das war ungewöhnlich.

Ich kuschelte mich wieder neben Tim unter die Bettdecke.

„Hey", flüsterte ich.

Grummeln. Schnarchen.

„Wach auf."

Langsam öffnete Tim die Augen und warf einen verschlafenen Blick auf den eleganten Reisewecker, der auf dem Nachttisch stand. „Wir sind doch gerade erst ins Bett gegangen."

„Die Berge und das Meer sehen aus wie gemalt."

„Das steht nicht im Programm."

„Glaub mir."

Wir zogen unsere weißen Morgenmäntel an und ließen uns das Frühstück aufs Zimmer bringen. Das Tablett nahmen wir mit nach draußen und saßen wie zwei Filmstars in der kühlen Morgenluft auf dem Balkon.

„Das ist eine Wahnsinnsaussicht."

„Hab ich dir doch gesagt", sagte ich und goss mir echte Sahne in meinen Kaffee. „Mach mal einen Augenblick die Augen zu und hör einfach hin." Stille, Vogelzwitschern, Wind in den Bäumen. Der melodische Klang der italienischen Sprache von einer Unterhaltung unter unserem Balkon.

Tim öffnete die Augen wieder und wir lachten.
„Florenz war …“
„Ich weiß.“
„Du weißt doch gar nicht, was ich sagen wollte.“
„Doch.“
„Und was wollte ich sagen?“
„Überwältigend, aufwühlend, unglaublich, lebensverändernd.“
„Na gut, alles davon.“
Oh, oh … *Moment mal. Sollte es tatsächlich möglich sein, dass wir unser Zusammensein genossen? Bloß nicht! Komm wieder runter.*
„Was steht denn heute auf dem Plan?“
„Bis zum Abend ist nichts geplant. Sollen wir etwas unternehmen?“
„Zusammen?!“ *Das ist eine lange Zeit bis zum Abend.*
„Was soll denn das heißen?“
„So habe ich das nicht gemeint.“
„Wie soll ich es denn sonst verstehen?“
„Was stellst du dir denn vor?“
„Wir könnten uns zwei Motorroller mieten.“
Hmm. Auf diese Art hätten wir genügend körperlichen und emotionalen Abstand voneinander, um den Nachmittag erfolgreich zu überleben.
„Gut.“
„Wir könnten in die Berge rauffahren und uns irgendwo unterwegs ein kleines Restaurant suchen.“
Das klang romantisch. Ich wurde nervös.
Nach einem gemütlichen Frühstück fragten wir den Portier nach einem Motorrollerverleih und gingen die von Palmen gesäumte Strandpromenade entlang in die Stadt.
Das ehemalige Fischerdorf hatte sich mit der Zeit zu einer richtigen Touristenattraktion entwickelt. In den schmalen Sträßchen waren elegante Boutiquen und Galerien zwischen Lebensmittelgeschäften und Bäckereien eröffnet worden. In einer dunklen Seitengasse fanden wir schließlich den Motorrollerverleih, aber er war geschlossen und die Motorroller standen angekettet davor. Wir warteten eine Weile, aber bald wurde uns klar, dass die

Öffnungszeiten auf dem Aushangschild wohl eher „denkbare Möglichkeiten für Öffnungszeiten" waren.

Die Sonne stand schon hoch am Himmel, und so beschlossen wir, dass ein Nachmittag am Pool mit Blick aufs Meer eine angemessene Alternative wäre. Wir schlenderten gemächlich die Strandpromenade zurück und genossen die Schönheit, die diese Gegend Italiens so einzigartig macht. Da waren die bunt gestrichenen Häuser mit ihren Fassadengemälden, die dem Auge Brüstungen, Stuck und Fensterläden vortäuschten, die es in Wirklichkeit gar nicht gab. Von Fenstern, Geländern und Torbögen rankten Blumen. Auf dem Meer spiegelte sich glitzernd das Sonnenlicht.

Hier hatte Christoph Columbus als kleiner Junge segeln gelernt. Tim griff nach meiner Hand, und es war ein gutes Gefühl, seine Hand zu halten. Einem solchen Anblick konnte man allein gar nicht standhalten – auch wenn man sich eigentlich aus dem Weg ging.

Und dann kam die übliche Unterhaltung, die wir auf jeder Reise, die wir je gemacht hatten, immer wieder geführt haben.

„Hier könnte ich bleiben", sagte Tim.

„Ich auch."

Aber dann kam die schicksalhafte Wendung.

„Nein, ich meine, hier könnte ich tatsächlich leben. Lieber heute als morgen."

Den übrigen Weg zum Hotel legten wir schweigend zurück. Er hatte gerade etwas Unerhörtes vorgeschlagen. Warum eigentlich nicht? Warum sollten wir uns dieses Lebensgefühl nicht dauerhaft sichern, indem wir hierherzogen?

Nein, nein, nein. Ich werde dich verlassen, hast du das schon vergessen? Diese Entscheidung hat mich schon zu viel Zeit und Kraft gekostet. Ich würde mich nicht von einem romantischen Spaziergang am Meer aus dem Gleis bringen lassen. Ich ermahnte mich selbst, mich zusammenzureißen.

Aber schon bald waren wir zu dritt. Links hielt ich Tims Hand, aber rechts klammerte ich mich an ein Erlebnis in der Anwaltskanzlei vor Kurzem. Bald fühlte sich meine linke Hand besser an.

Ich erinnerte mich daran, wie ich im Wartezimmer saß, während die anderen Klienten über ihre Ex-Partner und deren mangelnde Unterhaltszahlungen jammerten. Meine Gedanken wanderten zu dem Mann mit den grauen Haaren auf der Brust und der dicken Goldkette, der mir zugezwinkert hatte. Ich musste an die Blicke der anderen denken und daran, dass ihre Augen nicht mehr lachten. Es waren die traurigen Blicke von Menschen, die erkannt hatten, dass der Satz „Bis dass der Tod uns scheidet" auch nur aus ein paar unsicheren Worten besteht. Ich konnte den Schmerz hinter der gespielten Tapferkeit und den Witzen der Menschen hören, die mit zitternden Händen versuchten, die Herzen ihrer Kinder zu schützen.

Ich wollte nicht wirklich zu diesen Menschen gehören, aber ich wusste auch nicht, wie ich sonst mit meiner inneren Leere und unseren zermürbenden Auseinandersetzungen umgehen sollte.

Zwanzig Minuten später lagen Tim und ich Seite an Seite in zwei blau gestreiften Liegestühlen am Pool des Hotels und schauten aufs Meer. Abgesehen von einem Hotelangestellten, der nicht zu übersehen war, weil er umwerfend gut aussah, waren wir die einzigen Menschen weit und breit.

„Was ich vorhin gesagt habe, habe ich wirklich ernst gemeint", sagte Tim.

„Ich auch." Während ich sprach, dachte ich noch: Hör auf mit dem Quatsch. Ich hätte Tim schon vor Monaten verlassen, wenn Katie und Matt nicht gewesen wären. Einen anderen Mann in meinem Leben konnte ich mir ganz gut vorstellen, aber es fiel mir extrem schwer, mir eine andere Familie vorzustellen.

Ganz egal, wie oft ich auch las, dass Scheidungskinder letztlich sehr gut zurechtkommen, ich konnte es einfach nicht glauben. Ich war Lehrerin und kannte viele Scheidungskinder, und ich fragte mich, wie viele dieser Autoren schon einmal mit Schülern wie Kyle in einer Klasse gewesen waren, der mich mit seinen grünen Augen ausdruckslos anstarrte, wenn ich ihn fragte, warum er die anderen Kinder schlug und ohne Grund Gemeinheiten sagte. Wie viele von ihnen hatten wohl schon einmal eine in Tränen aufgelöste Cynthia im Arm gehabt, die schließlich zugab, dass sie im Unterricht einschlief, weil sie die ganze Nacht wach geblieben war und auf ihren Vater gewartet hatte, obwohl ihre Eltern schon seit über einem Jahr rechtskräftig geschieden waren …

„Ich könnte kündigen, und wir könnten unser Haus verkaufen und von dem Geld leben", sagte Tim.

„Spinnst du?"

„Ich weiß nicht. In den letzten Tagen … Ich bin nicht mehr glücklich mit meinem Job. Das ist mir gestern mit einem Schlag klar geworden, als wir über die Ponte Vecchio gegangen sind. Die Arbeit macht mir schon lange keinen Spaß mehr. Es war, als habe mir jemand eine Ohrfeige gegeben und mir gesagt, ich solle endlich aufwachen."

„Das versuche ich doch schon seit Jahren."

„Es ist mir ernst. Andere Leute machen auch verrückte Dinge, warum können wir das nicht auch?"

„Weil wir nicht an einem Strang ziehen können. Wir können keine Kompromisse schließen. Unsere Kommunikation ist erbärmlich, und wir können uns nicht einmal mehr leiden, oder hast du das schon vergessen?"

„Denk einfach mal darüber nach. Mehr will ich gar nicht."

Ich lehnte mich zurück und schloss die Augen. Die warme Sonne auf meinem Körper fühlte sich herrlich an. Und da schien eine innere Stimme zu schreien: Tu es.

Das traf mich so unerwartet, dass ich mich aufrichtete, die Augen öffnete und mich umsah. Tim hatte die Augen noch geschlossen. Der Hotelangestellte sah immer noch genauso gut aus und wirkte nicht so, als hätte er gerade etwas gesagt. Ich legte mich wieder zurück und befahl meinem Gewissen, oder was auch immer es gewesen war, die Klappe zu halten.

Aber die Stimme ließ sich nicht beeindrucken. Sehr bestimmt fing sie an, mich mit einer ganz einfachen Frage zu plagen: *Warum klammerst du dich so an deinen ach so tollen Lebensstil in Los Angeles, der dich doch nur von dem Mann entfernt hat, den du einmal geliebt hast, und der deinen Kindern ganz falsche Wertmaßstäbe vermittelt hat?*

„Tim", flüsterte ich, „ist dir schon einmal der Gedanke gekommen, dass es vielleicht an dem Leben liegt, das wir uns aufgebaut haben, diesem amerikanischen Traum, dass wir so unglücklich sind?"

Tim hörte mir auf seinen Ellbogen gestützt zu und sah mich mit seinen stahlblauen Augen durchdringend an.

„Irgendwie verliert man sich in alldem so leicht. Aber man merkt erst, dass man verloren ist, wenn es nicht mehr zu ertragen ist. Das Leben, das man sich aufgebaut hat, erdrückt einen Stück für Stück. Und dann zerbricht alles. Die Ehe, die Familie …"

Schweigen. Dann traten Tim die Tränen in die Augen, womit er mich natürlich ansteckte. „Ich glaube, man kann wohl sagen, dass wir uns schon verloren haben und kurz vor dem Zerbruch stehen", meinte er. Ich nickte nur und versuchte, die Tränen zurückzuhalten.

„Dann lass uns etwas völlig Verrücktes tun. Komm schon, was haben wir denn zu verlieren?"

„Du willst, dass ich alles aufgebe, dass ich mich von allen unseren Freunden und Verwandten trenne? Ich weiß nicht, Tim. Katie ist jetzt in der Mittelstufe. Und wenn wir schon zu Hause kaum zivilisiert miteinander umgehen können, wie soll das dann unter dieser Belastung werden?"

„Wir würden etwas tun, das wirklich zählt, und wir würden es gemeinsam tun. Die Kinder würden etwas von der Welt sehen. Denk darüber nach."

Ich legte mich wieder hin, wandte den Kopf von Tim ab … und bekam ganz still und leise einen Nervenzusammenbruch. Ich hatte die Wahl: Entweder konnte ich weiter heimlich die Scheidung anstreben, würde die Hälfte von unserem Besitz bekommen und damit wahrscheinlich finanziell aus dem Schneider sein. Ich könnte ein neues Leben anfangen – und Katie und Matt würden für immer mit verwundeten Herzen leben müssen. Oder ich konnte diesen Menschen neben mir als den Mann sehen, den ich einmal geliebt hatte, und mir eingestehen, dass wir beide verängstigt und verloren waren und dass es vielleicht noch nicht zu spät war, alles noch einmal herumzudrehen.

Und dort in den blau gestreiften Liegestühlen, an dem Strand, an dem auch Christoph Columbus aufgewachsen war, wurde mir klar: Wenn wir auch nur einen Funken seines Mutes hatten, dann mussten auch wir es wagen, ins Unbekannte zu segeln. Wir ertranken gerade in dem Leben, das wir uns selbst aufgebaut hatten. Irgendetwas musste sterben – entweder unser bisheriger Lebensstil oder unsere Familie. All die gemeinsamen Jahre sollten uns doch wenigstens so viel wert sein, dass wir bereit waren, noch einen wirklichen Versuch zu unternehmen. Und zu sehen, ob das Leben, das wir uns eingerichtet hatten, unserer Liebe im Weg stand.

Und dann sagte ich mit einer Stimme, die ich kaum wiedererkannte: „Wenn es in der Nähe eine internationale Schule gibt, werde ich es in Erwägung ziehen."

Wir sahen uns an, und ich hatte das Gefühl, dass uns diese verrückte Idee, dieser Gedanke an das Unmögliche, zum ersten Mal seit langer Zeit wieder wirklich miteinander verband. Es war, wie wenn sich alte Freunde begegnen oder Soldaten müde vom Schlachtfeld zurückkehren.

Wir richteten uns in unseren Liegestühlen auf und kicherten nervös. Ich rief dem Adonis von Hotelmitarbeiter zu: „Gibt es hier in der Nähe eine internationale Schule?"

Er überlegte einen Augenblick, nickte dann langsam und meinte: „In Genua."

Kapitel 2

Die Entscheidung

Am nächsten Morgen wachte ich schon vor Sonnenaufgang auf, lag still im Bett und hörte zu, wie Tim leise schnarchte. Ich wartete darauf, dass die Sonne aufgehen und uns mit ihren Strahlen zur Vernunft bringen würde. Das Gefühl der Leichtigkeit vom Vortag hatte sich aufgelöst wie ein Nebel in der Wüste. Auf einem Haufen zerknitterter Kleider in meinem Koffer lag die glänzende blau-weiße Mappe mit den Unterlagen für Katies und Matthews Anmeldung in der internationalen Schule in Genua.

Ich versuchte, mir die Mienen unserer Kinder vorzustellen, wenn wir ihnen erzählten, dass sie im nächsten Jahr in einer alten Villa auf der anderen Seite der Erde zur Schule gehen würden. Aber in meiner Fantasie waren sie nicht erfreut darüber. Alles in mir schrie danach, in die entgegengesetzte Richtung davonzulaufen, so schnell ich nur konnte. Sobald Tim wach war, würde ich ein Machtwort sprechen und diesen Wahnsinn beenden.

Unruhig stand ich auf und setzte mich in meine Bettdecke gewickelt allein auf den Balkon. Normalerweise hätte ich jetzt sofort ein Stoßgebet zum Himmel geschickt und Gott um Kraft und Hilfe gebeten, damit ich in dem bevorstehenden Gespräch mit Tim die richtigen Worte finden würde. Aber ich war wütend auf Gott, weil er mich dauernd im Stich ließ und mich mit diesen Versen aus dem Matthäusevangelium an unserer Hochzeit von Anfang an in die Irre geleitet hatte. Ich hätte auf den Pfarrer hören und eine andere Bibelstelle auswählen sollen. Matthäus 6,25-34 hatte sich als ein totaler Reinfall erwiesen. Aller Glaube der Welt hatte uns nicht geholfen, eine tiefe und dauerhafte Beziehung aufzubauen.

Ich lehnte den Kopf gegen die Stuhllehne und genoss den Anblick des Sternenhimmels über dem Meer. Die Schönheit dieses

Anblicks erfüllte mich mit einem Frieden, der alle Sorgen vertrieb. Und so saß ich da und staunte darüber, wie die Natur die Gedanken beruhigen und unser Herz mit der Gegenwart Gottes erfüllen konnte, bis die Sonne aufging und Tim mit der Mappe mit den Schulunterlagen in der Hand in der Tür stand.

„Hallo“, sagte er.

„Hallo.“

„Kannst du nicht schlafen?“

„Irgendwie nicht.“

„Ich weiß. Das ist alles so aufregend.“ Er ließ sich in den Stuhl neben mir fallen und fing an, die Unterlagen durchzublättern. „Das ist doch kein Zufall, dass die einzigen beiden Klassen, in denen im nächsten Schuljahr noch Plätze frei sind, ausgerechnet Katies und Matts Jahrgänge sind. Das ist ein Zeichen von Gott.“

„Tim!“

„Gleich nach dem Frühstück fahren wir zu dem Makler, den uns die Sekretärin empfohlen hat.“

„Tim!!!“

Er holte eine Visitenkarte aus der Mappe und hielt sie hoch. „Sie helfen jedes Jahr vielen ihrer Lehrer bei der Wohnungssuche. Wir schauen mal, was für Wohnungen sie so auf ihrer Liste haben.“

„Tim, hör auf.“ Jetzt sah er mich an. „Wir müssen miteinander reden.“

„Du machst doch jetzt nicht etwa einen Rückzieher, oder? Du warst die ganze Nacht wach und hast dir alle möglichen Gründe ausgedacht, weshalb das nicht funktionieren kann. Das ist ein typisches Beispiel dafür, warum unsere Ehe nicht funktioniert. Ständig zerbrichst du dir über alles den Kopf und hast so eine negative Einstellung.“

„Wie bitte?“ Wie ich diese Überraschungsangriffe hasste. Dabei vergaß ich immer alles, was ich sagen wollte. „Ich zerbreche mir den Kopf? Irgendjemand muss dich ja vor deiner dämlichen Impulsivität bewahren. Soll ich mal ein paar deiner berühmten Entscheidungen aufwärmen? Wie war das zum Beispiel mit dem Dreitausend-Dollar-Teleskop, das du unbedingt haben musstest und das dich auf wundersame Weise glücklich machen und dafür sorgen sollte, dass du mit deinen Kindern ein Hobby teilen könntest? Du hast es genau einmal im Garten aufgebaut." *Wo kam das jetzt her? Ich habe in den letzten drei Jahren kein einziges Mal an das Teleskop gedacht.*

„Wenn ich mich recht erinnere, hast du es mir zu Weihnachten geschenkt."

„Ja, nachdem du wochenlang gequengelt hast wie ein kleines Kind."

„Quengeln geht aber über längere Zeit und wäre dann das Gegenteil von impulsiv." Er stand auf und zeigte mit der Mappe wie mit einem übergroßen, glänzenden Finger auf meine Nase. „Und außerdem haben impulsive Menschen mehr Spaß am Leben. Du kennst ja überhaupt keinen Spaß."

„Oh doch", schrie ich ihm hinterher, als er davonstapfte. *Ich habe Spaß. Ich mag Witze. Das werde ich ihm zeigen.* Ich folgte ihm ins Zimmer, wo er wütend seine beigen Shorts anzog. „Nur zu deiner Information: Ich hab da draußen gesessen und mir den Gesichtsausdruck von Katie und Matt vorgestellt, wenn wir ihnen die Neuigkeiten überbringen. *Darüber* habe ich nachgedacht."

„Klar."

„Und du hast diesen Streit nur vom Zaun gebrochen, weil du kalte Füße kriegst und es jetzt so hinstellen willst, als ob *ich* einen Rückzieher mache, damit du daheim erzählen kannst: ‚Ich hätte es ja getan, aber du wolltest ja nicht.'" *Ach komm, Susan, hör jetzt auf, solange du noch die Oberhand hast. Das bringt nichts.*

„Du weißt genau, dass das nicht wahr ist."

Wir standen da und starrten uns lange an. Dann zog Tim sein Hemd an und sagte: „Gestern Abend haben wir uns gegenseitig versprochen, dass wir zumindest den Tag heute abwarten wollten, bis wir eine Entscheidung treffen. Können wir das tun?"

„In Ordnung." So hatte ich mir diese Unterhaltung ganz und gar nicht vorgestellt. Aber ein Tag mehr konnte auch nicht schaden.

Wir brauchten den ganzen Vormittag, um den *Immobiliare,*

den Makler, zu finden. Als wir das *Studio Massa* in einer kleinen Seitengasse mit Kopfsteinpflaster am Hafen von Nervi endlich gefunden hatten, erwies es sich als schwierig, uns mit Umberto zu verständigen. Er erinnerte optisch ein wenig an Gene Wilder und sprach kaum Englisch. Schließlich hatte er verstanden, dass wir für ein Jahr eine voll möblierte Wohnung für vier Personen in der Nähe der Schule suchten. Er meinte, er hätte nur eine Wohnung, die infrage käme und im Juli frei würde, aber wir könnten sie erst um 18:00 Uhr anschauen.

So beschlossen wir, den Nachmittag durch Nervi und die Nachbarstadt Quinto zu spazieren, um uns einen Eindruck davon zu verschaffen, wie das Leben hier aussah. Santa Margherita war ein ruhiger Ort für Touristen. Nervi, obwohl es nur ein paar Minuten weiter der Küste entlang Richtung Genua lag, war städtischer, aber es war ebenfalls bunt und hatte den Reiz einer Stadt am Meer. Zu den rankenden Blumen und den Fassadengemälden kam hier noch etwas hinzu: Lärm.

Wir schlenderten den unebenen Gehweg der geschäftigen Hauptstraße entlang, die erfüllt war mit dem Lärm von Bussen, Autos und Motorrollern, stiegen den Hügel hinauf durch Wohnviertel mit Hochhäusern, wo Nachbarn miteinander schimpften, Kinder lachten und Babys schrien, und kamen an Parks vorbei, in denen ältere Menschen auf den Bänken saßen und schwatzten. Wir wurden angestarrt und sahen auf uns gerichtete Finger. Ich glaube, die Leute hier sahen nicht jeden Tag einen zwei Meter großen Mann mit Glatze und eine ebenfalls ziemlich große blonde Frau kreuz und quer durch ihr Stadtviertel schlendern.

Während unserer Stadtbesichtigung redete Tim ununterbrochen und voller Leidenschaft davon, wie wir hier ganz von vorne anfangen und aus unserem gewohnten Trott ausbrechen konnten, während ich verbohrt schweigend neben ihm herlief und innerlich eine lange Liste von allen Eigenschaften machte, die mich an ihm störten, wie zum Beispiel, dass er beim Essen immer mit den Zähnen über die Gabel schabte, wenn er sich einen Bissen in den Mund schob.

Aber ganz gegen meinen Willen schlichen sich Faszination und

Hoffnung langsam in meine Gedanken, wie Grashalme, die aus den Ritzen des Asphalts wachsen. Irgendetwas drängte mich dazu, meine negativen Gedanken loszulassen. Dieses Etwas war fast greifbar, und es fühlte sich ganz anders an als alles, was ich kannte. Ganz gleich, welche Argumente gegen diesen absurden Plan mir durch den Kopf schossen, ich wurde immer mehr dazu hingezogen. Es war, als seien mein Körper und mein Mund losgelöst worden von meinem Verstand. Ich hörte mich sogar so dumme Fragen stellen wie die, wie viel Geld wir wohl für unser Auto bekommen würden und ob uns das gestatten würde, an den Wochenenden ein wenig zu reisen, zum Beispiel in die Schweiz oder nach Deutschland. Ich fühlte mich wie eine Marionette und wusste nicht, wer an meinen Fäden zog.

Dann fragte ich mich, ob ich nicht tatsächlich einen Nervenzusammenbruch hatte und die Grenzen zwischen Fantasie und Realität zu verschwimmen begannen. *Fühlt es sich so an, wenn man langsam durchdreht? Wie kann es sein, dass ich letzte Woche noch bei meinem Rechtsanwalt die Papiere für die Scheidung unterschrieben habe und jetzt überlege, genau mit dem Mann, von dem ich mich scheiden lassen wollte, auf die andere Seite des Ozeans zu ziehen?*

Am Nachmittag waren wir körperlich und emotional erschöpft und beschlossen, irgendwo eine Kleinigkeit zu essen. Tim und ich saßen uns in einem kleinen Restaurant an einem kleinen Tisch mit steifer, weißer Tischdecke gegenüber. Die Fenster des Lokals sahen aus wie Bullaugen mit Blick auf das blaue Wasser. Unter normalen Umständen hätte ich das sehr hübsch gefunden, aber jetzt, wo meine ganze Zukunft an einem seidenen Faden hing, war ich nicht in der Stimmung für romantische Ausblicke. Ich legte die Finger an die Schläfe und versuchte, die aufkommenden Kopfschmerzen wegzumassieren.

Tim war mit zusammengebissenen Zähnen und gerunzelter Stirn damit beschäftigt, alles durchzurechnen. Der gelbe Bleistift in seiner Hand kritzelte mit weicher Mine Reihen von Zahlen auf das Papierdeckchen vor ihm. Er liebte es, schwarz auf weiß zu beweisen, warum wir etwas tun oder bleiben lassen sollten. Sogar das Geräusch der Bleistiftmine auf dem Papier verursachte mir eine Gänsehaut.

„Die Miete wäre halb so viel, wie wir für das Haus kriegen, und wenn man alle Nebenkosten, Reisekosten, Versicherung zusammenzählt … Hörst du mir überhaupt zu?“ Tim fuchtelte mit dem Bleistift in meine Richtung.

„Ich sitze nur einen Meter von dir entfernt. Natürlich höre ich dir zu.“

„Es wäre schön, wenn du mich dabei anschauen könntest.“

Ich hörte auf, meine Schläfen zu massieren, und sah auf das Papierdeckchen. Seine Zahlenreihen waren so ordentlich, dass ich plötzlich dieses Verlangen in mir spürte, ihm den Bleistift zu entreißen und auf dem Blatt herumzukritzeln, nur um zu sehen, was er tun würde.

„Wie ich schon sagte, wenn wir sparsam sind, könnten wir wahrscheinlich sogar zwei Jahre hier leben.“

„Wollen wir das wirklich tun?“

„Ich will nur alle Informationen zusammentragen, damit wir eine vernünftige Entscheidung treffen können.“

„Lassen wir die Vernunft einmal außen vor.“

Um 17:45 Uhr gingen wir zurück zum *Studio Massa* und quetschten uns in Umbertos winziges silbernes Auto. Wir fuhren eine gewundene Straße den Hügel hinauf, bis wir vor einem mehrstöckigen Wohnhaus in der Via Fratelli Coda hielten. Es sah aus wie aus den 1970er-Jahren, aus einer Mischung aus Schiefer, Stein und Klinker und Balkongeländern aus grauem Stahl quer über die ganze Vorderseite.

Ich holte tief Luft, wischte mir die verschwitzten Hände an meiner Jeans ab und tippte Tim auf die Schulter. „Wenn das ein Dreckloch ist, dann soll es einfach nicht sein. Dann reisen wir morgen ab und lassen den Plan fallen. Okay?“

„Und wenn es kein Dreckloch ist?“

„Dann ist es ein Zeichen, dass wir es tun sollten.“

„Einverstanden.“

Ich war mir sicher, dass es ein Dreckloch sein würde. Wir gingen zu dritt durch die hohe Eingangshalle, vorbei an einer Wand mit Spiegeln, und standen schließlich vor einer schmalen Aufzugtür. Nervös lächelten wir uns an. Die Tür ging auf und wir zwängten uns hinein. Es war beängstigend eng und fühlte sich an wie ein Sarg für vier Personen oder eine mobile Telefonzelle. Umberto drückte auf einen Knopf, und während der Aufzug ruckelnd in den 7. Stock hinauffuhr, musste ich an verschiedene klaustrophobische Aufzug-Szenen in Filmen denken. Das ist ja ein sehr beliebtes Filmmotiv: Ein paar ahnungslose Menschen fahren in einem Aufzug. Sie sind alle recht zufrieden mit ihrem eigenen kleinen Leben, immer in der Annahme, alles sei in bester Ordnung. Aber der Zuschauer sieht, dass das Stahlseil des Aufzugs sich aufzufasern beginnt und der Aufzug demnächst ins Verderben stürzen wird. Im Aufzug fangen die Fahrgäste an, sich über Nichtigkeiten zu streiten, während die Zuschauer entsetzt zusehen müssen, wie diese Menschen die letzten Augenblicke ihres Lebens mit so nutzlosen, wertlosen Dingen vergeuden.

In diesem Augenblick wurde mir klar, dass Tim und ich genau das machten. Wir waren diejenigen, die vollkommen am Sinn des Lebens vorbeilebten. Und mir wurde unmissverständlich klar, dass ich diese Entscheidung nicht ganz in der Hand hatte, sondern dass hier noch eine höhere Macht im Spiel war. Plötzlich erschien alles, was zwischen uns nicht stimmte, belanglos neben der Dringlichkeit, unsere Familie zu bewahren. Mich überkam eine solche Verzweiflung, dass ich meinen Zorn auf Gott ganz vergaß und ihn um Hilfe anflehte. Und plötzlich kamen mir aus dem Nichts Bruchstücke aus Matthäus 6,25-34 in den Sinn: *Können all eure Sorgen euer Leben auch nur um einen einzigen Augenblick verlängern? … Warum sorgt ihr euch … Wenn ihr für ihn lebt und das Reich Gottes zu eurem wichtigsten Anliegen macht, wird er euch jeden Tag geben, was ihr braucht …*

Ich stand sozusagen Gott Auge in Auge gegenüber, dort in diesem Aufzug, und ich wusste, dass dies die alles entscheidende Weggabelung auf meinem Lebensweg war. Wie sehr vertraute ich nach 44 Jahren als Christ wirklich auf seine Liebe? Wie stark war mein Glaube wirklich? Hatte ich den Mut, mein Leben ganz in Gottes Hand zu legen?

Und er sagte zu mir: „*Du und Tim, ihr seid emotional und geistlich am Ende. Eure Familie zerbricht, eure Kinder leiden darunter, und du willst vor diesem Schmerz davonlaufen.*"

„*Ja, das will ich. Ich bin total fertig. Ich kann keinen einzigen Tag mehr so weitermachen. Sieh mich doch an. Ich weiß ja nicht einmal mehr, wer ich bin. Ich kann mich gar nicht mehr daran erinnern, wie es ist, wirklich glücklich zu sein.*"

„*Und was ist mit Katie und Matt? Wirst du wirklich glücklich sein, wenn sie verwirrt und traurig zwischen zwei Wohnungen, zwei Leben, zwei Elternteilen hin- und hergerissen werden?*"

„*Wie kannst du mir nur so eine unfaire Frage stellen? Wie soll ich als Mutter meine Bedürfnisse gegen die meiner Kinder abwägen?*"

„*Sag du's mir.*"

„*Ich wollte die Sache so lösen, wie sie in dieser Welt nun mal gelöst wird. Wir würden schon klarkommen.*"

„*Das kannst du tun, wenn du willst, aber ich biete dir jetzt die Chance deines Lebens an.*"

„*Ich habe aber Angst!*"

„*Wovor? Augenblicklich hast du nichts weiter als einen Scherbenhaufen und ein paar Dollar auf deinem Bankkonto, und die sind nebenbei bemerkt in meiner Welt kein Zahlungsmittel.*"

„*Und wenn ich mich darauf einlasse und es verändert sich nichts?*"

„*Und wenn sich doch etwas verändert?*"

„*Aber was, wenn ich es mache und dann wieder an diesem Punkt lande? Ich habe immer und immer wieder versucht, mich an Matthäus 6,25-34 zu halten, und nichts ist passiert.*"

„*Du hast ganz mit mir gelebt?*"

„*Ich habe dich um Antworten und um Hilfe bei Entscheidungen gebeten.*"

„*Du hast zu mir gebetet, nachdem du deine Entscheidungen bereits getroffen hattest und es nicht funktioniert hat. Du hast immer erst nach vollendeten Tatsachen gebetet.*"

„*Wirklich?*"

„*Ja, sei doch ehrlich: Wann hast du mich um Rat gebeten, bevor du eine Entscheidung getroffen hast? Hast du meine Führung je wahrgenommen?*"

„Ich dachte, ich wüsste, wo es langgeht. Ich bin ja schließlich immer in die Gemeinde gegangen. Ich habe die Predigten gehört."

„Aber hast du wirklich zugehört?"

„Willst du mich reinlegen? Hängt dieser Aufzug am seidenen Faden? Werden wir jetzt gleich in den Tod stürzen?"

„Warum vertraust du mir nicht?"

„Ich werde dir vertrauen, wenn die Wohnung kein Dreckloch ist."

Die längste Aufzugfahrt meines Lebens ging zu Ende, und als die Tür aufging, standen wir vor einer Treppe im Freien. Wir gingen drei Stufen hinunter zur Wohnungstür und holten noch einmal tief Luft. Der Makler ruckelte mit dem Schlüssel im Schloss herum, bis sich die Tür öffnete und den Blick freigab auf eine ungeheure Aussicht auf das Meer, den Himmel und die Küste. Die Wohnung hatte über die gesamte Front bodentiefe Fenster. Tim und ich hielten ehrfürchtig die Luft an, sahen uns an und standen wie versteinert da.

„Oh nein", sagte ich, „jetzt müssen wir es tun!"

Mit zitternden Fingern unterschrieben wir einen Vorvertrag für die Wohnung (auf Italienisch, wohlgemerkt) und gingen dann zurück ins Hotel, wo wir an diesem Abend unser letztes gemeinsames Essen mit unseren Gästen hatten. Das Ganze war völlig verrückt und unvorstellbar. Es war mutig und zugleich dumm. Seit Jahren hatte ich mich nicht mehr so gut bei etwas gefühlt.

Wir flogen nach Hause und überbrachten unseren fassungslosen Kindern die Neuigkeit: Wir würden nach Italien ziehen. Tim kündigte gleich am nächsten Tag. Wir verkauften unser Haus und einige von unseren Sachen, lagerten den Rest ein und überließen unsere Hündin „Carmel Corn" der Obhut der Familie, die unser Haus gekauft hatte und die uns großzügigerweise angeboten hatte, sich ein Jahr lang um sie zu kümmern.

Zwei Monate später saßen wir wieder im Flugzeug nach Italien. Das Ganze war unglaublich aufregend und verrückt. Die Menschen um uns herum fragten sich, ob wir den Verstand verloren hatten. Und wir hofften, dass wir ihn endlich wiedergefunden hatten.

Kapitel 3

Der erste Tag

Nach einem Nachtflug kamen wir um 5:00 Uhr morgens in Paris an. Als wir alle unsere 14 knallroten Koffer vom Gepäckband gefischt hatten, schleppten wir alles aus dem Flughafen. Ronit, eine hübsche Israeli, die mit Tims bestem Freund Jack verheiratet war und mit ihm seit 10 Jahren in Paris lebte, holte uns mit einem Kleinbus ab und brachte uns zum Zug am *Gare de Lyon*. Da der Bahnhof ziemlich weit vom Flughafen entfernt war, waren wir sehr dankbar für ihre Hilfe.

Bei der Gelegenheit machte sie mit uns eine kleine Stadtrundfahrt bei Sonnenaufgang. Wir versuchten, begeistert zu wirken, aber wir waren alle sehr müde vom langen Flug und den letzten 8 Wochen, in denen wir in aller Eile alles abgewickelt und unsere Habseligkeiten gepackt hatten. Matt konnte kaum noch geradeaus schauen. Wir sagten immer wieder zu ihm: „Schau mal, da ist der Arc de Triomphe!" oder „Die Champs-Élysées!", woraufhin Matt seine Standardantwort brummelte: „Na und? Ist doch bloß eine Straße."

Katie erwachte zwischen den einzelnen Titeln auf ihrer frisch gebrannten CD immer mal zum Leben und zeigte einen Hauch von Interesse für die reich verzierten Häuser und die malerischen Straßencafés. Ihre beste Freundin hatte ihr die CD gebrannt, und ich beschloss mir einzureden, dass sie Vivaldi hörte.

Schließlich kamen wir am Bahnhof an und schafften es mit einiger Mühe zu unserem Zug. Ronit stand lächelnd am Bahnsteig und winkte uns nach, als sich die Türen schlossen. Der Zug ruckte an und glitt dann aus dem Bahnhof. Sie warf uns eine Kusshand zu und ging dann, die Hand gegen das Zugfenster gedrückt, noch ein Stück neben dem Zug her. Wir sahen ihr nach, bis sie nur noch so groß war wie ein Stecknadelkopf. Jetzt waren wir endgültig auf uns allein gestellt auf diesem fremden Kontinent.

Wir machten es uns auf den rot gepolsterten Sitzen des modernen Zuges bequem. Tim und Katie saßen auf der einen und Matt und ich auf der anderen Seite des Ganges.

„Mein Sitz lässt sich nicht nach hinten klappen", beklagte sich Matt und sah zu Katie hinüber. „Wieso hast du immer den besseren Platz?"

„Ich habe nicht immer den besseren Platz. Dein Sitz ist nur kaputt", erwiderte Katie und drehte ihre langen blonden Haare zu einem Knoten.

„Hier gibt es jede Menge freie Sitze. Such dir doch einfach einen anderen", sagte Tim. „Und hör auf, die ganze Zeit herumzujammern." Matt stand auf und setzte sich auf die andere Seite des Ganges zu Tim und Katie.

„Wie lange dauert die Fahrt?", fragte Matt. „Das war kein Jammern, nur eine Frage."

„Es sind neun Stunden bis Genua", erklärte ich. „Wir sollten uns alle entspannen und versuchen, ein bisschen zu schlafen. Wir sind schon weit jenseits der Müdigkeit."

Bald hatten wir es uns bequem gemacht, und jeder hing seinen eigenen Gedanken nach. Ich schob die Vorhänge zurück und warf einen Blick auf die vorbeihuschende Landschaft. Weiße Kühe standen auf Wiesen mit gelblichem Gras. Sie wirkten gespenstisch vor den dunklen Bäumen und dem stürmischen Himmel.

„Matt", flüsterte ich über den Gang, um die anderen Passagiere nicht zu stören, „schau dir mal die Farbe der Kühe hier an. Sie haben gar keine schwarzen Flecken."

Schweigen.

„Matt?" Er schaute mich über den Gang hinweg mit weiten Pupillen an. Irgendetwas stimmte nicht.

„Mir geht es gar nicht gut." Das Gesicht meines Elfjährigen fing an sich zu verziehen.

„Komm rüber und setz dich auf meinen Schoß", sagte ich, obwohl er fast so groß war wie ich. Als er sich in meine Arme kuschelte, begann er am ganzen Körper zu zittern.

„Ich muss die ganze Zeit zittern", flüsterte Matt.

„Schatz, ich glaube, du hast einen Panikanfall." So etwas war ihm noch nie passiert. Ich bemühte mich verzweifelt, ruhig zu bleiben. „Mach dir keine Sorgen. Das sind nur die Nerven. Wird schon alles wieder gut."

„Ich habe Angst", gab Matt mit bebender Stimme zu. „Ich weiß nicht mal, wie Italien *aussieht.*"

„Dort, wo wir leben werden, sieht es so ähnlich aus wie in Kalifornien. Nur die Häuser sind älter." Ich strich über seinen Bürstenschnitt und kraulte ihm den Nacken, während ich so gut wie möglich versuchte, ihm sein neues Zuhause zu beschreiben. Allmählich wurde er schläfrig. Obwohl mir die Beine einschliefen, wagte ich es nicht, ihn zur Seite zu schieben. Es traf mich tief, wie verletzlich er war, und ich wusste, dass es nicht mehr oft vorkommen würde, dass er so kindlich in meinen Armen Trost suchen würde. Ich warf einen Blick hinüber zu Katie, die unter Tränen zu uns hinübersah. Auch sie war innerlich aufgewühlt.

„Mama?"

„Alles in Ordnung?", flüsterte ich, um Matt nicht zu wecken.

Katie nickte zuerst, aber dann schüttelte sie den Kopf. „Ich will nicht darüber reden", brachte sie unter Tränen heraus.

„Gut. Ich auch nicht", versuchte ich sie mit einem Witzchen aufzumuntern.

Ich streckte meine Hand nach ihr aus, und wir fassten uns über den Gang hinweg an den Händen. Ich warf immer wieder flüchtige Blicke zu Tim hinüber, in der Hoffnung, dass er herüberschaute, aber er schnarchte nur in sein Kissen. *Vielen Dank für deine Hilfe, starker Mann.*

Da ich nicht schlafen konnte, legte ich nur den Kopf zurück und sah zu, wie die Landschaft draußen verschwommen vorbeiflog. Obwohl der Zug überfüllt war, schienen wir vier irgendwie ganz allein im Abteil zu sein. Wie eine Familie auf einer einsamen Insel.

Als sie eingeschlafen war, legte ich Katies Hand sanft auf ihre Armlehne und änderte meine Position unter Matthews Gewicht, damit meine Beine nicht ganz einschliefen. Um mich herum hörte ich fremde Sprachen, als sich die anderen Passagiere unterhielten. Tränen liefen mir über die Wangen, aber ich war mir nicht sicher, ob ich weinte oder lachte. Der Rhythmus der Räder auf den Gleisen vermischte sich in meinem Kopf mit meinen Gedanken: *Oh Gott, was haben wir getan? Oh Gott, was haben wir getan? ...*

Angst und Zweifel breiteten sich im Abteil aus wie ein giftiges Gas. Meine Hände zitterten und mein Herz hämmerte wild in meiner Brust. Jetzt war ich wohl an der Reihe, einen Panikanfall zu bekommen. Ich bemühte mich, bewusst und tief zu atmen und meine Gefühle unter Kontrolle zu bekommen. Dabei bemerkte ich vage, dass der Schaffner mich neugierig beobachtete. Mit geschlossenen Augen zwang ich mich, langsam bis 10 zu zählen und mir die Zahlen dabei vorzustellen. Aber anstelle der Zahlen sah ich nur einen Abschnitt aus einem Artikel von Dr. Norman Vincent Pale vor mir, den ich vor Jahren, als ich noch Religion unterrichtet hatte, einmal im Unterricht verwendet hatte. Er schrieb, wenn wir verzweifelt seien, sollten wir uns besonders oft daran erinnern, dass Gott bei uns ist, dass er uns nie im Stich lassen wird und dass wir uns auf ihn verlassen können. Er schrieb, wir sollten die Worte „Gott ist bei mir und hilft mir" ruhig immer wieder laut sagen, um uns an seine Macht und seine große Liebe zu erinnern.

Also fing ich unter dem wachsamen Blick des Schaffners an, diese Worte leise vor mich hin zu flüstern. Und so verwandelte sich meine Litanei von „Oh Gott, was haben wir getan? Oh Gott, was haben wir getan?" zu „Gott ist bei mir und er hilft mir. Gott ist bei mir und er hilft mir ...". Schon nach wenigen Minuten hörte mein Herz auf zu hämmern und meine Tränen versiegten. Aber ich fühlte die Angst immer noch schmerzhaft.

Gegen 21:00 Uhr kamen wir in Genua an. Wir stiegen mit all unseren 14 riesigen Koffern am falschen Bahnhof aus, als wir den Schaffner *Genua* sagen hörten. Der Gedanke, dass es in dieser großen Stadt mehr als einen Bahnhof geben könnte, kam uns gar nicht. Nun waren wir in Genua Principe. Wir hätten in Genua Brignole aussteigen sollen.

„Was zum Kuckuck soll das heißen, wir sind am falschen Bahnhof?“, sagte Tim zähneknirschend, als wir unsere Fahrkarten noch einmal überprüften. Und plötzlich tauchte das Wort *Kuckuck* ständig auf: „Was *zum Kuckuck* sollen wir jetzt machen? Wir haben keine Ahnung, wie *zum Kuckuck* wir von hier aus zu unserer Unterkunft für heute Nacht kommen sollen.“

„Komm, wir suchen einen Stadtplan.“ Ich versuchte ruhig zu bleiben und sah mich im Bahnhof um, aber von überall her starrten mir nur Wörter in einer fremden Sprache entgegen. An der Wand hing ein Fahrplan, aber kein Stadtplan. *Zum Kuckuck*, wir hätten praktisch überall sein können!

„Schaut mal da.“ Matt zeigte auf ein Neonschild in einer Ecke, auf dem das einzige Wort stand, das wir kannten: *Pizza*. Tim hatte den Kindern Italien schmackhaft gemacht, indem er ihnen himmlische Pizza versprochen hatte.

„Wunderbar. Kommt, wir essen eine Pizza und überlegen uns dabei, wie es jetzt weitergeht“, sagte Tim.

„Ich bin am Verhungern. Das ist toll.“ Katie lächelte zum ersten Mal seit Stunden. Wir mussten alle vier zweimal laufen, um unser ganzes Gepäck den langen Gang entlangzuzerren, der die Abfahrtshalle mit der Eingangshalle verband, und dann noch um die Ecke zur Pizzeria. Dazu nutzten wir ein ausgeklügeltes System, nach dem wir abwechselnd unser Gepäck bewachten, damit niemand etwas davon stehlen konnte.

Als wir an der Ladentheke zum ersten Mal einem richtigen Italiener gegenüberstanden – der ziemlich genervt war, weil wir mit unserem Gepäck seine komplette Pizzeria belegten –, bestellten wir mit der Redegewandtheit von Neandertalern Pizza.

„Pizza.“

„Eine.“

„Käse.“

„Äääääh, *grande*.“

Als die Pizza kam, glotzten wir auf einen großen Teigfladen, auf den man offensichtlich eine Tasse Olivenöl gegossen hatte.

„Du hast doch gesagt, die Pizza hier sei himmlisch“, meckerte Matt.

„Das ist ja ekelhaft“, sagte Katie.

„Sie ist gar nicht so schlecht“, grummelte Tim. Ich spürte, wie die allgemeine Stimmung in den Keller rutschte, während wir langsam auf der Pizza herumkauten und uns dabei gegenseitig kritisch beäugten.

„Wir nehmen einfach ein Taxi nach Nervi. Mir ist es jetzt ganz egal, was das kostet“, sagte Tim. „Die Kinder müssen ins Bett.“

„Gute Idee“, sagte ich, als ich mir vorstellte, wie wir das ganze Gepäck in den Zug zum nächsten Bahnhof schleppten.

„Ich gehe raus und schaue, wo es Taxis gibt. Schafft ihr es, das Gepäck die Treppe raufzubringen?“

Matt, Katie und ich sahen uns an und nickten. Tim ging hinaus und Katie stand auf und kippte den Rest der Pizza in den Mülleimer.

„Uff. Genau im richtigen Moment. Ich dachte schon, wir müssten das alles aufessen“, sagte Matt.

„Na los, Leute, gehen wir“, sagte ich und stapelte ein paar der kleineren Gepäckstücke auf die großen Koffer mit Rädern. Irgendwie gelang es uns, alles zur Rolltreppe zu schaffen, die mindestens zwei Stockwerke nach oben ging.

„Fühlt sich an, als ob wir vor einer Achterbahn stehen“, sagte Katie.

„Matt, wir stellen die Hälfte des Gepäcks auf die Rolltreppe und du fährst mit hoch. Oben musst du die Sachen dann nur von der Rolltreppe schieben. Die Rolltreppe macht das schon, du musst das Gepäck nur lenken.“ Ich gab Anweisungen, als hätte ich so etwas schon öfter gemacht.

„Okay“, sagte Matt. Wir fingen alle an, die Gepäckstücke nacheinander auf die Rolltreppe zu laden. Nach dem fünften Koffer stieg Matt auf die Treppe und fuhr mit den Sachen nach oben. Katie und ich hatten gerade angefangen, die nächsten Gepäckstücke auf die Rolltreppe zu stellen, als wir einen Aufschrei hörten.

„Mama!“

Wir schauten auf und sahen, dass der oberste Koffer umgefallen war und den Rest wie Dominosteine auf Matthew geschoben hatte, der auf dem Rücken lag und verzweifelt versuchte, seinen Kopf frei zu halten.

„Hilf mir!“, rief Matthew.

„Halt durch!“, rief ich, obwohl ich wusste, dass das Blödsinn war. Da die Koffer im Weg waren, konnte ich ihm nicht zu Hilfe eilen. Die Rolltreppe lieferte Matt zusammen mit allen Koffern und Taschen in einem großen Haufen oben ab. Katie und ich kamen nur wenige Sekunden hinter ihm und konnten sehen, dass mindestens ein Dutzend Menschen einfach vorbeigingen, ohne zu helfen. Matt stand auf und klopfte seine Kleider ab, und Katie fing laut an zu lachen.

„Das war nicht lustig.“ Er packte die Griffe von zwei Koffern und zog sie zur Eingangstür hinaus.

Als wir endlich draußen waren, fanden wir Tim wild gestikulierend in Verhandlungen mit dem Fahrer eines Taxis vor, das aussah, als hätte er es von Fred Feuerstein geklaut. Der Fahrer streckte immer wieder seine Hand über Tims Glatze und versuchte wohl herauszufinden, wie groß er war.

„Zwei Meter“, sagte Tim immer wieder.

„Basket?“, fragte der Fahrer freudig.

„Ja, Basketball“, antwortete Tim.

„Sì, sì, Basketball, Basketball. NBA“, wiederholte der Fahrer immer wieder, und sein Grinsen wurde immer breiter.

„Er denkt, Papa spielt in der Basketballliga“, flüsterte Matt.

„Wir sehen im Dunkeln wohl jünger aus“, sagte ich.

„Egal“, sagte Tim und zeigte auf unser Gepäck auf dem Gehweg. Der Fahrer ging zum Kofferraum und zog ein Seil heraus.

„Tim, meinst du nicht, wir brauchen vielleicht zwei Taxis?“

„Er meinte, er schafft das.“

„Das ist doch nicht dein Ernst!“

„Ich will ihn nicht beleidigen. Von den anderen Taxifahrern wollte keiner bis nach Nervi fahren.“ Damit deutete Tim auf die Reihe von Taxis, deren Fahrer gegen ihre Autos gelehnt dastanden, mit den Fingern auf unseren Fahrer zeigten und lachten, während er anfing, unser Gepäck aufs Dach zu laden. Offensichtlich waren die Menschen hier nicht sehr hilfsbereit.

„Na gut. Jetzt ist es mir auch egal, wenn wir die Hälfte unterwegs verlieren."

Kurz darauf sausten wir über die *Autostrada* wie eine Sardinenbüchse auf Reisen. Wir plauderten munter mit unserem Fahrer, der offensichtlich hellauf begeistert darüber war, dass er einen berühmten amerikanischen Basketballspieler fahren durfte.

„Welche Mannschaft ist die beste? Was die verdienen, ist kaum zu glauben. Auf welcher Position spielen Sie?" Fragen über Fragen. Tim versuchte sich so gut wie möglich mit vagen Antworten zu retten, während wir uns auf dem Rücksitz ständig gegenseitig anstießen und kicherten. Wir wollten dem Mann seine Illusionen nicht nehmen und ihm den Abend verderben.

Als wir schließlich die Ausfahrt nach Nervi sahen, wurde es plötzlich ganz still im Auto. Wir waren da.

„Hotel?", fragte der Fahrer.

„Wir haben eigentlich nichts reserviert."

„Ihr seid verrückt, ihr Amerikaner. Es ist Urlaubszeit. Die ganze Küste ist voller Urlauber."

„Oh." Ich erinnerte mich vage daran, dass mir irgendjemand gesagt hatte, dass im August in halb Europa Ferien seien. „Haben Sie einen Vorschlag?"

„Ja, ich helfe Ihnen."

Gott sei Dank für die Basketballliga. Wie ein Engel, den der Himmel geschickt hatte, fuhr der Taxifahrer mit uns von Hotel zu Hotel, um nach freien Zimmern zu fragen. Schließlich landeten wir im Hotel Astor einen Volltreffer. Es war ein wunderschönes Hotel an einer Straße unter Palmen, direkt am Meer. Er band die Koffer vom Auto los, stapelte sie vor einem entsetzten Empfangschef auf, der sie jetzt irgendwo unterbringen musste, und verabschiedete sich überschwänglich von uns.

Der Empfangschef erklärte uns, dass die Zimmer sehr klein seien und Doppelbetten hätten. Wir müssten also zwei nehmen. Da die Kinder zu verängstigt waren, um allein zu schlafen, teilte ich mir ein Zimmer mit Katie und Tim schlief mit Matt im anderen.

Der Mann führte uns zu einer schmalen Treppe und wir stiegen hinauf.

„Nein!“, schrie Katie auf. Wir blieben alle wie angewurzelt stehen.

„Was ist?“

„Meine Handtasche. Wo ist meine Handtasche?“ Katie war außer sich. Hastig suchten wir alle nach der Handtasche. Sie war nirgends.

„Hast du sie im Taxi vergessen?“, fragte Tim.

„Am Bahnhof. Ich habe sie über den Stuhl gehängt, als wir Pizza essen waren.“ Große Tränen liefen ihr übers Gesicht. „Dafür werdet ihr mich umbringen.“

„Warum? Was war denn drin?“, fragte ich.

„Mein ganzes Geld.“

„Oh, Katie.“

„Alle Bilder von meinen Freunden.“

„Sie können dir doch neue schicken.“

„Und meine neue Zahnspange.“

Ich sah Tim an. Tim sah mich an. Vor meinen Augen erschien die 400-Dollar-Rechnung, die ich erst vor vier Tagen beglichen hatte.

„Jetzt reicht's mir. Keiner von euch sagt auch nur noch einen Ton zu mir für den Rest der Nacht.“ Kindisch stampfte ich die Treppe hinauf in mein Zimmer und setzte dabei eine „Versuch nur ja nicht, mir mit einer Entschuldigung zu kommen“-Miene auf. Ich wusste, dass ich gerade reichlich albern war, aber ich konnte mich selbst mit aller Anstrengung nicht mehr beherrschen.

Ich schloss die Tür auf und Katie stapfte hinter mir ins Zimmer. Bevor wir die Tür schließen konnten, hörten wir schon, wie Matts und Tims Zimmertür zuknallte. Katie und ich sahen uns verwirrt an.

„Bitte sag mir, dass das alles nur ein böser Traum ist“, flehte Katie mich an, als wir uns aufs Bett fallen ließen und anfingen zu lachen, bis uns der Bauch wehtat.

Kapitel 4

Die Wohnung

Am nächsten Tag wachten wir bei strahlendem Sonnenschein auf und tranken unseren ersten italienischen Cappuccino. Wir ließen unser ganzes Gepäck im Hotel zurück und machten uns zu Fuß auf den Weg zum Makler. Dazu schlängelten wir uns durch ein Labyrinth von gewundenen, schmalen Straßen mit Kopfsteinpflaster, die von alten zweistöckigen Häusern in schmutzigen Rosa-, Orange- und Gelbtönen gesäumt waren. Ich bezweifelte, dass es in dieser Stadt irgendwo einen rechten Winkel gab.

Die Passanten waren keine schick angezogenen Touristen mit Designerklamotten und modischen Sonnenbrillen. Es waren ganz normale Stadtbewohner, die ihren ganz normalen Tätigkeiten nachgingen und eine Sprache sprachen, die wir nicht verstanden. In der schwülen Sommerhitze trugen sie Einkaufstüten, schoben Kinderwagen oder standen manchmal auch nur in der Haustür oder lehnten sich im Obergeschoss aus dem Fenster, um zuzusehen, wie wir – und der Vormittag – vorübergingen. Alles sah insgesamt etwas weniger schön aus als damals im Mai. Ich schrieb das meiner blanken Angst zu und sagte nichts.

Nur mühsam fanden wir den Weg zu der schmalen Gasse in der Nähe des alten Hafens von Nervi, betraten das *Studio Massa* und begrüßten Umberto mit Umarmungen und in Zeichensprache. Er schnappte sich unseren Mietvertrag von seinem Schreibtisch und führte uns in ein modernes Besprechungszimmer mit viel Chrom, geschmeidigen Linien und abgestandener Luft, die nach Zigaretten stank. Als ihm die englischen Worte nicht einfielen, hielt er den Zeigefinger hoch, um uns zu verstehen zu geben, dass wir warten sollten, während er den Besitzer der Wohnung anrief.

Zehn lange, sauerstoffarme Minuten später kam Umberto mit

einem anderen Mann zurück. Ich sah nur Muskeln, braune Augen und zerzauste schwarze Haare und spürte, wie ich dahinschmolz. Es war mir unmöglich, ihn nicht anzustarren, und plötzlich erschien mir die Stadt wieder wunderschön.

„Oh, Sie sind alle sehr groß!", sagte er lachend und streckte seine Hand hoch, um uns mit sich zu vergleichen. Bei Katie hielt er inne. „Sogar das Mädchen ist größer als ich. Ich heiße Stefano", sagte er.

„Ich bin Tim. Das hier sind Susan, Katie und Matthew." Stefano streckte seine Hand aus, und wir schüttelten sie der Reihe nach und begrüßten uns mit dem landesüblichen Kuss auf beide Wangen, wobei wir uns mehrmals die Nasen anstießen, weil wir nicht wussten, welche Wange zuerst drankam.

„Sie kommen also aus Amerika", meinte Stefano in seiner warmen und freundlichen Art. „Warum sind Sie hier?"

Wir schauten uns alle vier gegenseitig an und zuckten mit den Schultern. Wie sollten wir ihm das erklären?

„Wir wollten einfach mal Italien kennenlernen", platzte ich heraus, obwohl mir klar war, wie dumm das klang.

„*Vacanze?*", fragte Stefano.

„Nein, wir werden etwa ein Jahr bleiben", erwiderte Tim.

„Spielen Sie Basketball?"

„Auf dem College", antwortete Tim.

„Universität?"

„Ja, auf der Universität", sagte Tim lachend.

„Ihre Haare sind weg, wie bei Michael Jordan."

„Ja, er hat mir das nachgemacht", witzelte Tim.

„Stefano ist berühmte Fußballspieler", sagte Umberto. „Genua, England, Milano."

Umberto hielt den Mietvertrag hoch und ließ uns alle um den Tisch herum Platz nehmen. Er ging mit Stefanos Hilfe jede Seite des Vertrages mit uns durch. Zum Glück konnte Stefano einigermaßen gut Englisch und konnte übersetzen. Es war ein Standardmietvertrag, und so unterschrieben wir, stellten den Scheck für die erste Monatsmiete aus und gaben ihn ihm.

„Wissen Sie, wie Sie hinkommen?", fragte Stefano, als er aufstand und seine Autoschlüssel aus der Tasche holte. Unsere verständnislosen Blicke sagten alles, und schon quetschten wir uns in seinen BMW-Geländewagen und fuhren den Hügel zur Wohnung hinauf, wo Stefanos Frau Sabrina und seine beiden Töchter auf uns warteten.

Tim und Stefano unterhielten sich über Sport, während Matthew, Katie und ich aus dem Fenster schauten und unsere neue Umgebung genau begutachteten. Vor dem Haus hielten wir abrupt an.

„Sag jetzt nicht, dass das das Haus ist", sagte Matt.

„Sieht nicht besonders wohnlich aus", fügte Katie hinzu.

„Hier gibt es keinen Basketballkorb und noch nicht einmal einen Hof", beklagte sich Matt.

„Drinnen sieht es viel besser aus, versprochen", sagte ich.

„Das hoffe ich", murmelte Katie.

Wir folgten Stefano durch die Haustür in die Eingangshalle, an den aufgereihten Messingbriefkästen vorbei, in den berühmten Aufzug. Er war so eng, dass wir uns fast berührten, als wir alle fünf drinnen waren, was mir nichts ausmachte, denn ich stand neben Stefano.

„Matthew, drück mal auf die Sieben", sagte Tim.

Der Aufzug setzte sich mit einem Ruck und einem Scheppern in Bewegung. Erschrocken sahen wir einander an, aber ich verdrängte jeden Gedanken an Aufzugszenen in Filmen. *Wir sind ja da. Du kannst jetzt aufhören mit dem Blödsinn, Gott.*

Sabrina öffnete uns mit einem Lächeln und einer warmherzigen Begrüßung die Wohnungstür. Ihr braunes Haar, das sie offen trug, umrahmte ihre großen blauen Augen und ihr zartes Gesicht. Tim und ich sahen, wie Katies und Matts Gesichter aufleuchteten, als sie die wunderschöne Aussicht durch die Fensterfront auf das Meer sahen.

„Wow!", sagte Matt.

„Nicht schlecht, was?", meinte Stefano lachend.

„Das ist umwerfend", sagte Katie.

Ich seufzte erleichtert auf, als Katie und Matt anfingen, sich interessiert umzuschauen.

„Sie müssen müde sein nach der langen Reise", sagte Sabrina und führte uns ins Wohnzimmer.

„Ich freue mich sehr, Sie kennenzulernen. Ich bin so froh, dass Sie Englisch sprechen", gestand ich.

„Nur ein wenig. Nicht sehr gut. Wir mussten Englisch lernen, als wir in England lebten. Es war sehr schwer. Wir hatten immer ein Wörterbuch dabei. Es wird schwierig werden für Sie. Wir verstehen das."

Katie und Matt kamen mit den beiden Mädchen zurück, die sie in einem der hinteren Zimmer getroffen hatten. Sie standen mit ihren langen braunen Haaren, farbenfroh und modisch gekleidet, schüchtern neben ihrem Vater, als Katie sie uns vorstellte.

„Das ist Stephanie. Sie ist so alt wie ich. Und das ist Nikki. Sie ist so alt wie Matt. Sie zeigen uns die Wohnung und bringen uns ein bisschen Italienisch bei."

„Danke, dass ihr die beiden so lieb in Empfang nehmt", sagte ich.

Sabrina und Stefano zeigten uns alle Räume und versuchten uns dabei mit ihrem begrenzten Wortschatz so viel wie möglich zu erklären. Wir konnten kaum fassen, dass wir das Glück hatten, eine voll möblierte Wohnung mit vier Zimmern und drei Badezimmern im obersten Stockwerk eines der neueren Gebäude gefunden zu haben, das auch noch ganz oben am Hang lag.

An der Front und den Seiten waren Glasschiebetüren, die den Blick auf die felsige Küste von Genua bis Portofino freigaben. Die Wohnung hatte zwei Balkone und eine Dachterrasse. Ich stellte mir schon vor, wie ich hier Partys mit wichtigen ausländischen Persönlichkeiten geben würde, die wir ganz zufällig kennenlernen würden. Der Unterschied zu unserem ebenerdigen Ranchhaus in Los Angeles hätte nicht größer sein können.

Stefano lud uns mit seiner Familie zum Mittagessen in ihr Lieblingsrestaurant am Strand ein, das *Mirabella*, wo er uns sowohl die Eigentümer des Lokals als auch eines der bekanntesten Gerichte der Region vorstellte: *focaccia di formaggio*, eine Art Brot mit Käse, das uns im Mund zerging. Plötzlich schämte ich mich für gebackenen Käse auf Toastbrot.

Als wir mit Essen fertig waren, fragte ich, wo ich Bettwäsche und Handtücher kaufen konnte.

„Hier gibt es keinen Laden", seufzte Sabrina.

„Man kann hier keine Bettwäsche kaufen?"

„Nicht hier in Nervi. Sie müssen etwa eine halbe Stunde mit dem Auto fahren, bis nach Ikaya."

„Ikaya?"

Sabrina sah meinen schockierten Ausdruck, als ich ihr erklärte, dass wir kein Auto hatten und auch nicht vorhatten, uns eines zu kaufen. „Können wir mit dem Zug dorthin fahren?"

„Dazu ist es zu spät. Das wäre zu kompliziert für Sie." Sabrina sah auf die Uhr. „Wir wollen jetzt eigentlich fahren in unsere Ferienwohnung in Chamonix, aber wir ... äh ... wir könnten sie doch noch dorthin fahren, Stefano, oder?"

Zuerst luden sie uns zum Essen ein, und jetzt brachten sie uns auch noch in eine weiter entfernte Stadt, um Bettwäsche zu kaufen. Ich konnte es einfach nicht fassen, wie freundlich sie waren. Und das nicht, weil sie dachten, dass Tim ein berühmter Basketballer war.

Sie setzten Tim, Matt und die beiden Mädchen in der Wohnung ab und fuhren Katie und mich dann mit unserer langen Einkaufsliste nach Ikaya – was, wie ich amüsiert feststellen musste, Ikea auf Italienisch hieß.

Wir schnappten uns jeder einen Einkaufswagen und zogen in verschiedene Richtungen los. Katie und Sabrina gingen Geschirr und Besteck kaufen; Stefano und ich gingen in die Schlafzimmerabteilung, wo alle möglichen Bettdecken und Federbetten hingen. Die Auswahl der Farben, für die ich zu Hause normalerweise Tage gebraucht hätte, geschah hier innerhalb von wenigen Minuten.

„Was halten Sie von diesem hier für unser Ehebett?", fragte ich Stefano.

„Zu viele Blumen für den Mann", meinte er lachend. „Irgendwas ohne das alles." Dabei machte er eine ausladende Handbewegung vor all den Überdecken mit Blumen oder geometrischen Mustern.

Ich zeigte auf etwas klassisch Weißes mit roten Biesen und dazu passenden Kissenüberwürfen. „So was?"

„Perfetto."

Ich griff danach und legte es in den Einkaufswagen. Wir gingen weiter den Gang entlang und fanden schnell noch zwei weitere Garnituren für Katies und Matts Bett, eine in Blau und Grün und eine in Rot und Orange. Als wir auf die Badezimmerabteilung zusteuerten, musste ich insgeheim lachen, weil ich gerade mit einem umwerfend gutaussehenden Fußballstar bei Ikea Bettwäsche und Farben für die Überdecken ausgesucht hatte.

„Stefano, Stefano!" Jemand hatte Stefano im Vorbeigehen erkannt und winkte ihm zu. Stefano winkte freundlich zurück, als noch andere ihn grüßten. Ich blieb dicht neben ihm und tat, als wären wir alte Freunde. Diese Italiengeschichte nahm allmählich Gestalt an.

Eineinhalb Stunden später setzten die beiden uns mit unseren Einkäufen in unserer Wohnung ab und verabschiedeten sich. Sie fuhren zu ihrer Ferienwohnung in den französischen Alpen, während wir anfingen auszupacken und uns einzurichten.

Die Vormieter waren gerade erst ausgezogen, und die Wohnung war nicht ganz sauber. Wir mussten den Kühlschrank und die Schubladen auswaschen, staubwischen und die Badezimmer putzen. Dabei entdeckten wir nicht weniger als drei bis sechs Duftspender in jedem Zimmer! Ich weiß nicht, wer vor uns dort gewohnt hatte, aber Deo zu benutzen wäre billiger gewesen. Oder man hätte ja auch mal ein bisschen lüften können.

Wir lösten die Duftspender von den Wänden, zogen sie aus den Steckdosen und holten sie aus den Schubladen, warfen sie in den Müll und öffneten alle Fenster und Türen, damit der Abendwind die abgestandene Luft vertreiben konnte. Tim und Matt hatten unser Gepäck schon sortiert und in die entsprechenden Räume verteilt.

Wir hatten jede Menge auszupacken, aber nicht mehr viel Kraft, und so gingen wir nicht gerade begeistert an die Arbeit.

„Warum beziehen wir nicht einfach die Betten und lassen es für heute gut sein? Ich bin k. o.", meinte Tim.

„Ich auch“, sagte Matt.

„Ich will noch nicht in meinem Zimmer schlafen“, meinte Katie und ließ sich auf eines der beiden pfirsichfarbenen Sofas im Wohnzimmer fallen.

„Ich auch nicht“, schloss sich Matt an und plumpste neben sie.

Tim und ich sahen uns an und begriffen allmählich.

„Ich könnte die Matratzen der Kinder ins Wohnzimmer legen, und wir beide könnten auf den Sofas schlafen, wie beim Camping“, schlug Tim vor.

Eine Viertelstunde später lagen wir alle unter unseren neuen Ikea-Decken, die Glastüren weit offen, sodass die frische, salzige Meeresluft durchs Zimmer wehen konnte.

Kapitel 5

Sonnenaufgang

Eine Schnake, die um meinen Kopf schwirrte, weckte mich so gegen 4:00 Uhr morgens auf. Es war heiß und schwül. Das Leintuch war zusammengeknäult und mein Kopfkissen absolut unauffindbar. Die einzelnen Elemente des Sofas waren auseinandergerutscht und wurden nur noch von meinem Körper zusammengehalten. *Geht's noch unbequemer?*

„Bist du wach?", flüsterte Tim von der anderen Seite des Zimmers.

„Ja, und du?"

„Es ist viel zu heiß zum Schlafen. Sollen wir uns den Sonnenaufgang ansehen?"

„Lass uns Kaffee kochen." Wir schlichen uns in die Küche und durchsuchten die Schränke.

„Sabrina hat gesagt, sie hätten eine Kaffeekanne. Die muss hier irgendwo sein." Ich machte einen Schrank auf und fand eine winzige silberne Kanne, etwa so groß wie eine große Tasse. Ich hielt sie hoch wie eine Trophäe.

„Was ist das?", fragte Tim.

„Das ist die Kaffeekanne."

„Was geht da rein? Vier Schluck?"

„Und wie soll das funktionieren?" Ich öffnete den Deckel und starrte hinein.

„Sieht irgendwie aus wie eine Kaffeemaschine zum Aufbrühen."

„Zum Aufbrühen? Sind wir hier in den 1960er-Jahren gelandet?"

Schweigend standen wir vor diesem Problem wie zwei Schüler im Biologielabor, die zum ersten Mal zusammenarbeiten sollen. Nach etwa fünfmal Aufbrühen hatten wir genug Kaffee für zwei

Tassen. Wir schlichen uns mit unserem flüssigen Schatz vorsichtig um unsere schlafenden Kinder herum auf die Terrasse, setzten uns auf zwei wackelig wirkende Gartenstühle aus Holz, schauten zum ersten Orange am Horizont und klatschten uns gegenseitig ab wie Teenies. Es war, als seien wir wieder in der gleichen Mannschaft, statt gegeneinander zu spielen, wie wir es gewohnt waren.

Als die Sonne aufging, hatten wir zum ersten Mal die Gelegenheit, unsere neue Umgebung genauer zu studieren. Wir ließen den Blick die Küste entlangschweifen. Die steilen Hänge des Apennin liefen zum Meer hin aus. Links sahen wir den natürlichen Hafen, der am Monte di Portofino endete, einem Ausläufer der Berge, der ins Meer hineinragte. Rechts waren zwei Tanker und ein Passagierschiff zu entdecken, die auf den Hafen von Genua zufuhren, und die dicht besiedelten Vororte der Stadt, die um einen Platz an dem schmalen Küstenstreifen wetteiferten.

Ligurien ist ein großer Bogen am nordwestlichen Ende des italienischen Stiefels. Genua ist das Zentrum der Region und liegt in der Mitte der zwei Teile: die Riviera di Ponente (im Westen) reicht von Ventimiglia bis Genua und die Riviera di Levante (im Osten) von Genua bis La Spezia. Die meisten Menschen fahren wegen der wunderschönen Küstenstädte wie Portofino, Santa Margherita, Sori, Bogliasco oder Chiavari nach Ligurien.

„Schau dir mal die alten Häuser dort an“, sagte Tim und zeigte auf einige Villen, die zwischen den größeren Wohnblöcken versteckt lagen. „Und diese uralten Mauern.“

Wie in jeder städtischen Gegend gab es hier und da Anzeichen dafür, dass das Leben hier früher einmal beschaulicher gewesen war. Wir zählten drei Kirchtürme in Reichweite und versuchten auszurechnen, wie oft diese Hügel über die Jahre ihre Glocken hatten läuten hören.

„Ich liebe dieses Grün“, sagte ich und fing an, meinen Garten in Los Angeles zu vermissen. Es hatte mich überrascht, dass hier Palmen, rosa Bougainvillea und alle möglichen anderen Blumen wuchsen.

„Es sieht eigentlich recht ähnlich aus wie in Los Angeles“, fand Tim, als das Geräusch eines herannahenden Zuges durch die Stille drang. Es war beängstigend und beruhigend zugleich. Wir saßen eine ganze Weile nur da und lauschten.

Tim fing leise an, eine Melodie zu summen, die ich nicht einordnen konnte.

„Zwei Menschen, enttäuscht vom Glauben, zwei Menschen im Spiel des Lebens. Verhandlungen und Liebeslieder, sie klingen oft so gleich.“ Er schaute mich an, als erwartete er, dass ich mitsänge.

„Was singst du da?“ Das Pfeifen des Zuges kam näher.

„Manchmal bringt er sie zum Lachen“, sang er weiter. *„Sie kocht das Essen für zwei …“*

Als der Zug quietschend im Bahnhof am Fuße des Hügels anhielt, erinnerte ich mich. Es war ein Lied von Paul Simon, das wir oft gehört hatten, als wir frisch miteinander liiert gewesen waren. Wir liebten die schwermütige Melodie. Damals zählte nur, dass wir den Text gut genug kannten, um ihn inbrünstig mitzusingen. Der Inhalt war mir egal. Ich hatte damals nicht mitbekommen, dass das Lied eine zerbrochene Ehe beklagte. Jetzt verstand ich es.

„Jeder liebt es, in der Ferne einen Zug zu hören“, stimmte ich ein, und wir beendeten die Strophe gemeinsam. *„Jeder glaubt, dass es stimmt.“*

Kapitel 6

Annalisa

Später an diesem ersten Morgen, so gegen 8:00 Uhr, als wir alle beim Auspacken waren, klopfte es an der Tür.

„Wer kann das sein?“, sagte ich, als Tim zur Tür ging, um aufzumachen. Einen Augenblick später stand eine dunkelhaarige Frau mittleren Alters mit ihren vier Kindern in unserem Flur.

„Ich bin Annalisa“, verkündete sie und sah uns mit ihren schokoladenbraunen Augen von oben bis unten an. „Wir wohnen … unten.“ Dabei zeigte sie nach unten. Sie überreichte mir eine braune Tüte mit Tomaten und umarmte Tim, als kenne sie ihn seit Jahren. Alle lachten fröhlich, als sie uns ihre Kinder vorstellte. Da war die elegante 14-jährige Elisabetta, der stolze 12-jährige Carlo, die schüchterne 11-jährige Esther und der sanfte 13-jährige Andrei, den sie aus Russland adoptiert hatten.

„Ich bin Katie und das sind Matthew, Tim und Susan. Wir kommen aus Los Angeles.“ Katie strahlte und war sichtlich erfreut, dass ein Mädchen in ihrem Alter in unserer Nähe wohnte. Matt und Carlo begutachteten sich gegenseitig. Ich dankte Gott im Stillen für diese Begegnung, denn mit Freunden in der Nachbarschaft würden sich meine beiden sicher bald besser fühlen.

Ihre Kinder konnten zwar nur ein paar Brocken Englisch aus der Schule, aber Annalisa sprach genug Englisch, um sich mit Hilfe einer gestenreichen Zeichensprache verständigen zu können.

„Sie sprechen Italienisch?“

Wir schüttelten alle den Kopf.

„Nein? Sie sprechen *bisschen* Italienisch?“

„Ein paar Worte“, meinte Tim. „Ciao, sì, arrivederci, grazie …“

„Nur ciao und arrivederci? Verrückte Amerikaner.“

Da hatte sie recht.

„Warum sind Sie hier gekommen? Hier in diese kleine Dorf? In Los Angeles gibt es alles, hier … nichts."

„Wir versuchen ja gerade, dem Überfluss zu entkommen."

Alle fünf starrten uns verständnislos an.

„Okay, wir gehen jetzt. Sie müssen das machen." Dabei zeigte sie auf unser Gepäck, das in der ganzen Wohnung verstreut lag.

Ich hielt die Tüte mit Tomaten hoch. „Danke, Annalisa."

„Bitte, bitte."

Bevor sie gingen, zog sie uns überraschend an sich, als seien wir alle Verbündete in einer geheimen Sache, und warnte uns flüsternd: „Schlafen Sie nicht mit offene Balkontür und Rollladen oben. Vorsicht vor den Zigeunern!"

Als die Tür hinter ihnen zugegangen war, sahen Tim und ich uns verwirrt an.

„Zigeuner?", fragte Katie ungläubig.

„Das ist doch Quatsch", wandte Matt verächtlich ein, als sei er der Experte für Zigeunerfragen weltweit. „Zigeuner gibt es nur noch im Film."

„Ich weiß nicht, Leute", sagte ich. „Sie hat nicht so ausgesehen, als ob das ein Witz sein sollte."

„Irgendwie komisch, so etwas zu jemandem zu sagen, den man kaum kennt", fügte Tim hinzu. „Und es ist so heiß hier. Wir können unmöglich schlafen, wenn wir alle Fenster und Türen zumachen."

„Schaut mal", sagte Katie und zeigte nach draußen auf die anderen Wohnblocks in Sichtweite. So weit man sehen konnte, waren vor den meisten Fenstern die Rollläden oder Fensterläden geschlossen. Also gab es vielleicht wirklich ein Kriminalitätsproblem hier?

„Ich schätze, was sie hier Zigeuner nennen, sind einfach nur Einbrecher. Ich glaube kaum, dass sie mit großen goldenen Ohrringen herumlaufen und Kopftücher tragen", sagte Tim und platzte damit in meinen durchaus nicht unerfreulichen Tagtraum, in dem sich Johnny Depp in seinem Captain-Sparrow-Outfit mitten in der Nacht in unsere Wohnung schleicht.

„Wir sollten uns darum jetzt keine Gedanken machen“, sagte ich knapp.

Während wir auspackten und sauber machten, besuchten uns alle möglichen Leute, die alle einen Schlüssel zu unserer Wohnung hatten. Niemand schien sich dabei Gedanken um unsere Sicherheit zu machen. Wir erfuhren, dass wir einen Gärtner in Hosenträgern hatten, der Roberto hieß und uns sofort verdächtig vorkam, weil nur etwa 20 Blumentöpfe auf den Balkonen standen und die Hälfte der Pflanzen darin vertrocknet war.

„Roberto, was machen Sie hier eigentlich genau?“, fragte ich.

„Sie haben Problem mit Blumen, ich mache“, erklärte er stolz mit einer ausschweifenden Handbewegung in Richtung der Blumenkübel auf der Terrasse, in denen Strohbündel steckten, die einmal Lavendelstöcke gewesen waren.

„Werden Sie das da auch machen?“ Tim zeigte auf den Lavendel.

„Nein, das in Ordnung. Wird wieder wachsen. Sonne jetzt sehr heiß.“

„Vielen Dank, Roberto. Wir rufen Sie an, wenn wir Sie brauchen.“

„Ciao, ciao, arrivederci, ciao“, sagte er und zog mit einem Blecheimer voller Schaufeln und ähnlicher Geräte in der Hand wieder ab.

Dann war da noch der Heimwerker André, der kein Wort Englisch sprach, aber schneller filterlose Zigaretten rauchen konnte als jeder andere Mensch, den ich je gesehen hatte. Er kam, um die Elektrik zu überprüfen und uns zu zeigen, wie man die hochmoderne Gegensprechanlage bediente, die aber nicht zu funktionieren schien. Sie funktionierte immer noch nicht, als er ging, aber er tat einfach so, als funktionierte sie. Es war mir auch egal, da Tim uns schon gezeigt hatte, dass die herkömmliche „Schau aus dem Fenster, wer unten ist“-Methode genauso effektiv war.

Sowohl André als auch Roberto ließen uns eine lange Liste mit Telefonnummern von Leuten da, die uns im Notfall helfen konnten. Sie gaben uns sogar die Nummer von „einem Freund von meinem Freund", der *angeblich* Englisch konnte, falls wir etwas brauchten.

Unsere Vormieter, Lucca und Maria, kamen vorbei, um noch ein paar Kleidungsstücke und Kinderspielsachen abzuholen, die sie vergessen hatten, und versprachen uns, ihre Schlüssel in ein paar Wochen zurückzugeben, wenn sie sich in ihrer neuen Wohnung eingerichtet hatten. Ich verstand die Logik dabei nicht ganz, aber sie schienen harmlos zu sein, obwohl ich die Sache mit den Duftspendern nicht vergessen konnte.

Ich beschloss, mir um die Schlüssel keine Sorgen zu machen. Bei uns gab es sowieso nichts zu stehlen. Es war mein erster Schritt zum Loslassen. Wir waren hergekommen, um mit dem uns bekannten Leben zu brechen, also konnte ich genauso gut an diesem Punkt damit anfangen. Wir würden die Schlösser nicht austauschen, und ich würde mich nicht darüber beklagen.

Am späten Vormittag unternahmen wir unseren ersten Streifzug durch die Stadt. Wir mussten einen Großeinkauf machen, um unsere Vorratsschränke zu füllen. Matt und Katie schrieben eine lange Einkaufsliste mit Dingen, die sie *unbedingt* brauchten.

Wir zogen unsere bequemen Schuhe an und gingen los. Die Straßen waren alt, eng und verwinkelt. Auf dem Weg den Hügel hinunter gab es keine Gehwege. Man sollte meinen, dass die Autofahrer entsprechend langsam fuhren, um die Fußgänger nicht zu gefährden. Aber sie rasten mit quietschenden Reifen um die Ecken, als sporne sie diese Herausforderung noch an.

Wir liefen automatisch im Gänsemarsch, Tim voraus. Er rief uns über die Schulter zu: „Geht immer hintereinander und auf der rechten Seite um die ersten beiden Ecken. Dann gehen wir hier" – dabei streckte er seinen langen Arm aus – „über die Straße und auf die linke Seite."

„Ich glaube, wir wissen, wie man eine Straße überquert", murrte Matt.

„Allerdings", stimmte ihm Katie zu.

„Ich meine es ernst. Ihr müsst da laufen, wo euch die Autofahrer schon vor der Kurve sehen können. Das ist nicht wie auf unseren breiten Straßen zu Hause."

„Wir sind keine kleinen Kinder mehr." Katie verdrehte die Augen.

Oh nein, nicht wieder das Augenverdrehen. Nur gut, dass er es nicht gesehen hat.

„Ich versuche nur, euch sicher zu führen."

„Ja, ja." Katie sah zu mir zurück und verdrehte wieder die Augen.

„Verdreh nicht so die Augen." Tim blieb stehen und drehte sich zu uns um. Wütend starrte er Katie und mich an.

„Was habe *ich* denn getan?", fragte ich.

„Die Frage ist eher, was du *nicht* getan hast."

„Ach, Tim, wir sind alle ein wenig gereizt. Lass es doch einfach."

„Wie wäre es, wenn du mich ein bisschen unterstützen würdest? Ich versuche hier, Regeln für unsere Sicherheit aufzustellen, und du schaust einfach zu, wenn die Kinder respektlos sind. Es wäre schön, wenn du mich unterstützen würdest."

„Dich unterstützen? Du machst mehr aus der Sache als nötig."

„Als ich vierzehn war, wäre mir nie im Traum eingefallen, so mit meinem Vater umzugehen."

„Na gut. Papa hat recht. Die Kurven sind gefährlich. Tut, was er sagt. So, habe ich dich jetzt ‚unterstützt'?"

Noch mehr wütende Blicke.

„Tut mir leid, Papa", sagte Katie.

„Mir auch", sagte Matt.

Da drehte Tim sich auf dem Absatz um und wir gingen mit quietschenden Schuhsohlen auf den Pflastersteinen der linken Straßenseite weiter.

Wir gelangten zu einer alten Treppe, die gesäumt war mit lila Bougainvillea und Ranken mit orangefarbenen Trompetenblumen. Das war weitaus sicherer, als auf der Straße zu laufen, und es sah ein bisschen aus wie ein geheimer Pfad zu einem guten Ort. Etwa 200 Stufen weiter unten landeten wir in der Nähe des Stadtzentrums.

Zuerst gingen wir in die *Farmacia*, um Aspirin und Zahnpasta zu kaufen. Die anderen beschlossen, draußen zu warten, da sich in dem winzigen Laden schon ein gefühltes Dutzend Leute über 75 drängten. Ich stellte mich hinten an und staunte, wie viele Produkte gegen Cellulitis es in den Regalen gab. Währenddessen drängelte sich ein Kunde nach dem anderen vor. Offensichtlich kannten sie die „Hinten anstellen"-Regel nicht.

Schließlich war ich dann doch noch an der Reihe. Ich sah die junge Frau hinter der Theke an. Sie sah mich an. Ich hatte keine Ahnung, was Aspirin oder Zahnpasta auf Italienisch hieß. Hektisch fing ich an, in meinem kleinen Wörterbuch zu blättern.

„Einen Moment", sagte ich zu der jungen Frau, als sie die Arme verschränkte und wartete. Plötzlich merkte ich, dass der alte Mann hinter mir verdächtig nahe an meinem Nacken atmete. Ich drehte mich um und starrte ihn wütend an.

„Entschuldigung?", sagte ich, aber er reagierte nicht. Ich starrte ihn weiter an und machte mit meinen Händen eine Bewegung, als wollte ich ihn wegschieben, aber er sah einfach nur durch mich hindurch wie ein Zombie. Seufzend wandte ich mich wieder meinem Wörterbuch zu, fand das Wort für Aspirin und zeigte darauf, damit die junge Frau es lesen konnte. Für die Zahnpasta gab ich eine kurze Pantomimeeinlage.

„Sì, sì", sagte sie und ging, um die Sachen zu holen.

Ich drehte mich immer wieder um und starrte den Mann hinter mir drohend an, aber er wich keinen Schritt zurück. Er hatte Mundgeruch und offenbar noch nie etwas von Deo gehört. Ich fragte mich, ob seine Frau ihn wohl losgeschickt hatte, um Raumspray zu kaufen.

Die Verkäuferin wickelte die beiden Sachen in Papier, wie ein Geschenk, und legte sie dann in eine Tüte. Als ich ihr einige Euro hinstreckte, sah ich, dass Matthew an die Schaufensterscheibe klopfte und auf seine Uhr zeigte. Ich zuckte nur mit den Schultern.

Wir gingen weiter die Straße entlang. Die Gehwege waren schmal und überfüllt, also gingen wir wieder im Gänsemarsch, schlängelten uns wie eine Reihe überlebensgroßer Wackeldackel die Straße entlang und erregten mehr Aufmerksamkeit, als uns lieb war.

Während wir durch das Stadtviertel gingen, schauten wir in eine Metzgerei, ein Obstgeschäft, ein Teigwarengeschäft, eine Bäckerei, einen Fischladen, eine Weinhandlung, eine Pizzeria, ein Café und einen Tabakladen. Bei vielen Geschäften stand die Tür offen, und die verführerischen Düfte verleiteten uns dazu, stehen zu bleiben, die Augen zu schließen und tief einzuatmen, als bereiteten wir uns auf eine Yoga-Übung vor.

„Hat irgendjemand einen Supermarkt gesehen?", fragte Katie.

„Ich glaube, wir müssen stattdessen einfach in diesen kleinen Läden einkaufen", meinte Tim.

Erschrocken sahen wir einander an. Wir waren fasziniert. Wir waren entzückt. Wir waren wie versteinert vor Angst. Wie sollte das gehen, wo wir doch nur *ciao* und *arrivederci* sagen konnten?

„Schaut mal, da drüben." Matt zeigte auf ein Geschäft ein Stück weiter, im Erdgeschoss eines Wohnblocks. „Sieht das nicht aus wie ein Supermarkt?"

Wir steuerten auf den Eingang zu, über dem auf einem großen Schild in leuchtend roten Buchstaben stand: *Di per di.*

„Tatsächlich!", rief Katie, als wir ein älteres Ehepaar mit weißen Plastiktüten in der Hand herauskommen sahen.

Wir gingen eine lange Rampe hinunter in den Laden. Unsere Körpergröße zog die Aufmerksamkeit aller Leute auf sich, die an der Kasse anstanden. Wir waren wie die langen, dünnen Selleriestangen, die in die Stadt der Auberginen eindrangen. Kühn ignorierten wir die Blicke und gaben vor, ganz genau zu wissen, was wir taten.

Ich schnappte mir einen kleinen Einkaufswagen, dessen Räder irgendwie gleichzeitig vorwärts und seitwärts rollten.

„Das sind aber schmale Gänge!"

„Warum gibt es die Milch nur in so kleinen Einheiten?"

„Die Eier sind nicht gekühlt. Kann man die essen?"

„Die Packungen sind alle so klein."

„Wo ist die Einkaufsliste?"

Katie zog den Zettel heraus, riss ihn in vier gleich große Teile und gab jedem einen. Wir zogen alle los, um die Sachen zu suchen. Ich schob den Einkaufswagen zum Gemüseregal und fing an, ein wenig Obst und Gemüse auszusuchen. Während ich die Waren prüfend in die Hand nahm, bemerkte ich, dass die Leute mich anstarrten und verächtlich schnaubten. Sie waren offensichtlich verärgert über mich. Nahm ich zu viel? Meine Güte, das war doch ein Supermarkt! Ich tat so, als bemerkte ich nichts, und füllte meine kleinen Plastikbeutel mit allen möglichen Salatzutaten. Blitzartig war ich von einem Schwarm grauhaariger Einkäuferinnen mit verschränkten Armen und ungeduldig tappenden Füßen umringt.

„Was ist?", fragte ich und hob kapitulierend die Hände.

Eine von ihnen zeigte mit ihrem gichtigen Finger auf eine Kiste neben den Bananen. Sie langte hinein und holte einen großen dünnen Plastikhandschuh heraus. Wie auf Befehl hoben die anderen ihre behandschuhten rechten Hände.

„Oh", sagte ich peinlich berührt, als sie ihn mir hinhielt und alle darauf warteten, dass ich ihn anzog. Offensichtlich durfte man die Ware nicht mit bloßen Händen anfassen.

„Entschuldigung", murmelte ich, während die Damen kopfschüttelnd und augenrollend wieder ihren eigenen Einkäufen nachgingen.

Im nächsten Gang traf ich Tim, der mit verwirrtem Gesichtsausdruck dastand.

„Ich sage dir das sehr ungern", sagte er, „aber weißt du, was es in diesem Laden im Überfluss gibt?"

„Was?"

„Zutaten."

Als ich mich umsah, dämmerte mir, was er meinte. Hier gab es keine abgepackten, vorgekochten Gerichte, mit denen man das Essen in einer halben Stunde fertig hatte. Keine tiefgekühlte Feinkost, bei der man so tun konnte, als hätte man selbst gekocht. Oh nein.

„Mama!", riefen Katie und Matt *unisono*, als sie mit einer einzigen Schachtel Kekse ums Eck kamen. „Die haben absolut nichts von dem, was wir auf dem Zettel stehen haben!"

Es gab keine Oreo-Kekse, keine Chips und nur ganz wenige Süßigkeiten, die wir kannten. Keine Dosensuppe, keine Maiskolben, keine fertigen Nudelgerichte, keine Erdnussbutter. Keine Frischhaltebeutel, kein fertiges Salatdressing und keinen Ahornsirup. Keine Pfannkuchen und keine Waffeln. Keine Packungen mit Käsemakkaroni. Keine Kuchenmischungen oder Glasuren für Katies bevorstehenden Geburtstagskuchen. Wir würden uns die ganze Zeit gesund ernähren müssen. Die Frage war, ob unsere Körper Nahrungsmittel ohne Konservierungsstoffe überhaupt vertragen würden.

Vielfalt war hier wohl nicht so wichtig. Im Regal mit ausländischen Waren standen nur ein paar Dosen weiße Bohnen, fertige Tacos und Salsa. Aber alles andere, was es gab, sah frisch und köstlich aus. Die Käsetheke, die Fleisch- und Wursttheke, die Oliven, eingelegtes Gemüse, Pesto – alles sah aus wie aus einem Feinschmeckermagazin.

Schon bald war unser Wagen voll und wir gingen zur Kasse. Es war ein bisschen peinlich, dass wir etwa fünfmal so viel im Wagen hatten wie alle anderen Kunden an der Kasse. Schließlich waren wir dran. Das Band an der Kasse war – wen wundert's – kurz. Es war sofort mit unserem Einkauf voll, aber die Kassiererin machte einfach weiter.

„Ist hier niemand, der die Sachen einpackt?“ So kannten wir es aus Amerika.

Die ersten Sachen fielen zu Boden. Erschrocken schauten wir uns an. Schließlich dämmerte es uns: Wir mussten die Plastiktüten (Papiertüten gab es nicht) im Laden kaufen und die Sachen selbst einpacken. Kichernd packten wir alle vier hastig unsere Einkäufe ein und stapelten die Tüten in der Ecke des Ladens. Es war ein weißer Berg. Während Tim bezahlte, wurde mir plötzlich klar, warum alle anderen nur so wenig gekauft hatten.

Schwer beladen wie Packesel schleppten wir uns in der Mittagshitze mit unseren weißen Tüten wieder den Berg hoch. Die hochgewachsenen, schlanken Sellerie-Menschen begannen allmählich zu welken. Die Auberginen-Menschen amüsierten sich über uns.

Kapitel 7

Opernmusik

Weil ich nach fünf Tagen in unserem neuen Zuhause den Jetlag immer noch nicht ganz überwunden hatte, wachte ich kurz nach Sonnenaufgang auf und beschloss, unsere Wohnung noch fertig zu putzen, solange die anderen noch schliefen.

Wir hatten alles ausgepackt und eingeräumt. Jetzt mussten wir nur noch die dunklen Holzböden und die unzähligen Regale sauber machen. Wenn wir die Überbleibsel unserer Vormieter alle weggewischt hatten, würde es sich hoffentlich endlich wie unser Zuhause anfühlen. Ich suchte in den Schränken und unter der Spüle nach Putzmitteln und Utensilien, aber ich fand nur einen Wischer ohne die dazugehörigen Wischtücher, einen alten Besen mit Borsten, die aussahen wie ein struppiger Vollbart, einen Staubsauger, bei dem das Saugrohr mit Klebeband befestigt war, Glasreiniger und Wasser.

In Los Angeles wäre ich jetzt ins Auto gestiegen und zu einem Supermarkt oder einer Drogerie gefahren, die 24 Stunden geöffnet hatte, und hätte die größte Packung feuchte Wischtücher gekauft, die ich gefunden hätte. Aber diese Möglichkeit hatten wir zusammen mit unseren übrigen Habseligkeiten in Amerika eingemottet. Mir kam die geniale Idee, eines von Tims alten T-Shirts zu zerschneiden und für den Wischer zu verwenden. Da ich soeben etwa 7 Euro für Wischtücher gespart hatte, nahm ich mir vor, meinen schlauen Einfall zu belohnen und das Geld heimlich zur Seite zu legen, um mir davon auf dem Markt, der jeden Dienstag stattfand, eine hübsche Kleinigkeit zu kaufen. Hoffentlich vermisste Tim sein T-Shirt nicht.

Ich beschloss, ein bisschen Musik zu machen. Mit etwas Rhythmus ging das Putzen immer leichter. Also machte ich das kleine Bose-Radio an, das wir von zu Hause mitgebracht hatten, und fand einen Sender, der amerikanische Songs spielte. Ich drehte die Lautstärke herunter, um die anderen nicht zu wecken, und fing an zu putzen. Ich beschloss, dass es am sichersten war, einfach mit Wasser zu putzen, und so schrubbte und wischte ich zum Rhythmus von „Jeremiah Was A Bullfrog".

Überrascht hörte ich ein Klopfen an der Tür. Wer war das um diese Zeit? Ich machte auf und vor mir stand Annalisa mit ihrem ansteckenden Lächeln und den Armen voll mit noch mehr Begrüßungsgeschenken. Sie gab mir noch eine große Tüte mit reifen Tomaten und eine Flasche Limoncello, ein Zitronenlikör, den sie selbst aus den Zitronen gemacht hatte, die sie in den terrassenförmigen Gärten anpflanzte, die sie am Hang hinter unserem Haus angelegt hatte. Ich war beschämt, weil sie uns jetzt schon zum zweiten Mal etwas gebracht hatte, und ich hatte mich noch nicht revanchiert.

Hektisch sah ich mich nach etwas um, was ich ihr schenken konnte. Ich entdeckte unseren letzten Müsliriegel auf der Küchentheke, verwarf den Gedanken aber wieder.

„Vielen Dank!"

„Alles ist auf einmal reif."

„Ich liebe Tomaten aus dem Garten."

„Tim, Katie und Matthew schlafen noch?"

Ich nickte und zuckte mit den Schultern, als sei ich etwas verärgert, dass sie um 7:00 Uhr morgens noch schliefen. Dann zerbrach ich mir den Kopf, was ich sonst noch sagen konnte. Die Sprachbarriere hatte mich inzwischen sehr vorsichtig gemacht. Einen Augenblick lang standen wir nur da und lächelten einander an.

„Du und deine Familie, ich will einladen zum Abendessen. Ich zeige dir Pizza machen. Italienische Pizza, nicht amerikanische."

„Wir kommen sehr gern! Vielen Dank! Das wird bestimmt schön."

„Hm, nächsten Donnerstag?"

Eine Woche im Voraus. Offensichtlich plante sie gerne langfristig. Ich hielt einen Moment inne und tat, als ginge ich im Kopf unseren Terminkalender durch. Man musste ihr ja nicht direkt auf die Nase binden, dass wir in den Tag hineinlebten und keine kurz- oder langfristigen Termine hatten.

„Ich glaube, Donnerstag wäre gut."

„Okay, ciao."

„Ciao."

„Ciao, ciao, arrivederci, ciao!"

„Okay, ciao, arrivederci."

„Ciao." Sie drehte sich um und ging. Mir war nicht ganz klar, wie oft man hier offiziell *ciao* und *arrivederci* sagen musste, bevor man gehen konnte. Ich nahm mir vor, es herauszufinden, denn ein einfacher Abschiedsgruß genügte hier offenbar nicht, um eine Begegnung zu beenden.

Ich machte die Tür zu und ging zurück zu meinem Wischer und dem Blick aus dem Wohnzimmerfenster auf das glitzernde Mittelmeer. Plötzlich wechselte im Radio das Programm und statt amerikanischen Songs kamen Opern. Schnell wechselte ich den Sender. Während ich immer wieder auf den Sendersuchlauf drückte, fesselte plötzlich der Anblick der roten Ziegeldächer, der Kirchen in der Ferne und der bunten Häuser meinen Blick. Ich bekam ein schlechtes Gewissen und schaltete wieder zurück zur Opernmusik.

Eine Frau fing an, eine sehr schwermütige und bedrückende Arie zu singen. Die Töne liefen förmlich an den Wänden herab. Ich verstand kein Wort von dem, was sie sang, aber die Musik berührte mich irgendwie tief im Innern. Mir fiel die Szene aus *Die Verurteilten* ein, in der Andy Mozarts *Hochzeit des Figaro* über Lautsprecher laufen lässt und seinen Mitgefangenen so ein paar Augenblicke von Menschlichkeit und Würde verschafft.

Auf den Stiel meines Wischers gestützt ruhte ich mich einen Augenblick aus und dankte Gott für die vielen guten Dinge, die er uns geschenkt hatte. Dafür, dass er uns diese Möglichkeit zum Neuanfang aufgedrängt und uns den Mut gegeben hatte, durch die Tür zu gehen. Ich hatte mich mit dem Gedanken ausgesöhnt, dass Tim und ich uns in unserer Ehe unerfüllt und unzulänglich fühlten. Meine ganze bittere Enttäuschung hatte ich zusammengeschnürt und Gott das Paket mit dem Hinweis „Umtausch ausgeschlossen“ überreicht. Ich wollte nicht mehr in diesem Sumpf von negativen Gefühlen und Schuld leben. Stattdessen hatte ich beschlossen, an der Hoffnung festzuhalten. Ich hatte das Gefühl, dass wir startbereit vor einem Jahr voller besserer Momente standen.

M. Scott Peck hat einmal gesagt, dass unsere besten Augenblicke wahrscheinlich dann geschehen, wenn wir uns gerade extrem unwohl, unglücklich und unerfüllt fühlen. Denn nur in diesen Zeiten drängt uns unser Unbehagen dazu, aus unserer Routine auszusteigen, um neue Wege oder echte Antworten zu suchen.

So weit, so gut.

Ich spürte einen seltsamen inneren Frieden, als hätte diese Putzaktion bis in das Innerste meiner Seele gereicht und meine gesamte Unruhe und meine Ernüchterung weggewischt.

„Was zum Kuckuck hörst du da?“, unterbrach Tim meine Träume. Er stand mit verschlafenem Ausdruck in der Tür. Ich hatte keine Ahnung, wie lange er schon dort gestanden hatte.

„Opernmusik.“ Ich wich seinem verwirrten Blick aus und fing wieder an, unsichtbare Flecken wegzuwischen.

„Opernmusik? Ich hasse Opernmusik.“ Er kam herübergeschlurft und stellte einen anderen Sender ein.

„Ich wollte das anhören.“ Mit seinem Druck auf den Senderknopf war mein ganzer Frieden wie weggewischt. „Ich habe gesagt, ich wollte das hören.“

Er ließ sich aufs Sofa fallen, und dabei fiel mein sorgfältig aufgestapelter Haufen von Putzlappen herunter. Wir griffen beide gleichzeitig danach.

„Du hast mein T-Shirt zerschnitten?“

Kapitel 8

Hitzewelle

Die Fenster der Häuser und Wohnungen hatten elektrische Rollläden aus waagerechten Holzleisten, die man per Knopfdruck hinauf- oder hinunterlassen konnte. Waren die Rollläden unten, war es drinnen so dunkel, dass man die Hand vor Augen nicht mehr sehen konnte. Abends und wenn man bei Tag wegging, musste man sie herunterlassen. Das war die Regel, nahm ich an.

Das einzige Problem dabei war die extreme Hitze. Europa litt gerade unter der schlimmsten Hitzewelle überhaupt. Im August stiegen die Temperaturen bis auf 38 Grad, und die Luftfeuchtigkeit lag bei 90 Prozent. In Italien und den umliegenden Ländern starben reihenweise Menschen. Umberto hatte uns erzählt, dass es in unserer Wohnung eine Klimaanlage gab. Was er vergessen hatte zu erwähnen war, dass sie seit 1977 nicht mehr in Betrieb gewesen war. Also standen wir vor einem großen Dilemma: Sollten wir mit offenen Fenstern schlafen, um Luft zu bekommen und widerrechtliches Eindringen von Zigeunern oder anderen Übeltätern riskieren, oder sollten wir uns vor Eindringlingen schützen und ersticken?

Tim und ich gingen der Sache mit den Zigeunern nach und fragten ein paar Leute nach deren Existenz. Ich konnte mir einfach nicht vorstellen, dass das eine echte Bedrohung darstellen sollte. Annalisa hatte sicher maßlos übertrieben.

Aber die Antworten, die wir bekamen, waren beunruhigend. Das Mädchen im Café meinte: „Sie klettern über die Feuerleitern in die Gebäude. Dann ziehen sie die Schuhe aus, um keinen Lärm zu machen, und schleichen sich durch Ihre Wohnung, während Sie schlafen."

Der Mann vom Obstladen erzählte uns von einem geheimnisvollen Spray. „Sie kommen in die Wohnung, während Sie schlafen, und sprühen Ihnen dann ein Spray ins Gesicht, das so fein ist, dass man es nicht merkt. Davon schlafen Sie stundenlang, und die Zigeuner stehlen alles aus Ihrer Wohnung."

Als wir uns zum zweiten Mal mit Annalisa über das Thema unterhielten, versicherte sie uns, sie seien auch in unserem Haus schon „bei dem Mann im vierten Stock eingestiegen, angezogen wie Dracula".

Nach dieser sehr unwissenschaftlichen Untersuchung konnten Tim und ich nur zu einem Schluss kommen: Es gab hier wohl tatsächlich Diebe. Das war der Konsens aller Gespräche, die wir geführt hatten. Also mussten wir wohl oder übel jeden Abend die Fenster verschließen und die Rollläden herunterlassen.

Tim zog los, um Ventilatoren aufzutreiben. In keinem einzigen Laden in Nervi gab es noch welche. Die Ladenbesitzer erzählten, dass man hier in der Gegend noch nie solche Temperaturen gehabt hatte und darauf einfach nicht eingerichtet war. Was Tim wahnsinnig machte, war die Tatsache, dass keiner der Ladenbesitzer es offensichtlich für nötig hielt, einfach anderswo Ventilatoren zu besorgen oder dem Problem genügend Gewicht beizumessen. Dass in ganz Europa Menschen wegen der Hitze starben, schien hier nebensächlich zu sein. Sie hatten alle ihre Ventilatoren verkauft, und fertig.

Durch die Hitze und Schwüle waren alle sehr gereizt. Katie und Matthew stritten ständig miteinander.

„Matt, rutsch rüber. Du schnaufst so laut."

„Na und? Und du hast Mundgeruch."

„Ich meine es ernst. Geh auf die andere Couch."

„Nein, wenn es dich so stört, dann geh du doch auf die andere Couch."

„Na gut."

„Prima."

Die nächsten Nächte schliefen wir alle zusammen im Wohnzimmer, mit den Köpfen vor dem winzigen Spalt einer Tür, die wir offen gelassen hatten. Wir hatten sie vorsichtshalber mit einem komplizierten Frühwarnsystem aus Eimern und Blechdosen versehen, das Lärm machen sollte, falls jemand hereinkam. Ich schlief schlecht, wachte immer wieder schweißgebadet auf und stellte mich zu allen erdenklichen Uhrzeiten unter die kalte Dusche. Es war eine Erleichterung, als wir endlich morgens aufstehen konnten, obwohl ich alles andere als ausgeruht war.

Am vierten Morgen stand Tim auf und verschwand grummelnd, aber ohne ein Wort zu sagen, aus der Tür. Zwei Stunden später kam er mit einer mobilen Klimaanlage mit den Ausmaßen eines Kleinwagens wieder. Er zog sie vom Aufzug in den Flur und stand dann daneben wie ein stolzer Autohändler, der sein neuestes Modell vorführte.

„Was zum Kuckuck ist das?“, fragte Matt.

„Das ist eine Klimaanlage“, sagte Tim. Wir applaudierten alle, als er sich verneigte.

„Warum ist die so groß?“, fragte Katie. Mir dämmerte, dass unsere Kinder noch nie eine Klimaanlage gesehen hatten.

„Wollen wir damit das ganze Haus kühlen?“, meinte Matt spöttisch.

„Wo sollen wir die hinstellen?“, fragte ich.

„Ich habe gerade zwei Stunden lang die ganze Gegend danach durchkämmt. Das hier war die einzige Klimaanlage, die ich noch finden konnte, und sie war eigentlich nicht mal zu verkaufen. Ich habe die Leute mit allen Mitteln überredet, sie mir zu geben.“ Ich konnte es mir lebhaft vorstellen. Tim hätte auch einem Zebra noch Streifen verkaufen können. „Es war das Ausstellungsstück in einem Laden in der Nähe des Bahnhofs in Nervi. Der Verkäufer hat mich sogar mit seinem Auto hergefahren und mir geholfen, sie in den Aufzug zu kriegen. Das nenne ich Service.“

„Du bist umwerfend“, sagte ich.

„War das ein Kompliment?“

Wir sahen uns beide mit hochgezogenen Augenbrauen an.

„Hilfe, ich glaube, ja!“, erwiderte ich kichernd. Es war das erste Mal seit langer Zeit, dass so etwas geschah.

„Danke.“

„Bitte, gern geschehen.“

„Dann lasst uns mal sehen, wie sie funktioniert“, meinte Katie. Wir versammelten uns um die Klimaanlage und studierten jede Kleinigkeit daran, als sei sie ein Ufo, das unerwartet hier gelandet war. Ich schlug die Bedienungsanleitung auf und stellte fest, dass die Anlage einen Raum von etwa 35 Quadratmetern kühlen konnte.

„Wir stellen sie in unser Schlafzimmer", beschloss Tim und schob die Anlage den Flur entlang. „Dann schlafen wir einfach alle dort."

Tim und Matt zerrten die Matratzen der Kinder aus dem Wohnzimmer in unser Schlafzimmer und legten sie neben das Bett. Heute Abend würden wir dieses eine Zimmer schön kühl machen und tief und fest schlafen, ohne Angst vor einer Zigeunerinvasion haben zu müssen.

Spätabends beschloss Tim, das Schlafzimmer vorzubereiten. Matt und ich ließen alle Rollläden herunter und verschlossen alle Türen. Dann steckte Katie feierlich den Stecker der Klimaanlage in die Steckdose und schaltete sie an. PENG! In der ganzen Wohnung ging das Licht aus. Ich schrie auf und rannte durch die Dunkelheit. Plötzlich war es, als sei ich wieder 10 und spielte mit meinen älteren Brüdern im Keller Mörderjagd. Ich riss die Wohnungstür auf und dann standen wir alle im Mondlicht.

„Was ist denn jetzt passiert?", fragte Matt.

„Was meinst du denn, was passiert ist?", entgegnete Katie sarkastisch.

„Du hast doch den Stecker reingesteckt", wies Matt sie zurecht. „Das war wahrscheinlich dein Fehler."

„Es war nicht mein Fehler. Papa hat gesagt, ich soll den Stecker reinstecken."

„Gar niemand ist schuld", unterbrach ich sie. „Das Problem ist die Klimaanlage. Sie hat alle Sicherungen rausgehauen."

„Suchen wir Streichhölzer und zünden ein paar Kerzen an", sagte Tim.

„Haben wir bei Ikea eine Taschenlampe gekauft?"

In der Küche fand ich ein paar Teelichter, zündete sie an und hielt sie hoch. „Wo ist der Sicherungskasten?"

„Ich kann ihn nicht finden", sagte Tim, der sich im Dunkeln durch die Abstellkammer wühlte.

„Mist“, sagte Matt. „Wie sollen wir das dann wieder hinkriegen?“

„Wir müssen jemand um Hilfe bitten“, erwiderte ich.

Ich schnappte mir unser Wörterbuch, und wir stapften alle vier nach unten zu Annalisas Wohnung, wo noch Licht brannte. Tim klopfte an die Tür. Ein dünner, bescheidener Mann mit kurzem braunem Haar und einer Nickelbrille machte auf. Mit seiner zerknitterten Hose und dem weißen Hemd sah er aus, als hätte er einen langen, anstrengenden Tag hinter sich. Er schaute uns verständnislos an.

„Hallo … äh, *buona sera*, äh, wir wohnen oben“, stotterte Tim, und der Mann kniff die Augen zusammen und fing an, mit dem Kopf zu nicken. Hinter ihm erschien Annalisa.

„Tim! Susan! Das mein Mann, ja?“, sagte sie.

Ihr Mann übernahm die Sache und ließ einen Wortschwall auf Italienisch los, von dem ich kein einziges Wort verstand. Wir schüttelten ihm alle vier die Hand, nickten und stellten uns einer nach dem anderen vor. Seinen Namen verstand ich nicht, obwohl ich lächelte und so tat als ob.

„Wir haben keinen Strom mehr.“ Tim versuchte, seine Worte mit einigen unbeholfenen Gesten zu verdeutlichen.

„Weg?“, sagte Annalisa mit großen Augen. Sie holten schnell ihre Taschenlampen und folgten uns nach oben, um die Lage in Augenschein zu nehmen.

„Wie ist das passiert?“, fragte sie.

„Keine Ahnung!“, erwiderten wir alle gleichzeitig. Keiner von uns wollte, dass sie etwas von dem Kleinwagen erfuhren, der in unserem Schlafzimmer stand.

Zu sechst fuhren wir schweigend mit dem Aufzug nach unten ins Erdgeschoss. Sie führten uns ums Haus herum zu einem Häuschen hinter einer der Garagen an der Straße. Dort waren alle Sicherungskästen für das ganze Haus untergebracht. Als ich hineinsah, entdeckte ich einen riesigen Schalter, der aussah wie der, mit dem Frankenstein in dem alten Film zum Leben erweckt wurde. Tim wischte die Spinnweben zur Seite und legte ihn um. Ein lautes Klacken verriet, dass wir wieder im Spiel waren.

Wir bedankten uns überschwänglich.

„Ihr müsst morgen früh herausfinden, was passiert ist. Alle anderen Wohnungen hatten noch Strom“, drängte Annalisa.

„Wir werden das ganz sicher überprüfen“, versicherte Tim ihr, während Katie, Matt und ich uns gegenseitig in die Seite stießen und ein Kichern unterdrückten.

„Sagt uns Bescheid.“

„Natürlich.“

KAPITEL 9

Tomatensoße

Seit vier Tagen lagen zwei Dutzend von Annalisas Tomaten auf dem Fensterbrett in der Küche wie die Rote Armee vor dem Angriff. In der unglaublichen Hitze reiften sie vor meinen Augen vor sich hin.

Ich hatte nie behauptet, dass ich eine gute Köchin bin. Meine Freunde hatten dafür Verständnis – Gott segne sie – und ließen mich bei gemeinsamen Mahlzeiten immer das Brot mitbringen. Aber in einer italienischen Küche konnte nicht einmal ich der Versuchung widerstehen, selbst gemachte Tomatensoße zu kochen.

Ich ging mit einem Notizblock und einem Stift in der Hand nach unten und klopfte an Annalisas Tür. Eine Minute lang stand ich da, lauschte und musste lächeln, als ich das Stimmengewirr drinnen hörte. Sie waren offensichtlich eine sehr leidenschaftliche Familie, in der es von morgens bis abends laut und fröhlich zuging. Ich musste viermal klopfen, bis mich jemand hörte.

Als die Tür aufging, kamen mir Annalisa, der Hund Zabo und ein berauschender Duft aus der Küche entgegen. Hier war ich richtig.

„Ciao, Annalisa."

„Ciao, Susan. Komm rein, komm rein." Ich trat in den mit Marmorfliesen ausgelegten Flur, als vier Gestalten lachend und schreiend an uns vorbei den Gang entlangsausten.

Ich hielt meinen Notizblock und den Stift hoch. „Kannst du mir ein Rezept für Tomatensoße verraten?"

„Nicht so." Verächtlich schob sie meinen Block und den Stift zur Seite. „Ganz einfach. Jedes Kind kann das. Komm."

Ich folgte ihr durch einen langen Flur, weg von den tobenden Kindern, in die Küche, die zwar sauber war, in der aber überall

Töpfe, Pfannen und andere Küchenutensilien standen. Für eine gute Köchin mit einer großen Familie gab es hier eindeutig nicht genügend Arbeitsfläche. Die Haushaltsikone Martha Steward hätte sich hier richtig austoben und alle möglichen Ratschläge zum Platzsparen geben können.

Obwohl es erst 10:00 Uhr war, köchelte schon ein großer, schwarzer Topf mit Soße auf dem Herd vor sich hin. Annalisa hob den Deckel vom Topf. Mir lief das Wasser im Mund zusammen, als ich hineinschaute und ein orangerotes Gebräu mit vielen Stücken darin sah.

„Tomaten?", fragte ich.

Sie nickte. „Tomaten" – dabei zeigte sie auf die Arbeitsfläche, auf der ein Berg von Tomaten lag – „mit *formaggio* ... Käse." Sie hielt ein Stück Parmesan hoch, das so groß war wie ein kleiner Hund.

„Wie machst du sie?"

Annalisa ratterte los wie ein D-Zug und gestikulierte dabei im gleichen Tempo. Ich war mir relativ sicher, dass ich aus ihrem Herumgefuchtel das Wichtigste herausgelesen hatte.

„Blablabla, Tomaten, blablabla, Wasser, blablabla schneiden, blablabla kochen. Ganz einfach, oder?"

„Ein Kinderspiel." Ich lächelte zuversichtlich. Da konnte nichts schiefgehen. Sie brachte mich zur Tür. „Vielen Dank!"

„Nicht doch. *Ciao!*"

„Ciao."

„Ciao, ciao, arrivederci."

Schon wieder dieses Ritual.

„*Ciao*, Annalisa. *Ciao, ciao.*"

„Okay, *ciao.*"

Ich ging und hoffte, dass ich es jetzt oft genug gesagt hatte.

Als ich wieder oben war, krempelte ich die Ärmel hoch und fing an, alle Tomaten zu waschen.

Tim kam herein, um sich ein Glas Wasser zu holen. „Was wird denn das?"

„Was hältst du von ein bisschen selbst gemachter Tomatensoße?"

„Das klingt sehr gut. Aber wer macht sie?", fragte er neckend.

„Sehr witzig."

„Ich gehe mit den Kindern an den Strand", fügte er hinzu, als Katie und Matt mit Badetüchern, Schwimmsachen und entspanntem Gesichtsausdruck hereinkamen. Seit unsere Klimaanlage für einen ruhigen Schlaf sorgte, hatten alle wieder gute Laune.

„Gut, dann freut euch schon mal auf ein tolles Essen, wenn ihr zurückkommt."

Als sie weg waren, setzte ich mich an den Küchentisch und schnitt alle Tomaten klein. Unser neues Ikea-Messer war sehr scharf, und schon bald war in dem Berg von Tomatenwürfeln auch ein Stückchen vom Mittelfinger meiner linken Hand. Ich wickelte schnell ein Stück Küchenpapier um die Wunde, die blutete wie verrückt, während ich hektisch nach dem abgeschnittenen Stück suchte. Doch ich konnte es einfach nicht finden. Es hatte sich spurlos unter die Tomaten gemischt.

Einen Augenblick stand ich da und drückte das Tuch auf meinen Finger, während ich überlegte. Ich konnte nicht einfach zwei Dutzend Tomaten wegwerfen. Wie sollte ich das erklären? Das könnte ich nie ungeschehen machen. Das Fingerstück war nicht sehr groß gewesen und giftig war es schließlich auch nicht. Ich beschloss, die obere Schicht Tomaten, in der ich das Fingerstück vermutete, wegzuwerfen. Irgendwelche Keime würden beim Kochen abgetötet werden.

Danach warf ich alles in einen großen Topf, gab Salz, Pfeffer und ein wenig Olivenöl dazu, schaltete die Herdplatte an und rührte, wie Annalisa es mir gezeigt hatte. Es war ein wunderschöner Anblick. Ich war ganz aufgeregt, denn zum ersten Mal in meinem Leben fühlte ich mich wie eine echte Köchin.

Wie eine Mutter mit ihrem ersten Kind schaute ich ständig in den Topf. Nach etwa 20 Minuten konnte ich allerdings schon erkennen, dass mein Gebräu wenig Ähnlichkeit mit Annalisas Soße hatte. Es sah trocken aus und schmeckte breiig. Ich fügte noch ein wenig Öl und einen Schuss Wasser hinzu. Nach einer Stunde war die Soße zu einer roten Masse verkocht, die nur wenig größer war als meine Faust. Es schwammen lauter kleine

Stückchen von Tomatenhaut darin, die sich beim Kochen von den Tomaten gelöst hatten. Ich konnte mich nicht daran erinnern, in Annalisas Soße irgendwelche Hautstückchen gesehen zu haben, weder von Tomaten noch von Menschen. Offensichtlich waren mir ein paar Punkte ihrer Erklärung entgangen.

Ernüchtert fing ich an, Spaghetti zu kochen, weil ich wusste, dass die anderen bald zum Mittagessen nach Hause kommen würden. Als sie kamen, hatte ich den Tisch gedeckt und eine große Schüssel Salat gemacht.

„Hier riecht es aber gut!“, rief Matt, als er zur Tür reinkam.

„Ja, Mama“, fügte Katie hinzu. „Ich bin am Verhungern.“

„Matt, bitte schenk die Getränke ein.“

„Warum muss ich immer einschenken? Katie ist dran.“

„Ich habe es gestern Abend gemacht.“

„Schenk einfach ein, Matt.“ Tim übernahm das Kommando und hob den Deckel hoch, um in den Topf auf dem Herd zu schauen. Er zog die Augenbrauen hoch. „Interessant.“

Ich beachtete ihn nicht und gab Katie eine große Schüssel mit genug Spaghetti für zehn Personen.

„Hier, Katie, bitte stell das auf den Tisch und setz dich.“ Ich schöpfte die kümmerliche Soße in ein Schälchen und trug sie hinaus. Wortlos stellte ich sie neben die Nudeln und setzte mich.

„Ist das alles?“, fragte Matt. „Mehr gibt es nicht?“

„Das reicht doch höchstens für einen“, fügte Katie hinzu.

Tim unterdrückte ein Lachen, als ich Spaghetti auf einen Teller schöpfte. Ich platzierte einen Klecks von der dicken Soße genau in die Mitte, wie ein Fleischbällchen auf einen Berg.

„So isst man das hier.“ Ich versuchte, überzeugend zu klingen, während ich jedem einen Teller Nudeln mit einem Klecks Soße auftat. „Die Nudeln sind ganz frisch und handgemacht. Das ist viel wichtiger als die Soße.“

„Aber sie sind so trocken!“, beklagte sich Matt.

„Hier, trink noch was.“

„Was ist mit deinem Finger passiert?“, rief Katie plötzlich.

Tim stocherte in den Tomatenhautstückchen herum, die über die Nudeln verstreut waren. „Und was ist das hier?“

„Haut“, antwortete ich.

„Deine?“, fragte Matt.

„Sei nicht albern“, entgegnete ich. „Es ist Tomatenhaut. Ich habe vergessen, sie zu schälen. Und jetzt *mangia*, esst!“

Einige Minuten lang kauten alle schweigend.

„Kann man hier auch fertige Soße kaufen?“

Ich seufzte, schaute auf meinen pochenden Finger, den ich in ein Stück von Tims zerschnittenem T-Shirt gewickelt hatte, und antwortete: „Ich hoffe es.“

Kapitel 10

Hardcore-Ehetherapie, Teil 1

Ich stand in der Tür und sah Tim zu, wie er die Schränke über dem Herd aufräumte. Er hatte schon immer gern alles schön ordentlich aufgereiht. Zu Hause hatte mich das immer geärgert, aber aus irgendeinem Grund fand ich es jetzt beinahe liebenswert. Und es war sehr praktisch, dass er mühelos an die obersten Regale kam. Er war ganz in seine Arbeit versunken und bemerkte gar nicht, dass ich ihn beobachtete. Ich fragte mich, ob er wohl überlegte, was der beste Platz für die zwei Gewürzdosen war, die wir neulich gekauft hatten.

Ich stellte erleichtert fest, dass ich ihn immer noch attraktiv fand. Das versetzte mir einen kleinen Stich. Die letzten zwei Wochen waren irgendwie so unwirklich gewesen. Es war eine sehr anfällige, intensive Phase und ich war mir jedes Augenblicks extrem bewusst. Als wir den schützenden Kokon unserer eigenen Kultur verlassen hatten, hatte mich das verletzlich gemacht und mir zugleich neue Kraft gegeben. Diese ungewöhnliche Kombination hatte mein Herz neu für Tim geöffnet und mich wieder mehr zu ihm hingezogen statt von ihm weg.

Unser gemeinsames Ziel, dafür zu sorgen, dass sich Katie und Matthew so schnell wie möglich hier zu Hause fühlten, führte dazu, dass wir ganz neu zusammenarbeiteten und „Maslows Bedürfnispyramide“ gemeinsam erklommen. Auf den ersten paar Stufen hatten wir keine Mühe, uns einig zu werden. Wir sorgten gemeinsam für Nahrung, ein Dach überm Kopf und ein sicheres Zuhause, und das fühlte sich ganz neu an, weil nichts davon mehr selbstverständlich war. In Phase eins unserer Hardcore-Ehetherapie ging es nur darum, gemeinsam elementare Probleme zu lösen.

Tim sah mein Spiegelbild im Küchenfenster. Er drehte er sich zu mir um und sagte: „Hallo.“

„Sieht gut aus", sagte ich. „Du hast die Gläser anderswo hingestellt."

„Ja, ich glaube, das ist besser so."

„Ja, ich auch."

„Und die Knabbereien tun wir besser hier hin, über den Herd."

„Und das Müsli?"

„Gleich hier drüben."

„Schön. Vielleicht stellen wir die Servietten und Küchentücher unter die Spüle?"

Tim überlegte einen Augenblick, dann nickte er und verstaute die Packungen an dem Platz unter der Spüle.

„So ist es gut."

Zu Hause wäre sogar eine so einfache Unterhaltung zwischen uns voller Fettnäpfchen gewesen, und jeder wäre wütend auf den anderen geworden, weil der zu viel bestimmte und alles nach seiner Nase gehen musste. Aber hier konnte ich die Dinge aus einer anderen Perspektive sehen und Tim das tun lassen, was er von Natur aus gut konnte, ohne dem Ganzen zu viel Bedeutung beizumessen.

Ich hatte damit gerechnet, dass es in den ersten Wochen zwischen uns ständig krachen würde, und war angenehm überrascht, dass es uns immer mehr gelang, Dinge gemeinsam anzupacken und dabei noch Spaß zu haben. Aber realistisch, wie ich war, blieb ich argwöhnisch. Bis jetzt fühlte sich alles noch an wie im Urlaub. Erst mit der Zeit würde es sich zeigen, ob und wie unsere Beziehung sich entwickeln würde. Noch war alles möglich.

Bis jetzt hatten Tim und ich schon eine Reihe von Problemen gemeinsam gelöst, während Katie und Matthew uns amüsiert beobachteten und unsere ganze Familie dabei immer mehr zusammenwuchs.

Am Montag waren wir in den Vodafone-Laden gegangen und hatten vier Triband-Handys gekauft, die in ganz Europa funktionierten. Wer weiß denn schon, dass Handys verschiedene Bandbreiten haben, und warum erfährt man das erst nach einer Dreiviertelstunde Radebrechen und Zeichensprache?

Nachdem wir Annalisa gefragt hatten, wo man einen Internetzugang beantragen konnte, waren wir am Dienstag wieder in den Vodafone-Laden gegangen und hatten mit dem gleichen Verkäufer verhandelt, der eine unglaubliche Geduld bewies. Nach einer weiteren Dreiviertelstunde hatten wir ein Konto bei *FastWeb* eröffnet und den Zugang eingerichtet. Der Verkäufer versicherte uns, dass er in den nächsten Wochen freigeschaltet würde.

„In den nächsten *Wochen*?“, schrien Katie und Matt entsetzt auf.

Am Mittwoch waren wir alle vier in der Gluthitze ans andere Ende der Stadt zu *Gentilotti* getrottet, dem Elektroladen, in dem Tim die Klimaanlage gekauft hatte, um einen Fernseher anzuschaffen und *SKY Italia*, das italienische Satellitenfernsehen, zu abonnieren. Es dauerte ewig, bis wir die Formulare halbwegs verstanden und ausgefüllt hatten. Anna, die Verkäuferin, versicherte uns ebenfalls, dass wir in den nächsten Wochen damit rechnen konnten, *SKY* zu empfangen.

„In den nächsten Wochen?“, schrien Katie und Matt wieder.

Am Donnerstag eröffneten wir mit Hilfe unseres Vermieters Stefano, der ungefähr jeden in der Stadt kannte, ein Konto bei der *UniCredit Banca*. Der Filialleiter, Giovanni, hatte vier Stühle für uns in sein elegantes Büro gequetscht und Tim und mir mühselig dabei geholfen, die Formulare auszufüllen und zu verstehen, wie Verrechnungsschecks und das ganze System hier funktionierten. Nach eineinhalb Stunden waren wir fünf dicke Freunde. Am Ende unseres Treffens machte Giovanni uns ein Kompliment zu unserem Abenteuer.

„Das ist ungewöhnlich. Sie sind eine sehr mutige Familie“, meinte Giovanni anerkennend.

Inzwischen war es Freitag, und nachdem Tim in der Küche fertig war, wollten wir alle zusammen noch einmal mit dem Zug zu Ikea fahren, um noch ein paar Dinge zu kaufen, die wir beim ersten Mal vergessen hatten. Aber wir hatten es nicht eilig, da wir ja immer noch keine festen Termine hatten. Es war ein unglaublicher Luxus, alle Zeit der Welt zu haben und einfach eine Weile in der Küche zu sitzen und meinem Mann zuzusehen, ohne schon wieder tausend Dinge im Kopf zu haben, die noch erledigt werden mussten, oder Termine, zu denen ich die Kinder bringen musste.

Tim atmete tief durch, betrachtete zufrieden die Schränke, drehte sich um und stellte sich vor mich. Er lächelte mich an, dann kam er näher und gab mir einen Kuss. Und dann noch einen. Wieder versetzte es mir einen Stich. Und ich war froh darüber.

Kapitel 11

Feuer

Gegen 8:00 Uhr morgens wurde ich von zwei großen Händen geweckt, die mich heftig schüttelten. Mein Körper erfasste die Dringlichkeit dieses Moments, bevor er in meinem Gehirn angekommen war.

„Schnell", sagte Tim nur und rannte wieder hinaus.

„Was denn?", fragte ich, obwohl niemand da war, der die Frage beantworten konnte. Ich warf die Decke zurück und stolperte ihm im Pyjama hinterher. *Wehe, wenn es nichts Wichtiges war!* Ich ging schneller und roch Rauch. Katie und Tim waren auf der seitlichen *Terrazza*.

„Mama", sagte Katie, „da brennt es!"

Auf dem Berg, an dem unser Wohnviertel lag, tobte oben am Kamm ein Waldbrand. Der Brandherd war knapp einen Kilometer von uns entfernt und großflächig genug, dass der Himmel schon voller hellgrauem Rauch war. Die Flammen fraßen die trockenen Bäume und Sträucher gierig auf. Drum herum war offenes Gelände, aber nach zehn Jahren in Kalifornien wusste ich, wie schnell so ein Feuer außer Kontrolle geraten und alles, was ihm in den Weg kam, verzehren konnte. Es brauchte nur ein paar kräftige Windstöße, und der feurige Drache würde den Hügel hinunter auf uns zugestürzt kommen.

Ich rannte wieder hinein. „Weckt Matthew! Wir müssen unsere Sachen packen! Holt die Fotos und alle wichtigen Dokumente. Schmeißt alles, was ihr tragen könnt, in eine Tasche!"

„Beruhig dich erst mal!", sagte Tim. „So nah ist das Feuer noch nicht."

„Noch nicht!"

„Meinst du nicht, dass die Feuerwehr kommen würde, wenn es wirklich gefährlich wäre?"

Ich suchte den Hügel mit den Augen nach irgendwelchen Löschaktivitäten ab. Nichts zu sehen. „Stimmt. Das ist seltsam", sagte ich und beruhigte mich etwas.

Matt stand jetzt in seiner blauen Sporthose neben uns. Seine Haare standen in alle Richtungen ab. „Was ist los?"

„Es brennt, aber das scheint niemanden groß zu stören", sagte Katie, und wir gingen alle wieder hinaus auf die *Terrazza*.

„Sieht aus wie das Feuer in Thousand Oaks vor ein paar Jahren", sagte Matt. „Wisst ihr noch?"

Wie könnte ich das vergessen? Matt und ich hatten auf dem Hillcrest Drive angehalten und zugesehen wie auf der anderen Seite des Freeway 101 in den Bergen um Santa Monica die Flammen hoch in den Himmel schossen. Das Feuer hatte sich über alle Schluchten hinweg ausgebreitet bis zur *Pepperdine*-Universität, bevor die Löscheinheiten es unter Kontrolle bringen konnten.

„Das hier ist aber viel kleiner", beruhigt Tim Matt, der sich eng an uns gedrängt hatte.

Wir standen alle vier eine Weile nur da und sahen zu.

„Schaut euch mal um", fuhr Tim fort. „Wir sind die einzigen hier, die hingucken."

Er hatte recht. Als wir uns in der Nachbarschaft umsahen, konnten wir keine Menschenseele draußen entdecken.

„Vielleicht schlafen die einfach alle noch?", fragte Matt.

„Vielleicht sind wir die Ersten, die das Feuer entdeckt haben", meinte ich.

„Na toll", sagte Katie lachend. „Und wir können nicht einmal genug Italienisch, um die Feuerwehr zu alarmieren."

„Jemand weiß es. Schaut mal." Matt zeigte auf ein kleines Wasserflugzeug, das auf die Flammen zuflog. Es zog einen langen Schlauch wie einen Schwanz hinter sich her. In Kalifornien hatten wir schon jede Menge dieser Flugzeuge gesehen. Es goss seine Wasserladung über dem Brand aus, was allerdings ungefähr so viel Effekt hatte, als würde jemand einen Becher Wasser auf ein brennendes Haus kippen.

Fasziniert beobachteten wir alle vier das Flugzeug, das einige

Male zum Meer flog, durch den Schlauch Wasser aufnahm und es über dem Feuer ausgoss.

„Bei der Geschwindigkeit dauert das mindestens zehn Jahre, bis sie das Feuer gelöscht haben", sagte Tim.

„Wenn es sonst niemanden stört, dass der Hügel hinter unseren Häusern in Flammen steht, sollte es uns wohl auch nicht weiter aufregen, oder?", fragte ich.

„Tja, so sieht es wohl aus", erwiderte Tim, während die Kinder zustimmend nickten. „Deshalb wohnen wir doch zur Miete, weil wir uns dann um solche Sachen keine Sorgen mehr machen müssen."

„Ja dann, was soll's", sagte ich und ließ mich von seiner lässigen Haltung anstecken. „Soll doch alles brennen."

„Genau", fügte Matt hinzu.

Mit einem Auge beim Feuer und dem immer schwärzer werdenden Himmel frühstückten wir und taten so, als sei alles vollkommen normal, während wir besprachen, was wir heute machen wollten.

„Ist heute nicht Markttag?", fragte Tim.

„Oh, toll!", sagte Katie.

„Beeilt euch!", fügte ich hinzu.

Seit Annalisa uns erzählt hatte, dass es in Italien fahrende Märkte gab, die jede Woche von Stadt zu Stadt zogen, weil es nur wenig große Einkaufszentren gab, hatten wir uns auf den Markttag gefreut. In jedem Ort gab es einen Markttag, und hier war es der Dienstag – heute.

Wir kehrten dem Feuer den Rücken zu und gingen die alte Steintreppe in den Ort hinunter. Katie und ich gingen langsam mit aufgeschlagenem Wörterbuch und schlugen den Satz „Wie viel kostet das?" nach.

„Hier, ich hab's", sagte Katie. *„Quanto costa?"*

„Quanto costa?", wiederholte Matt.

Wir alberten herum und wiederholten abwechselnd *quanto costa* mit allen Betonungen und Intonationen, während wir die Treppe weiter hinunterstiegen. Bald hatte ich das Gefühl, die Sache perfekt zu beherrschen, obwohl ich nicht das Vokabular hatte, um die Geldbeträge zu verstehen, die der geneigte Verkäufer mir als Antwort nennen würde. Da ich bisher nur gerade so bis 20 zählen konnte, musste ich mich wohl auf Zeichensprache und Preisschilder verlassen.

Unten angelangt hatte sich ein Ring von weißen Zelten, meist mit Kleinbussen oder Lieferwagen dahinter, um einen ganzen Häuserblock gelegt. Es sah aus, als sei ein Zirkus in die Stadt gekommen. Wir fingen am einen Ende an und gingen mit glänzenden Augen von einem Zelt zum anderen. An einem Zelt gab es Handtaschen in allen Größen, Materialien, Formen und Farben, die von jedem Zentimeter der Zeltstangen hingen. Im nächsten waren die Tische mit Herrenschuhen beladen. Das nächste war ein ganzer Drogeriemarkt mit Toilettenartikeln, Make-up und Deos. Es gab Zelte mit Küchenartikeln, Putzlappen, Tischtüchern oder Unterwäsche. Schals und Tücher in allen Farben wehten im Wind. Schmuck für jede Gelegenheit funkelte im Sonnenlicht.

So ging es immer weiter. Man konnte wirklich alles kaufen, außer Möbel. Die Händler, die ihre Ware anboten, waren eine genauso bunte Mischung wie ihre Waren. Ein dicker Mann hinter einem Tisch mit Nähsachen sprach mich an. Ein hochgewachsener Mann führte seine Regenschirme vor. Ein von oben bis unten tätowierter Typ sprach Matt mit hoher Frauenstimme an und wollte ihm ein Jo-Jo verkaufen. Und die Wahrsagerin mit ihrem Goldzahn und einem blau gemusterten Paisley-Kopftuch versprach uns großartige Dinge, wenn wir ihr billiges Parfüm kauften.

„Ich wette, das ist eine Zigeunerin", sagte Matt, als wir hastig an ihr vorbeigingen.

„Da hast du wahrscheinlich recht", stimmte ihm Katie zu.

„Wir sollten uns aufteilen", schlug Tim vor. „Matt und ich treffen euch in einer Stunde hier wieder."

Tim und Matt gingen zu einem Uhrenstand, während Katie und ich an einem Mann in Mönchskutte mit Sandalen und Tonsur vorbeigingen, der bettelte.

„Ist der echt?", fragte Katie.

„Ich weiß nicht, aber er sieht auf jeden Fall überzeugend aus. Hier, leg ihm einen Euro in seinen Teller."

„Mir gefällt das alles hier."

„Mir auch."

„Bleib mal einen Moment stehen und hör einfach nur zu. Mach die Augen zu."

„Warum lässt du mich das immer machen, wenn wir irgendwo sind, wo wir noch nie waren?"

„Tu's einfach."

Wir standen zusammen mitten in einem Meer von Menschen und lauschten dem Gemisch aus angeregtem Feilschen und freundlichen Unterhaltungen zwischen Fremden und Nachbarn. Ich blinzelte, bevor Katie die Augen öffnete, und sah, dass sie übers ganze Gesicht lächelte.

Katie hängte sich bei mir ein und zog mich zu einem überdachten Bereich, in dem es Röcke und Cargo-Hosen gab. „Können wir uns etwas kaufen?"

„Warum nicht?" Unsere amerikanischen Kleider und die kurzen Hosen passten nicht so ganz hierher. Hier trug keine Frau kurze Hosen. Alle trugen lange Hosen, Röcke oder hübsche Sommerkleider. Weiblichkeit war angesagt, und diese Veränderung kam uns gerade recht. Ich strich über meine Hosentasche, um sicher zu sein, dass meine kleine Rolle mit Geldscheinen noch da war. Wir durchwühlten die Kleiderständer und suchten ein paar Sachen aus. Nachdem wir sie in einer improvisierten Umkleidekabine aus mit Sicherheitsnadeln zusammengehaltenen Leintüchern anprobiert hatten, beschlossen wir, zwei davon zu kaufen. Ich entschied mich für eine rostbraune Cargo-Hose aus Leinen, und Katie nahm einen langen, beigen Baumwollrock.

„Wo bezahlen wir das?", fragte ich laut und sah mich nach dem Besitzer des Standes um.

„Da drüben." Katie zeigte zu einem robust wirkenden, lässig gekleideten Mittdreißiger mit blonden Haaren, der seine ausdrucksvollen grauen Augen soeben dazu benutzte, einer jungen Frau in der anderen Ecke des Standes mehr als nur Kleidungsstücke zu verkaufen.

„Ich mach das“, sagte ich, als wir auf ihn zusteuerten.

„Vergiss nicht, Mama, *quanto costa*“, sagte Katie.

„Ich weiß, ich weiß. Wir haben das tausendmal geübt.“

Selbstbewusst ging ich geradewegs auf den Verkäufer zu und räusperte mich. Er wandte sich von der Unterhaltung mit dem Mädchen ab, und sein Blick bohrte sich direkt in meinen. Ich bekam plötzlich weiche Knie und wäre bereit gewesen, alles zu kaufen, was er vorgeschlagen hätte. Ich hielt unsere beiden Stücke hoch und sagte vernehmlich: „*Costa quando*?“

Er schaute mich belustigt an. Katie fing an zu kichern. Ich spürte, wie ich einen roten Kopf bekam, als ich ihm die beiden Sachen gab. Ich hatte gleich beim ersten Verständigungsversuch versagt. Mein Schicksal war besiegelt.

„Susan, Katie!“ Plötzlich tauchte Annalisa, voll beladen mit Tüten und Taschen in allen Farben und Größen, wie ein rettender Engel auf und half mir mit dem Kauf. Dann zeigte sie zum Hügel hinauf und fragte: „Habt ihr das Feuer gesehen?“

„Ach, das?“ Ich tat ganz lässig.

„Macht euch keine Sorgen“, sagte sie. „Manchmal brennen diese Feuer bis zur Straße herunter. Das macht nichts.“

„Ich werde mir keine Gedanken darüber machen“, rief ich, um den Lärm des Wasserflugzeugs zu übertönen, das über unsere Köpfe flog. *Sie brennen bis zur Straße herunter?*

Tim und Matt hatten uns inzwischen wieder eingeholt und wir zeigten uns gegenseitig unsere Einkäufe. Sie hatten kleine Abfalleimer für die Zimmer und jede Menge Wäscheklammern gekauft. Wir stiegen wieder den Berg hinauf und bemerkten, dass ein Spezialhubschrauber sich zu dem Flugzeug gesellt hatte. Aber von Löschmannschaften war immer noch nichts zu sehen.

Als wir zu Hause waren, riefen meine Eltern an, weil sie wissen wollten, ob wir uns vielleicht in der Nähe der Brände an der italienischen Riviera befanden, von denen der Nachrichtensender CNN gerade berichtet hatte.

„Ja, Mama, das Feuer ist praktisch hinterm Haus. Aber uns geht es gut. Du musst dir keine Sorgen machen.“

Kapitel 12

Abenteuer Busfahren, Teil 1

„Siehst du die Straße dort am Ufer entlang? Dort hält die Buslinie 15 und die fährt bis ins Zentrum von Nervi“, erklärte ich Katie von unserer Terrasse aus. „Und siehst du diese stark befahrene Straße näher bei uns? Dort fährt die Buslinie 17. Die fährt in die entgegengesetzte Richtung, bis in die Stadtmitte von Genua.“

„Ich verstehe nicht, warum wir uns nicht einfach ein Auto kaufen. Das ist doch lächerlich“, erwiderte Katie wenig begeistert von dieser spontanen Lektion im Busfahren. „Wenn ich also irgendwohin will, muss ich also entweder *laufen*, mit dem *Bus* fahren oder mit dem *Zug*. Und was ist, wenn es regnet?“

„Ich habe gerade auf CNN gehört, dass sie da etwas ganz Neues erfunden haben. Es heißt Regenschirm.“ Ich versuchte, Witze zu machen, aber eigentlich wusste ich, dass es eine riesige Umstellung für uns alle sein würde, kein Auto zu haben. „Wir haben einfach nicht die Mittel, um uns ein Auto zu kaufen oder den ganzen damit verbundenen Papierkram hier zu erledigen. Du wirst lernen müssen, dich ohne Auto zurechtzufinden.“

„Ich kenne niemanden, der das muss.“ Katie verschränkte die Arme vor der Brust und ließ sich mit Tränen in den Augen in einen Gartenstuhl fallen. Ihre goldblonden Haare wehten im Wind. Ich setzte mich neben sie.

„Ich weiß, dass ich gesagt habe, ich freue mich darauf, hierher zu ziehen, aber jetzt, wo wir hier sind … es ist ganz schön schwer“, flüsterte sie.

Wir hatten alle schon solche Augenblicke gehabt, wo wir uns sicher genug fühlten, um uns unsere Angst gegenseitig einzugestehen. Matt hatte jetzt nur noch einen Panikanfall pro Tag, und der kam normalerweise vor dem Schlafengehen.

„Wenn du erst einmal weißt, wie alles läuft, wirst du es lieben.“

„Das bezweifle ich."

„Wenn du das mit den Bussen drinhast, kannst du jederzeit überallhin fahren."

„Als ob es so viele Orte gäbe, an die ich fahren will."

„Du bist nicht mehr davon abhängig, dass wir dich fahren. Du wirst dich so frei und unabhängig fühlen wie noch nie."

„Na gut."

Hier fuhren die Busse rund um die Uhr. Die meisten waren sauber und gut in Schuss. Man hätte mit dem Zug durchs ganze Land fahren können. Auch wenn ich das vermutlich nicht tun würde, gefiel mir doch der Gedanke, dass es möglich war. Ich bin ganz in der Nähe von New York City aufgewachsen, und daher waren mir öffentliche Verkehrsmittel vertraut, und ich wollte, dass die Kinder sich auch daran gewöhnten. Es war eine wichtige Sache, die sie zu Hause in Südkalifornien niemals gelernt hätten.

In der Gegend von Los Angeles, in der wir wohnten, fuhr fast niemand mit öffentlichen Verkehrsmitteln. Busse waren sogar so wenig Teil unseres täglichen Lebens, dass Katie steif und fest behauptete, sie hätte noch nie einen Bus in unserer Stadt gesehen – wo es nebenbei bemerkt sehr gute Busverbindungen gibt. Im Grunde lief es darauf hinaus, dass Bus fahren zu Hause bedeutete, dass man sich kein Auto leisten konnte. Zu Fuß gehen war übrigens auch uncool, es sei denn, man hatte Sportsachen an und bewegte sich entsprechend flott.

„Wir werden es heute einfach mal versuchen", sagte ich mit gespielter Begeisterung. „Wir steigen in die 15 und essen irgendwo ein *Gelato*." Mein Vorschlag erntete nur einen eisigen Blick. „Komm schon, wir haben sowieso nichts vor. Das macht bestimmt Spaß. Wir können unsere neuen Sachen tragen."

„Also gut."

20 Minuten später stiefelten wir in unseren neuen italienischen Klamotten die alte Steintreppe hinunter.

„Dein Rock ist wirklich hübsch", sagte ich, um die Stimmung ein wenig aufzuhellen.

„Ich weiß", erwiderte Katie scherzend. Ich war erleichtert, dass ihre Laune sich gebessert hatte. „Deine Hose ist auch klasse."

„Ich weiß."

Wir fanden die Bushaltestelle und warteten dort zusammen mit einigen anderen Leuten.

„Die sehen alle ganz normal aus", flüsterte Katie.

„Natürlich sehen sie normal aus", erwiderte ich flüsternd.

„Niemand wird mich für eine Versagerin halten, weil ich mit dem Bus fahre", flüsterte sie wieder.

„Das habe ich dir doch gesagt", sagte ich.

Endlich kam der Bus. Ich nahm ein paar Euro aus der Tasche (da ich nicht wusste, was die Fahrt kosten würde) und machte mich startklar. Der Bus hielt direkt vor uns und drei Türen gingen auf – eine vorne, eine am Ende und eine in der Mitte. Wir stiegen vorn beim Fahrer ein und ich fragte: *„Quanto costa?"*

Der Fahrer würdigte mich keines Blickes. Wir versuchten, ihm das Geld zu geben, aber er winkte nur ab und war sichtlich genervt. Alle anderen Leute stiegen einfach ein und setzten sich. Katie und ich sahen uns gegenseitig an und zuckten mit den Schultern. Wir setzten uns ganz hinten hin und unterhielten uns laut darüber, dass die Busse in Italien anscheinend kostenlos waren. Das war doch wunderbar! So konnte man Steuergelder sinnvoll einsetzen! Mich überkam plötzlich Ehrfurcht vor einem Land, das seinen Bürgern kostenlos öffentliche Verkehrsmittel zur Verfügung stellte.

Auf der kurzen Fahrt in die Stadt begutachteten wir alle, die ein- und ausstiegen, ganz genau, um den hier herrschenden Modestil auszumachen. Der italienische Stil hatte definitiv etwas Besonderes an sich. Die Kleidung war figurbetonter und bunter, man trug übergroße Sonnenbrillen, die an den Italienern sehr cool wirkten, obwohl wir sicher waren, dass wir damit wie Insekten aussehen würden.

Katie hatte sofort bemerkt, dass jede Tür ihren ganz bestimmten Zweck hatte. Man konnte nur ganz vorne und ganz hinten einsteigen. Die mittlere Tür war nur zum Aussteigen. Die Passagiere arbeiteten sich immer zur Mitte hin vor, sobald ihre Haltestelle näher kam, damit sie dann schnell aussteigen konnten.

Der Bus schlängelte sich am Ufer entlang und bog dann nach

links ins Zentrum von Nervi ab. Wir machten uns abwechselnd auf Dinge aufmerksam, die uns jetzt erst auffielen.

„Schau mal, der Laden da: *IperSoap*. Ist das wohl ein Laden, in dem es nur Seife gibt?“, fragte ich verwundert.

„Da ist die Eisdiele, von der Sabrina gesagt hat, dass sie die beste ist.“

„Ich möchte in jedem dieser Restaurants einmal essen. Hast du gesehen, dass es alles italienische Restaurants sind?“

„Sollte das ein Witz sein?“, fragte Katie.

„Nein, im Ernst, es gibt kein einziges ausländisches Restaurant.“

Dann erregte eine Reihe von teuren Boutiquen unsere Aufmerksamkeit. „Lass uns aussteigen und durch diese Läden bummeln“, sagte Katie. Sie drückte auf den Knopf, damit der Fahrer anhielt. Wir stiegen an der richtigen Tür aus und gingen die Straße entlang.

„Das hat tatsächlich Spaß gemacht. Es war ganz einfach. Und wir mussten nicht einmal einen Parkplatz suchen“, sagte Katie lächelnd.

„Das habe ich die ganze Zeit versucht dir klarzumachen. Und ich kann immer noch nicht fassen, dass es nichts kostet!“

„Und alle Leute im Bus waren … ganz normal. Es hat Spaß gemacht, die Menschen zu beobachten.“

Kapitel 13

Einladung zum Abendessen

Endlich kam der Donnerstagabend. Nachdem wir zwei ganze Wochen lang nur uns selbst, ein Kartenspiel, ein Puzzle und ein *Scrabble*-Spiel gehabt hatten, freuten wir uns alle riesig, einmal abends auszugehen. Ich duschte und schminkte mich und war dabei so aufgeregt, als wäre ich zum Dinner bei der Queen eingeladen.

„Katie, was ziehst du an?“, rief ich und ging im Bademantel den Gang entlang zu ihrem Zimmer.

„Ich weiß nicht“, antwortete sie. Ich fing an, Katies Schrank zu durchforsten, da wir inzwischen die gleiche Größe hatten.

„Ich glaube, wir sollten uns schick machen“, sagte ich und nahm ein leuchtend gelbes Baumwollkleid heraus.

„Schick machen?“ Katie zog ein ärmelloses Oberteil heraus und hielt es sich vor dem Spiegel an. „Warum sollen wir uns schick machen, wenn wir zusammen Pizza backen?“

„Es kann nie schaden, gut auszusehen.“

„Wir können auch in Jeans gut aussehen.“ Katie holte ihre Lieblingsjeans aus der Schublade.

„Kleid.“

„Jeans.“

„Katie!“

„Okay, wir machen das ganz einfach“, sagte sie zwinkernd. Sie kam auf mich zu, mit beiden Händen hinter dem Rücken, und stand dann da wie ein Cowboy, bereit, den Colt zu ziehen.

Ich holte tief Luft und sah ihr direkt in die Augen. „Na gut.“

„Eins, zwei, drei – los!“ Sie streckte die Faust aus, den Zeige- und Mittelfinger weggespreizt, und ich hatte meine Hand flach ausgestreckt.

„Schere schneidet Papier“, sagte sie grinsend. „Ich habe gewonnen. Und ich sage: Jeans. Hier, du kannst mein rosa T-Shirt ausleihen."

Auf dem Weg zurück in mein Zimmer rief ich Tim und Matt zu: „Wir ziehen heute Abend Jeans an."

Ich glaubte, aus Matts Zimmer ein unterdrücktes „Ach, wirklich?" zu hören.

Später stand ich in Jeans und meinen Flipflops an der Wohnungstür, und Tim, Matt und Katie löcherten mich.

„Wieso kannst du dich nicht daran erinnern, wann wir zu ihnen kommen sollten?"

„Ich weiß nicht mehr. Es war entweder acht Uhr oder halb neun."

„Hast du es nicht aufgeschrieben?"

„Nein, ich habe es nicht aufgeschrieben."

„Du hättest es aber aufschreiben sollen."

„Du vergisst immer alles."

„Ich will nicht zu spät kommen."

„Aber zu früh zu kommen ist auch total blöd."

„Nun ja, ich glaube, es ist besser, aus Versehen zu früh zu kommen, als zu spät."

„Gehen wir einfach."

Wir machten die Tür auf, und die ganze Meute rannte die Marmortreppe hinunter. Unsere Flipflops hallten im Treppenhaus wie die Hufe einer Pferdeherde.

In dem Moment, in dem Annalisa die Tür öffnete, wusste ich, dass ich einen Fehler gemacht hatte. Ihr eng anliegendes grünes Jersey-Kleid war hinten noch offen, und sie fummelte mit ihren goldenen Ohrringen herum. Es war offensichtlich, dass sie noch nicht so weit war. Katie und ich sahen uns hinter Tims Rücken erschrocken an, als sie uns hereinbat und uns durch die Küche auf die Terrasse führte.

Dort stand ein langer, vornehm gedeckter Tisch mit zwanzig Gedecken und akkurat gefalteten Stoffservietten. Die blauen Muscheln auf der weißen Tischdecke fingen an, vor meinen Augen zu verschwimmen. Ich hatte das ungute Gefühl, dass es nicht nur Pizza geben würde.

„Ich dachte, wir wollten Pizza backen?", fragte ich in gezwungen lockerem Tonfall.

„Oh, ich habe beschlossen, euch traditionelles, italienisches Abendessen zu kochen." Sie drehte mir den Rücken zu. „Kannst du zumachen?" Ich zog den Reißverschluss ihres Kleides zu, während sie weitererzählte: „Ich habe auch Leute eingeladen, die ihr müsst kennenlernen", sagte sie und zeigte auf das erste Ehepaar, das unten auf der Straße angelaufen kam – in Anzug und Kleid. Ich sah an meinen verwaschenen Jeans herunter auf meine Füße. Wenigstens waren meine Fußnägel lackiert. Ich beschloss, mir über mein Aussehen keine Gedanken zu machen.

Tim fing meinen Blick auf, und wir mussten lachen. Katie und Matt verschwanden mit den anderen Kindern, und wir begrüßten die übrigen Gäste, die nach und nach kamen, um die „hässlichen Amerikaner" kennenzulernen, die sich für eine Einladung nicht einmal richtig anziehen konnten.

Die anderen fünf Ehepaare schienen sehr nett zu sein und freuten sich tatsächlich, uns kennenzulernen. Tim und ich mischten uns unter sie. Ich konnte mir ihre Namen nur schwer merken, versuchte aber tapfer, mich ein wenig mit ihnen zu unterhalten. Aber es lief letztlich nur darauf hinaus, dass hauptsächlich die anderen redeten und ich nickte und so tat, als wüsste ich, wovon sie sprachen. Hin und wieder stießen Tim und ich wieder aufeinander und waren ganz erleichtert, wieder zusammen zu sein. Es war ein schönes Gefühl, das ich mir aufhob für später, um darüber nachzudenken, wenn ich Zeit dazu hatte.

„Das ist wirklich witzig."

„Ich habe herausgefunden, dass diese Frau dort drüben Lehrerin ist."

„Ach ja, ich erinnere mich, dass ich mich auch eine Weile mit ihr unterhalten habe. Wir waren beide der Meinung, dass der Himmel blau und das Meer grau ist."

„Sehr tiefgründige Unterhaltung."

„Ich komme mir vor wie ein Kindergartenkind unter Achtklässlern."

Ein kleiner Mann in dunkelblauem Anzug kam auf uns zu und

streckte uns die Hand hin. „Guten Abend. Ich bin Mauro Valbonesi. Sehr erfreut, Sie kennenzulernen“, sagte er lächelnd und wir schüttelten uns gegenseitig die Hände.

„Sie sprechen Englisch.“ Das war offensichtlich, aber ich war so froh darüber, dass ich nicht anders konnte.

„Ich bin Arzt. Es ist wichtig, dass ich Englisch beherrsche, da viele Ärztekongresse nur in Englisch gehalten werden“, erwiderte er. „Die Dame dort drüben im roten Hosenanzug, das ist meine Frau. Sie spricht nicht sehr gut Englisch. Reden Sie besser nicht mit ihr.“ Er lachte über seinen eigenen Witz, und wir lachten mit, weil wir froh waren, jemanden gefunden zu haben, mit dem wir ein wenig Spaß machen konnten.

„Was ist Ihr Fachgebiet?“, fragte Tim.

„Blut. Ich bin Hämatologe“, antwortete er. „Und Sie? Sind Sie Basketballspieler?“ Das oder „Wie groß sind Sie?“ oder „Wie ist das Wetter da oben?“ waren die Standardfragen, die Tim ständig gestellt wurden. Tim verneinte kurz und berichtete dann in Kurzfassung, wer wir waren und woher wir kamen. Von Zeit zu Zeit fügte ich noch etwas hinzu oder stellte eine Frage. Da ich mich endlich mit jemandem verständigen konnte, entspannte ich mich und fing an, den Abend zu genießen. Dr. Valbonesi wurde schnell unser Dolmetscher, wenn andere Gäste zu uns stießen, und wir folgten ihm überall hin wie zwei treue Hündchen.

Die ganze Gesellschaft stand an einem Ende des langen Tisches zusammen. Alle Appetithäppchen und Getränke – Krüge mit dunkelrotem Wein und Früchten, Teller mit Käsewürfeln auf vornehmen Spießchen, Schälchen mit Oliven und ein paar Teller mit verschiedenen Arten von *focaccia* – standen am anderen Ende des Tisches. Aber niemand ging dorthin.

„Dürfen wir davon essen?“, fragte Tim.

„Ich weiß nicht. Warum nimmt sich niemand etwas?“

„Ich sterbe vor Hunger.“

„Ich auch.“

„Lass uns besser warten. Wahrscheinlich gibt es irgendeine Anstandsregel, die wir nicht kennen.“

Schließlich kam Annalisas Mann in grauer Hose und weißem

Hemd herein. Er begrüßte alle mit einem zurückhaltenden, allgemeinen Hallo, winkte uns zu und bat uns dann ans andere Ende des Tisches. Der ganze Pulk zog südwärts und alle fielen über die Häppchen her. Man griff nicht nebenbei hier und da einmal zu einer Vorspeise. Vielmehr wanderten die Häppchen mit Lichtgeschwindigkeit vom Teller in den Mund. Man aß mit Nachdruck, bis alle Teller leergeputzt waren, und ich fragte mich, ob sie wohl alle nichts zu Mittag gegessen hatten.

Ich stand neben Tim und hielt ein Glas fruchtigen Rotwein in der Hand, das Annalisas Mann mir gerade mit einer langen Reihe aneinandergereihter Silben überreicht hatte. Er war so schnell wieder verschwunden, dass ich nicht einmal Zeit gehabt hatte, mich zu bedanken.

„Tim, hast du mitbekommen, wie Annalisas Mann heißt?"

„Nein."

„Es ist aber doch zu peinlich, das jetzt noch zu fragen."

„Ja, ich weiß."

„Halt einfach die Ohren offen. Vielleicht können wir seinen Namen aufschnappen."

Die Sonne verschwand hinter dem Horizont, und Elisabetta und Esther zündeten alle Kerzen an, die auf dem Tisch standen. Es gab hohe Tafelkerzen in holzgeschnitzten Ständern und kleine Teelichter in Glasschälchen. Das Kerzenlicht spiegelte sich in den Weingläsern und wurde von den weißen Tellern reflektiert. Wir setzten uns alle immer paarweise nebeneinander an den langen Tisch. Ich war erleichtert, dass Tim und ich dem Arzt und seiner Frau gegenübersaßen. Er unterhielt uns nicht nur mit der Geschichte von Nervi und interessanten Geschichten, sondern konnte mir auch noch erklären, was ich gerade aß.

Zuerst gab es *Torta Pasqualina*, eine traditionelle Pastete in Kuchenform. Dann ging ein Teller mit gefüllten Eiern herum. Beim ersten Bissen merkte ich schon, dass es nicht die klassischen gefüllten Party-Eier mit Mayonnaise waren. Das Eigelb war mit Thunfisch und Kapern vermischt und schmeckte aufregend anders und herzhaft. Der dritte Gang bestand aus einem Teller mit dünnen Fleischscheiben in einer Soße mit Petersilie.

„Gerne nehme ich ein Stück", sagte ich, als man mir vorsichtig eine Scheibe auf den Teller legte. „Sieht sehr interessant aus."

„Ich nehme zwei", sagte Tim.

Das Fleisch ließ sich ganz leicht mit der Gabel zerteilen, und ich nahm einen Bissen. Es war sehr zart und schmeckte köstlich, fast ein bisschen schwammartig.

„Mmm. Was ist das?", fragte ich.

„*Delizioso*, nicht wahr?", erwiderte der Arzt. „Es ist *Lingua*."

„Oh." Ich spießte noch ein Stückchen mit der Gabel auf. „Hast du gehört, Schatz? Das ist *Lingua*."

„Wunderbar", sagte Tim genüsslich kauend. „Was für ein Tier ist *Lingua*?"

„Keine Ahnung", erwiderte ich.

Der Arzt fing an zu lachen und zeigte auf seine Zunge. „*Lingua*. Das ist Zunge."

„Oh", sagte ich noch einmal und hörte abrupt auf zu kauen. Ich schluckte und sah Tim beunruhigt an. „Wenn es dir so gut schmeckt, kannst du meine Portion auch noch haben."

„Toll, danke."

Als Nächstes gab es mit Sardinen und Knoblauch gefüllte Paprika und verschiedene Gemüsesorten, die mit einer Mischung aus Brotwürfeln, Parmesan und Pinienkernen gefüllt oder überbacken waren. Meine Geschmacksnerven jubelten.

Schon nach den ersten Gängen hatte ich verstanden, wie die Sache hier lief: Die Frau des Hauses saß am Kopfende des Tisches, aber die einzelnen Gänge wurden vom Herrn des Hauses serviert. Er ging in die Küche, holte die Platten und bediente stolz jeden Gast persönlich, als hätte er die letzten zwei Tage in der Küche geschuftet. Das störte mich irgendwie, und ich sah immer wieder zu Annalisa hinüber, um zu sehen, ob sie auch das Gefühl hatte, dass er ihre Lorbeeren erntete. Aber sie bemerkte meine Vorbehalte offensichtlich gar nicht und lächelte nur zurück.

Ich war schon satt, aber „Signore Annalisa" stand noch einmal auf und kam mit dem sechsten Gang zurück, einer Art gebackenem Fischfilet, das herrlich frisch und zart war. Dann gab es große Schüsseln mit Pasta in Zimmertemperatur, gemischt mit Sommergemüse und frischen Kräutern.

„Das schmeckt himmlisch", bemerkte Tim.

„Apropos himmlisch, schau dir mal den Mond an, der hinter dir aufgeht", sagte ich und wickelte einige *Linguine* um meine Gabel.

Ein milchweißer Halbmond stieg über dem Meer auf. Tim drehte sich um, um ihn zu bewundern, und wandte sich dann mit einem Lächeln wieder zu mir, das so herzlich war, dass ich die Luft anhielt. Für einen Augenblick waren die Menschen, das Lachen und Reden und der Tisch vor uns wie ausgeblendet. Tim und ich saßen da, vollkommen außerhalb der Zeit. Die Vergangenheit und die Zukunft waren von uns abgefallen wie Blütenblätter im Wind. Neue Gesichter, neue Geschmäcker und ein Hauch von etwas Aufregendem in der Abendbrise, das ich noch nicht definieren konnte. Ich genoss diesen Abend. Ich genoss ihn ganz ehrlich und aus tiefstem Herzen, und ich hätte jetzt nirgendwo anders auf der Welt sein wollen.

Tim nahm sein Weinglas und signalisierte mir, das Gleiche zu tun.

„Keine Worte", sagte ich, weil ich Angst hatte, sie könnten zwischen uns stehen und alles kaputt machen.

„Gut."

„Das war ein Wort."

„Das auch."

„Tun wir's einfach." Wir stießen miteinander an und lachten.

Aus irgendeinem Grund fiel mir eine Stelle aus einem Buch ein, das ich kurz zuvor gelesen hatte, Barbara Kingsolvers Roman „Animal Dreams". Darin rät Hallie ihrer älteren Schwester etwas, das eine lebensverändernde Kraft hat: „Das Mindeste, was du in deinem Leben tun solltest, ist, herauszufinden, was dein großer Traum ist. Und das Beste, was du in deinem Leben tun kannst, ist, diesen Traum zu leben. Träume nicht aus der Ferne von etwas, sondern lebe mittendrin, unter dem gleichen Dach."

Ich fing an, die letzten Reste der Pasta auf meinem Teller hin und her zu schieben und sah zu Matthew hinüber, der am anderen Ende des Tisches saß. Er war ziemlich wählerisch, was Essen anging, und hatte die meisten Gänge dankend abgelehnt. Stattdessen hatte er sich über das frische Brot hergemacht. Ich sah, wie er eines der Brote in der Mitte durchbrach und sich die Hälfte davon nahm – und den Rest zurücklegte. Er war zu weit entfernt, als dass ich ihn hätte zurechtweisen können. Anscheinend hatte es sonst niemand bemerkt, also ließ ich ihn einfach.

Bald standen die Kinder auf und gingen hinein. Matthew nahm seinen halben Brotlaib mit.

Nach dem letzten Gang – so etwas wie Roastbeef – entschuldigte ich mich, um nach Katie und Matt zu sehen. Ich ging den schmalen Gang entlang in den hinteren Teil der Wohnung und stellte fest, dass alle Kinder gut beschäftigt waren. Katie war in Elisabettas und Esthers Zimmer und hörte mit ihnen ihre CD-Sammlung durch, und Matt war in Carlos Zimmer und spielte mit Carlo und Andrei irgendein Brettspiel. Keiner von ihnen hatte mich gesehen, und so beschloss ich, mich unbemerkt wieder zu entfernen.

Auf dem Weg zurück zur Terrasse kam ich an der Toilette neben der Küche vorbei und beschloss, kurz hineinzugehen. Erschrocken sah ich, dass der halbe Brotlaib in der Toilettenschüssel schwamm! Wie war der wohl da hineingekommen? Ich schaute mich nach einem Abfalleimer um, damit ich ihn heimlich entsorgen konnte, konnte aber keinen entdecken.

Verstohlen schlich ich mich in die Küche und nahm den Abfalleimer von dort mit. Als ich gerade aus der Küche kam, kam Annalisa herein. „Was machst du mit dem Mülleimer?“, fragte sie.

„Oh, äh, da ist was im Bad …“, stotterte ich.

„Was? Zeig mal. Ich mach das.“ Sie ging voran. Oh nein.

„Was ist das?“, schrie sie auf, als sie das Brot sah.

„Matthew …“

„Warum hat er das gemacht?“, sagte sie mit abgehackten Worten und scharfem Tonfall.

„Ich weiß nicht. Wahrscheinlich war er einfach satt.“

„Warum macht er so was?“, fragte sie noch einmal verärgert.

Ich wusste nicht, was ich sagen sollte. „Es tut mir leid. Ich werde das herausfischen."

Ich langte in die Kloschüssel und griff nach der wabbeligen Masse. Als ich den Laib aus dem Wasser hob, brach er auseinander und fiel mit einem Platsch wieder hinein, sodass es spritzte. Ohne hinzuschauen fischte ich die übrigen Stücke mit den Fingern wie mit einem Sieb heraus. Das Ganze war grotesk. Ich machte die Augen zu und stellte mir ein Bild von mir vor, wie ich mit den Händen in der Toilette herumfischte, mit dem Untertitel: „Nicht zur Nachahmung empfohlen."

„So, das war's", sagte ich betont fröhlich, als ich mich mit nassen Händen aufrichtete.

Wortlos drehte Annalisa sich auf dem Absatz um und stapfte mit dem Abfalleimer in die Küche zurück. *Mist.*

Als ich meine Hände gewaschen hatte, beschloss ich, die Tür von innen abzuschließen und noch einen Moment in der Toilette zu bleiben, bis die tiefrote Farbe wieder aus meinem Gesicht gewichen war. Ich setzte mich auf den Rand der Badewanne und zählte auf Italienisch, so weit ich konnte. Als ich mühsam bis 15 gekommen war, holte ich tief Luft und schaute noch einmal in den Spiegel. Okay.

Ich öffnete die Badezimmertür und ging wieder hinaus auf die Terrasse, wo sich die Gäste fröhlich plaudernd unterhielten, lachten und die Weinflasche herumgehen ließen. Jemand hatte mir in meiner Abwesenheit ein Stück dunkle Schokoladentorte auf den Teller gelegt. Zum Glück sah niemand hoch, als ich zurückkam und mich in meinen Stuhl fallen ließ. Ich drehte mich zu Annalisa, und als sie zu mir schaute, sagte ich: „Es tut mir so leid!"

„Psst", antwortete sie und reichte mir ein Glas Limoncello. „Ich will nichts mehr davon hören. Ist in Ordnung."

Der hässlichen Amerikanerin war vergeben.

Kapitel 14

Wäsche waschen

Die allgegenwärtigen Wäscheleinen gehören genauso zum einmaligen Charme Italiens wie die Kopfsteinpflastergassen und die Renaissancebauweise. Als Tim und ich im Mai hier gewesen waren – noch bevor wir beschlossen hatten, hierherzuziehen –, war ich immer wieder davon fasziniert gewesen, wie kunstvoll die Wäscheleinen mit der Wäsche darauf von einem Fenster zum nächsten gespannt waren. Die Sachen darauf gaben einen kleinen Einblick in das Privatleben der Hausbewohner. Diese Familie hatte ein kleines Mädchen, diese dort viele kleine Jungen, und die hier mag lieber blau geblümte Bettwäsche statt der weißen von dem Haus dort. Wenn ich Maler gewesen wäre, hätte ich mich sofort hingesetzt, um diese Eindrücke auf die Leinwand zu bannen.

Das alles war so bezaubernd und so … so italienisch. Es war etwas, das ich aus der Ferne bewundern und als malerische Schönheit in einem Land auf der anderen Seite der Erde bestaunen konnte. Aber als es nun darum ging, dass wir selbst hier lebten, musste ich meinem Mann erklären, dass ich die Sache mit der Wäsche nicht mitmachen würde. Ich hatte überhaupt keine Lust dazu, Bettwäsche, Handtücher, Socken und Unterwäsche an der Vorderseite unseres Hauses aufzuhängen. Ich bin mehr der Wäschetrockner-Typ. Einmal kurz ein bisschen in der heißen Luft herumwirbeln, mit ein paar wohlriechenden Dufttüchern darin, und schon ist die Wäsche fertig. Amen.

Zum Glück hatte die Wohnung, die wir gemietet hatten, einen voll eingerichteten Hauswirtschaftsraum. Für Italien war das etwas vollkommen Unerhörtes, da es in den meisten Haushalten nur eine Waschmaschine gab, die irgendwo in die Küche oder den Flur gequetscht wurde. Ich konnte kaum fassen, was für ein Glück wir gehabt hatten! Sogar eine Spüle und eine Bügelstation waren da. Der Raum war größer als unserer zu Hause in Los Angeles.

Tim probierte es als Erster aus. Eines Morgens kam er mit einem Korb voll Wäsche ins Wohnzimmer. „Was hast du da?“, fragte ich.

„Ich habe die Waschmaschine ausprobiert. Funktioniert bestens.“ Er hielt mir den Korb hin, damit ich die Kleidungsstücke sehen konnte. „Ich hänge die Sachen auf die Leine.“

„Ist der Wäschetrockner kaputt?“

„Nein, aber es ist so schön draußen“, erwiderte er in beiläufigem Tonfall.

Na schön, tu, was du nicht lassen kannst. Ich werde den Wäschetrockner benutzen.

„Hast du Wäscheklammern?“, fragte ich.

„Die, die ich auf dem Markt gekauft habe.“ Er hielt sie mit seiner freien linken Hand hoch.

„Du hattest das also schon von Anfang an vor?“

„Mach dir keinen Stress“, sagte er, während er nach draußen ging. „Ich finde es gut, die Wäsche draußen aufzuhängen.“

Später beschloss ich, eine Ladung Kleider von den Kindern zu waschen. Tim hatte recht, die Waschmaschine funktionierte wirklich großartig, aber der Wäschetrockner ließ einiges zu wünschen übrig. Nach einer Stunde waren die Sachen immer noch nass. Weil man uns gesagt hatte, dass Strom hier recht teuer sei, fing ich an, mir Sorgen um unsere Stromrechnung zu machen. Die Hände in die Hüfte gestemmt ging ich ins Wohnzimmer.

„Tim, der Wäschetrockner ist absolut nutzlos.“ Dabei hielt ich eines von Matthews nassen T-Shirts hoch. „Das habe ich vor einer Stunde reingetan. Weißt du noch, wo wir Stefanos Telefonnummer haben? Ich würde gern jemanden kommen lassen, der ihn repariert.“

Tim zog nur die Augenbrauen hoch und nickte in Richtung seines frisch zusammengelegten Wäschestapels. Die Sachen dufteten nach Meeresluft und Sonne. Ich kniff die Augen zusammen, als ich den Haufen Wäscheklammern daneben sah. „Na gut", sagte ich, „aber ich mach das nur so lange, bis der Wäschetrockner repariert ist.

Widerstrebend trottete ich mit meinem Korb voll nasser Wäsche auf die Dachterrasse. Einen Augenblick blieb ich auf der obersten Stufe stehen, um wieder zu Atem zu kommen, und genoss den Ausblick. Der blaue Himmel vereinte sich irgendwo am Horizont übergangslos mit dem Meer. Nur am Glitzern der Sonne auf dem Wasser konnte man erkennen, wo das Wasser aufhörte und der Himmel anfing. Es war ein wunderbarer Tag. Seltsamerweise hob sich meine Stimmung schlagartig, als ich auf die beiden Wäscheleinen zuging, die am anderen Ende des Daches gespannt waren.

Ich riss den Beutel mit den Wäscheklammern auf und machte mich an die Arbeit. Plötzlich hatte ich das Gefühl, als sei ich wieder 6 Jahre alt und versteckte mich zwischen den Sachen auf der Wäscheleine in unserem Garten, wenn meine Mutter kam, um nach der Wäsche zu sehen. Sie tat dann immer überrascht, wenn sie mich entdeckte. Es war eine unerwartete Erinnerung, und ich hatte einen Kloß im Hals.

Ich schüttelte den Gedanken ab und hängte Matts und Katies Klamotten auf. Immer, wenn ich etwas auf die Leine hängte, ging mir ein Bild von einem der Kinder durch den Kopf, wie es die Sachen noch am Vortag getragen hatte. Es war wie eine wunderbare Diashow, die nur eine Mutter genießen kann.

Plötzlich hielt ich inne, weil mich das Geläut einer Kirchenglocke, die zur vollen Stunde läutete, in ihren Bann zog. Diesen Klang hört man in Amerika leider kaum noch. Der Glockenklang brachte etwas tief in mir zum Schwingen. Wieder war ich für einen Moment das Kind, das in seinem dunkelblauen Sonntagsmantel mit den winzigen Schiffsankern auf den goldenen Knöpfen mit der Familie die Stufen zur *Kirche der Unbefleckten Empfängnis* hinaufstieg.

Ich beendete meine Haushaltspflichten und ging langsam zurück zur Treppe. Auf seltsame Weise war ich sehr zufrieden. In diesen zehn Minuten hatte ich mit meiner Mutter Verstecken gespielt, mich über meine Kinder gefreut, war in der Kirche meiner

Kindheitstage gewesen und hatte die strahlende Sonne der italienischen Riviera genossen. Dem würde der Wäschetrockner niemals das Wasser reichen können.

Kapitel 15

Der Strand

Tim und ich saßen auf der Terrasse und schlürften unseren morgendlichen Kaffee. Das war zu einer täglichen Gewohnheit geworden, die wir oft zusammen genossen. Über die Jahre hatten wir aufgehört, morgens Zeit miteinander zu verbringen. Um den schrecklichen Berufsverkehr in Los Angeles zu umgehen, war Tim immer schon um 5:30 Uhr aus dem Haus gegangen – lange bevor ich aufstehen musste. Ein verschlafener Abschiedskuss war unser ganzer Kontakt, bis wir uns dann am Nachmittag gegenseitig anriefen, um festzustellen, wer mehr Termine und damit den wichtigeren Tag hatte.

Tim prägte sich einige grundlegende italienische Ausdrücke aus „Italienisch für Dummies" ein, unserer gegenwärtigen Hausbibel, während ich durchs Fernglas die Gegend betrachtete. Ich schaute die Küste hinauf und hinunter und nicht selten auch in die Fenster der Häuser weiter unten am Hang. Ein bisschen fühlte ich mich wie James Stewart in „Das Fenster zum Hof", machte mir aber auch ein bisschen Sorgen, weil ich nicht einmal wusste, wie ich auf Italienisch um Hilfe rufen sollte, falls ich zufällig einen Mord beobachtete.

„Tim?"

„Hmm?"

„Schau doch mal, ob du herausfinden kannst, was ‚Sie ist im Garten begraben' auf Italienisch heißt."

„Was?"

Matt streckte den Kopf heraus. „Dürfen wir schwimmen gehen?"

„Es ist noch ein bisschen früh, oder?", sagte ich.

„Ich gehe mit", sagte Tim. „Die Sonne brennt schon ganz schön."

„Komm schon, Mama, komm doch auch mit."

„Ich weiß nicht …"

„Du bist die Einzige von uns, die noch nicht am Strand war", erinnerte er mich zum hundertsten Mal. Ich schaute von seinem süßen Gesicht mit der schief sitzenden Brille hinaus aufs Meer und wieder zurück zu Tim.

„Na gut."

„Ja?"

„Ja."

„Jaaa!", schrie Matt, während er entzückt ins Haus zurücklief, um sich fertig zu machen. Ich rief ihm nach, er solle Katie nicht wecken. Sie hatte unmissverständlich zu verstehen gegeben, dass niemand sie morgens stören sollte, solange sie noch keine Verpflichtungen hatte.

Ich ging ins Schlafzimmer und betrachtete meine Auswahl an Badesachen. Eines hatte ich in Los Angeles gelernt: Schwimmsachen sind nicht nur Schwimmsachen – sie sagen etwas aus, und zwar laut und deutlich. In der Hochburg des Körperkultes musste man einen durchtrainierten, straffen Körper haben und so viel Haut wie möglich zeigen – gern auch mit Silikon unterpolstert. Man durfte nicht zu braun gebrannt sein, und das Strandkleid musste zum Bikini passen und trotzdem aussehen, als hätte man es sich gerade noch übergezogen … „Ach, das alte Ding?"

War ich mit meinen 44 Jahren in Italien zu alt für den Bikini mit den grünen und rosa Blumen? Oder diesen schlichten schwarzen Einteiler? Der war vielleicht zu konservativ. Ich wollte nicht altmodisch wirken.

Matt klopfte an die Tür. „Fertig, Mama?"

„Eine Minute noch!" Oder vielleicht der weiße Tankini mit der gestreiften Hose. Nett, sportlich geschnittenes Oberteil, hoher Beinausschnitt. Der hatte Stil, wirkte dynamisch und trotzdem sexy genug fürs Erste.

„Mama, beeil dich!" Ich konnte Matt schon mit dem Fuß klopfen hören.

„Gib mir noch eine Minute, ja?"

Was seine Ungeduld betraf, war Matt ganz wie sein Vater. Das war auch etwas, das mich an Tim störte. Ich spürte, wie in mir die alte Frustration aufstieg, und ich beeilte mich nicht wirklich, sondern schmierte mich von Kopf bis Fuß reichlich mit Sonnencreme ein. Nachdem sie eingezogen war, zog ich die Badesachen an und machte mir dann die Haare. Pferdeschwanz? Nein, nicht in meinem Alter. Offen? Nein, viel zu heiß im Nacken, hat keinen Stil …

„Was machst du denn noch?"

Matt klang langsam verärgert, also drehte ich mein Haar zu einem Knoten, steckte es gewollt nachlässig hoch und sprühte ein wenig Haarspray darauf. Sorgfältig wählte ich ein Tuch zum Umwickeln aus, in leuchtenden Farben (sollte ich noch hinzufügen, dass es zum Tankini passte?) und zog meine Flipflops an, die genau das richtige Blau hatten.

BUMM! BUMM! BUMM! Ich öffnete die Tür.

„Endlich", sagte Matt augenrollend. „Jetzt kriegen wir bestimmt keinen Platz mehr am Strand."

„Es ist doch erst halb zehn. Und wir haben die ganze Küste zur Verfügung."

Wir gingen ins Wohnzimmer, wo – wie nicht anders zu erwarten war – Tim schon steif und ungeduldig wartend mit den Handtüchern und der Sonnencreme im Arm dastand. Matt schnappte sich sein Surfboard und stapfte zur Tür hinaus. *Wow, was haben wir alle für eine tolle Laune!*

Ärgerlich schweigend gingen wir die alte Treppe hinunter. Es war so schwül, dass ich schon spürte, wie der Schweiß mir den Rücken hinunterzulaufen begann.

„Warum brauchst du bloß immer so lange, bis du fertig bist?", fragte Tim.

„Weil Frauen eben einfach länger brauchen, deshalb."

„Wir gehen doch nur an den Strand, nicht zur Modenschau."

„Genau", grummelte Matt.

„Ihr habt leicht reden! Zum Beispiel habt ihr keine Frisur, Mann! Ich muss mir die Haare machen. Kämmen, hochstecken."

„Egal."

Wir standen an der Bushaltestelle und warteten ungeduldig.

„Hast du die Fahrkarten?“, fragte Tim.

„Ja, ich habe die Fahrkarten“, antwortete ich beleidigt.

„Ich kann immer noch nicht fassen, dass du geglaubt hast, der Bus wäre gratis.“

Na gut, der Bus war also nicht gratis. Woher hätte ich denn wissen sollen, dass ich in den *Tabacco*-Laden gehen und einen ganzen Block mit Fahrkarten kaufen musste? Das hätte jedem passieren können. Wo gibt es denn so was, dass der Busfahrer nicht kassiert?

Nachdem mich liebenswerte Mitbürger mehrfach ausgeschimpft hatten, wusste ich jetzt, wie es funktionierte. Hier in der Region galten für Züge und Busse die gleichen Fahrkarten. Man konnte also einen Block mit 10 Fahrkarten für etwa 10 Euro kaufen. Wenn man dann einstieg, musste man zu dieser kleinen Maschine im Gang gehen, die meistens hinter einem älteren Herrn versteckt war, der natürlich nicht zur Seite ging. Dann steckte man die Fahrkarte mit einem Ende in die Maschine, die das Datum daraufstempelte und sie so entwertete.

Das einzig Seltsame an der Sache war nur, dass nie jemand kontrollierte, ob man bezahlt hatte. Es war wohl Ehrensache, sich eine Karte zu kaufen, was in Amerika so viel bedeuten würde wie: kostenlos. Deshalb führte ich immer diese kleine Diskussion mit mir selbst, ob ich ehrlich sein und bezahlen sollte oder nicht. Das war emotional sehr ermüdend, und ich wünschte mir, sie würden einfach beim Einsteigen Geld verlangen, damit ich mir nicht jedes Mal, wenn ich mit dem Bus fuhr, wieder neu um solche moralischen Fragen Gedanken machen musste. Das erschien mir schon fast grausam.

„Da kommt er.“ Matt zeigte die Straße hinunter auf den sich nähernden Bus. „Darf ich die Fahrkarten entwerten?“

Obwohl der Bus schon sehr voll und stickig war, stiegen wir ein. Diese unmittelbare Nähe zu verschwitzten Menschen hatte uns gerade noch gefehlt.

„Matt“, flüsterte ich, während er sich zu dem Fahrkartenentwerter durchdrängte, „pass auf mit deinem Brett.“

„Was denn?“, sagte er. Als er sich zu mir umdrehte, bekam eine grauhaarige Frau mit müdem Blick und den Armen voller brauner Tüten sein Brett ab.

„Ups."

„Entschuldige dich."

„*Scusi, Signora*", sagte er, und sie lächelte gezwungen. Als er sich wieder umdrehte, um die Fahrkarten zu entwerten, traf er sie noch einmal mit dem Brett.

„Matt, pass doch auf, was du machst", sagte Tim frustriert, aber seine Augen lachten.

Die Frau spuckte einen Schwall von Worten aus, der nichts Nettes bedeuten konnte. Ein paar Straßen weiter stiegen wir aus, nachdem Matt mir versichert hatte, dass hier der schönste Strand in der Gegend sei. Wir steuerten durch einige winzige Gassen, und schon bald kam das Meer in Sicht. Es war kein Strand zu sehen, nur eine Fläche von Körpern, einer neben dem anderen, wie Bienen auf einer Honigwabe.

Offensichtlich gingen die Italiener schon bei Sonnenaufgang an den Strand.

Hier in unserer Gegend war die Riviera-Küste schroff und wunderschön. Der Strand war sehr schmal und bestand aus Kieselsteinen, Steinen, Felsen, noch größeren Felsen und riesigen Felsblöcken. Man konnte überall schwimmen. Einige kleine, natürliche Buchten wurden als „Strand" bezeichnet, und an einigen musste man für einen Liegestuhl und Getränke bezahlen. Bademeister waren selten. Wahrscheinlich würde sich auch niemand beklagen, wenn jemand ertrank.

Tim, Matt und ich standen einen Augenblick da und suchten mit den Augen nach einem freien Platz. Es war offensichtlich, dass sich hier am Strand niemand um sein Aussehen sorgte. Alle Frauen zwischen 4 und 104 Jahren trugen Bikinis und die meisten Männer hatten kurze Badehosen an. Was man trug, hatte nichts mit dem eigenen Aussehen zu tun. Es ging nur darum, die Sonne auf der Haut zu spüren. Speck wurde unentschuldigt toleriert.

Neben uns saß eine blonde Frau mittleren Alters mit schokoladenbrauner Haut, die ihrem Mann mit ihrem schokoladenbraunen Finger in den Bauch piekte und dann zu uns herüberzeigte. Ich sah, wie ihr Blick von mir zu Tim und dann zu Matt wanderte, der mit seinen dünnen Beinen und dem Surfboard dastand. Sie fing an, ihrem Mann etwas zuzuflüstern, und ich stellte mir vor, wie sie zu ihm sagte: „Achtung, die Albinos kommen. Du musst deine Augen vor dem Licht schützen, das ihre Haut reflektiert."

„Wissen die denn gar nicht, dass jeden Tag Menschen an Hautkrebs sterben? So viel braune Haut habe ich zuletzt in den Siebzigern gesehen."

„Allerdings", stimmte Tim zu.

„Dort ist Platz." Matt zeigte auf eine Stelle auf einem großen Felsen, auf dem etwas weniger los zu sein schien. Natürlich lag er 20 Meter weiter draußen, im Wasser, und wir mussten über einen Steg hinübergehen, gerade so breit wie ein Schwebebalken.

„Kommt mit", sagte Tim, „und pass auf dein Brett auf."

Vorsichtig schlängelten wir uns zwischen den Körpern hindurch. Überrascht stellte ich fest, dass mich die Anspruchslosigkeit des Ganzen faszinierte. Die Menschen wirkten einfach vollkommen natürlich. Frauen sahen wie Frauen aus. Ihre Brüste waren so, wie Gott sie gemacht hatte, schmale Lippen und Dellen an den Beinen waren in Ordnung, und Falten waren eben Falten. Die Menschen hier hielten nicht unter Qualen zwanghaft ihr Idealgewicht oder hatten makellos durchtrainierte Körper. Es war egal. Ihr Körper war einfach nur ihr Körper, das Gefäß für ihren Geist. Und der Inhalt stand im Mittelpunkt. Ich lauschte dem fröhlichen Lachen und den Gesprächsfetzen, die überall herumschwirrten.

Wir kamen heil auf dem Felsen an und ließen uns zwischen den anderen Sonnenanbetern nieder. Ich breitete die Handtücher aus und ließ mich darauf sinken. Es war nicht besonders bequem, und ich rückte ständig hin und her, um eine Position zu finden, in der mein Körper sich dem unebenen Untergrund des Felsens anpasste. Schließlich gab ich auf und setzte mich gerade noch rechtzeitig wieder auf, um Tim und Matt vom Felsen springen zu sehen.

„Komm rein!“, rief Tim mir zu.

„Ich weiß nicht“, erwiderte ich.

„Das Wasser ist wunderbar“, sagte Matt, der sich an sein Board klammerte. „Du musst doch schon bald gar sein.“

„Komm schon, Susan. Entspann dich.“ Der vertraute Ausdruck von tiefer Enttäuschung legte sich auf Tims Gesicht. *Ich bin keine gute Schwimmerin, und ich habe vergessen, eine Bürste mitzunehmen. Wenn meine Haare nass werden, dann …*

Ich merkte plötzlich, was für einen Unsinn ich dachte.

„Na gut, ich komme rein.“

Ich stand auf und tastete mich vorsichtig den rutschigen, mit Algen bewachsenen Felsen hinunter. Man konnte sich hier einfach nicht anmutig bewegen. Schließlich stand ich am Rand des Felsens, bereit zum Sprung.

Plötzlich überkam mich der verzweifelte Wunsch, ein ganz anderer, neuer Mensch zu sein. Der Wunsch stieg so unvermittelt in mir auf und war so stark und so real, dass ich ihn wie bittere Galle im Hals schmecken konnte. Ich wollte jemand sein, der sich keine Sorgen mehr um sein Alter, seine Frisur, sein Aussehen und Hautkrebs machte. Ich wollte zu denen gehören, denen Cellulitis und Altersflecken egal waren. Ich wollte diejenige sein, die voller Begeisterung loslief, um als Erste im Wasser zu sein … und nicht mehr die, die als Letzte kam, wenn überhaupt. Zitternd schloss ich die Augen und versuchte, meine Zweifel daran, dass ich jemals so sein könnte, hinunterzuschlucken.

Ich holte tief Luft und sprang so weit ich konnte hinaus in das klare, blaue Wasser. Es war mein erster Sprung in ein Meer, von dem ich niemals geglaubt hatte, dass ich einmal darin schwimmen würde. Ein Meer in einem Land, das ich jetzt meine Heimat nannte. Ein Ort, an dem ich vielleicht endlich den Mut finden würde, ich selbst zu sein.

Kapitel 16

Permesso di soggiorno

Es war 5:35 Uhr morgens und wir standen alle vier in einer langen Schlange vor dem Polizeipräsidium, der *questura*, im Stadtzentrum von Genua. Die offizielle Regel lautete, dass man persönlich bei der *questura* vorsprechen muss, um ein Dokument zu bekommen, eine *permesso di soggiorno*, das besagt, dass man für drei Monate in Italien leben darf. Ich war mir ziemlich sicher, dass die meisten Ausländer das ignorierten. Da wir aber noch unser Dauervisum beantragen mussten, wollten wir uns an die Regeln halten, damit wir nicht noch des Landes verwiesen würden, nachdem wir uns solche Mühe gemacht hatten, hierherzukommen. Außerdem waren wir schon wegen unserem äußeren Erscheinungsbild nicht so unauffällig, dass wir einfach untertauchen konnten.

Also standen wir zu viert im Halbschlaf da und wussten nicht so genau, was uns hier erwartete. Denn warum um alles in der Welt ließen sie die Leute so früh morgens hier Schlange stehen? Ich fing an zu begreifen, dass behördliche Angelegenheiten hier meistens so kompliziert und unorganisiert wie nur möglich gehandhabt wurden.

Vor uns in der Warteschlange standen etwa 60 Menschen. Mit der Zeit kamen noch unzählige andere aus aller Herren Länder dazu. Bis 7:00 Uhr hatten sich so etwa 200 angesammelt. Ich fragte mich, ob jeder hier in den letzten Monaten so eine heiße Diskussion mit Gott geführt hatte wie ich. Wenn ja, warum hatte er uns dann alle nach Genua geschickt?

Plötzlich ging eine Tür auf, und alle standen stramm, als ob die Schulschwester uns gerade zurechtgewiesen hätte. Ein finster dreinschauender Beamter mit einer eng anliegenden, blaugrauen Uniform und flotten schwarzen Stiefeln kam mit einer Rolle

Marken heraus, wie man sie auf dem Jahrmarkt als Eintrittskarten bekommt. Er riss jeweils eine ab und verteilte sie an die Wartenden. Alle nahmen ihre Marke entgegen und taten so, als wüssten sie, was hier geschah.

„Tim, frag ihn, was wir tun sollen."

„Er spricht bestimmt kein Englisch."

„Schreib die Bezeichnung der Dokumente, die wir brauchen, doch einfach auf ein Blatt Papier und zeig es ihm", schlug Katie vor.

„Gute Idee." Tim riss schnell ein Blatt aus unserer Mappe und kritzelte die Bezeichnungen darauf. Als der Beamte ihm seine Marke gab, hielt Tim ihm das Blatt Papier hin, und Katie, Matt und ich standen zur Unterstützung um ihn herum.

Der Beamte seufzte verzweifelt auf, schaute uns an, als seien wir nicht ganz richtig im Kopf, und sagte nur kurz angebunden: „Neun Uhr."

Dann gab er uns anderen unsere Marken und ging weiter die Schlange entlang. Verwirrt traten wir zur Seite. Aber an diesen ständigen Zustand der Verwirrung hatten wir uns inzwischen schon gewöhnt.

„Was bedeutet das?", fragte Matt.

„Ich weiß nicht. Vielleicht, dass wir um neun Uhr wiederkommen sollen", erwiderte ich.

„Soll das heißen, wir müssen jetzt zwei Stunden warten?", sagte Tim. „Warum können sie nicht einfach jetzt aufmachen und uns drannehmen? Was ist das nur für ein System hier!"

„Warten wir einfach ab, was die anderen machen."

„Wir könnten ihnen hinterhergehen", meinte Matt und zeigte auf eine verdächtig wirkende Gruppe von Menschen unbestimmter Herkunft. Die Frauen hatten Bauernröcke an und die Männer waren unrasiert. „Ich glaube, das sind Zigeuner."

„Quatsch!", stöhnte Katie und verdrehte die Augen. „Warum sollten sich Zigeuner die Mühe machen und Visa beantragen?"

„Man weiß nie."

So gingen wir ihnen hinterher und landeten in einem nahe gelegenen Café, das überfüllt war mit den übrigen Wartenden.

Ich schnappte hier und da ein paar Gesprächsfetzen auf und hörte heraus, dass um 7:00 Uhr morgens immer nur eine bestimmte Anzahl an Marken verteilt wurde (weshalb man sich so früh anstellen musste). Aber das Büro öffnete erst wirklich um 9:00 Uhr. Alle schienen das vollkommen normal zu finden. Warum sie uns jetzt zwei Stunden warten ließen, war uns aber vollkommen unklar und, wie ich fand, auch ein bisschen gemein.

„Wisst ihr", meinte Tim und kaute dabei wütend auf seinem Hefeteilchen herum, „wenn ich mir die überfüllten Cafés in der Nähe der *questura* so anschaue, gehe ich jede Wette ein, dass die Besitzer der Cafés und die Polizeibeamten gemeinsame Sache machen. Wahrscheinlich sind sie sogar alle miteinander verwandt."

Um 8:30 Uhr beschloss Tim schließlich, dass wir schlau sein und früher dort sein sollten. Als wir das Polizeipräsidium betraten, war der Warteraum schon wieder brechend voll. Andere waren wohl genauso schlau gewesen. Reihenweise saßen die Menschen da, klammerten sich an ihre Unterlagen und schwitzten vor sich hin. Das Gebäude war alt und heruntergekommen und drinnen waren mindestens 40 Grad.

„Ich glaube, wir sind hier falsch. So behandeln die in diesem Land ihre Gäste?" Ich spürte, dass Tim langsam ungemütlich wurde.

„Bleib ruhig. Wir müssen das hinter uns bringen."

Die Menschen um uns herum füllten schon fieberhaft alle möglichen Formulare aus. Plötzlich ging am anderen Ende des Raumes eine Tür auf, und ich erkannte den Polizeibeamten, der die Marken verteilt hatte. Wir drängten uns alle vier gleichzeitig durch die Menschenmenge, um ihn um Hilfe zu bitten.

„Scusi, Signore … ääh, quattro persone." Dabei zeigte ich auf uns vier. *„Permesso di soggiorno?"* Ich hielt ihm wieder Tims Zettel vor. Der Polizeibeamte sah uns wieder an, als seien wir nicht ganz richtig im Kopf, verdrehte die Augen und gab uns vier Formulare zum Ausfüllen.

„Mama, ich brauch ein bisschen frische Luft", sagte Katie.

„Ich auch", sagte Matt.

„Na gut, füllen wir die Formulare draußen aus."

Als es 9:00 Uhr war, waren wir so weit. Wir gingen zurück in den Warteraum und fanden wie durch ein Wunder ein paar freie Plätze. Schon bald fing die *questura* an, die Anträge zu bearbeiten. Jedes Mal, wenn auf der riesigen Anzeigetafel an der Wand des Warteraumes eine Zahl in roten Ziffern aufleuchtete, ging wie von Geisterhand in der Ecke eine Tür auf, und Menschen verschwanden dahinter. Das Ganze dauerte bei jeder Zahl so lange, dass ich mich fragte, was hinter dieser Tür vor sich ging.

„Katie, Matt?"

„Ja?"

„Ihr geht nicht ohne mich oder Papa durch diese Tür."

„In Ordnung."

Minuten vergingen, dann Stunden. Inzwischen war es 11:00 Uhr und meine gute Laune war schon lange verflogen. Tim und Matt gingen draußen auf und ab. Katie und ich saßen mit den Köpfen in die Hände gestützt da. Ich fühlte mich ganz schwach vor Müdigkeit, Hunger und Hitze.

„Meine Güte, wir haben die Nummern 64 bis 67. Wir müssten doch eigentlich schon längst dran gewesen sein", beklagte sich Katie.

„Es ist so heiß hier drin."

„Ich weiß. Mich nervt der Gestank auch allmählich. Körpergeruch und Kaffee mischen sich nicht gut."

„Warum machen die die Fenster nicht auf?"

„Genauso wie in den Bussen. Verstehe ich nicht."

„Ich mache jetzt eins auf." Mutig ging ich hinüber, öffnete zwei Fenster, holte ein paar Mal tief Luft und drehte mich dann selbstgefällig zu Katie um und lächelte sie an. Sie jubelte mir stillschweigend zu. Als ich mich wieder setzte, hatte jemand die Fenster schon wieder zugeknallt.

12:00 Uhr. 12:15 Uhr. Wir wussten, dass das Büro um Punkt 13:00 Uhr zum *intervallo* schließen würde, die Mittagspause, in der auch alle Läden geschlossen hatten, damit die Leute zum Mittagessen nach Hause gehen und ein Nickerchen machen konnten. Wer bis dahin nicht dran gewesen war, hatte Pech gehabt. Dann musste man am nächsten Tag wiederkommen und von vorne anfangen. Sie hielten einem den Platz vom Vortag nicht frei.

Tim kam wieder hereingeschlurft. Man konnte förmlich schon den Rauch aus seinen Ohren quellen sehen. Auf keinen Fall würden wir am nächsten Tag noch einmal kommen.

Schließlich leuchtete unsere Nummer auf, und Tim sprang auf und öffnete die geheimnisvolle Tür. Wir gingen nacheinander in einen langen, schmalen Raum mit etwa 10 Schaltern, wie in einer Bank. Nur drei der Schalter waren besetzt. Jetzt war klar, warum das so lange gedauert hatte. Tim ging zu einem der geöffneten Schalter und gab der Dame unsere Unterlagen, während sie losplapperte.

„*No, no italiano. Solo inglese*", sagte Tim.

Sie hob den Finger, um uns zu verstehen zu geben, dass wir warten sollten. Sie holte einen Kollegen, der uns helfen sollte. 20 Minuten und 200 Euro später bekamen wir unsere Dokumente.

Als wir gingen, sah ich, wie die Frau einer anderen Mitarbeiterin unsere Unterlagen gab, um sie abzuheften. Hinter ihnen an einer großen Wand waren lauter Fächer, eines für jeden Buchstaben des Alphabets. Die Mitarbeiterin stand da und suchte nach dem richtigen Buchstaben. Nach etwa vier Sekunden verlor sie die Geduld und legte unsere Mappe auf einen Stapel von rund 2.000 unsortierten Unterlagen. Sie hätte sie genauso gut auch in den Mülleimer werfen können, und ich hatte das Gefühl, dass genau das nach 13:00 Uhr auch geschehen würde.

Kapitel 17

Kulturschock

Ich stand vor Katies Zimmertür und holte tief Luft. „Katie, Schatz, komm. Es sind jetzt schon fast 24 Stunden."

Keine Antwort. Ich klopfte noch einmal, und noch einmal. Nichts. Ich öffnete langsam die Tür und starrte in die Dunkelheit.

Sie hatte die Rollläden wegen der Mittagssonne runtergelassen. Als sich meine Augen langsam an die Dunkelheit gewöhnten, sah ich ihre lange, schlanke Gestalt zusammengerollt auf dem Bett liegen. Ich ging zu ihr und legte mich neben sie, zog sie an mich und lauschte ihrem Schweigen.

„Ich will nach Hause. Ich gehöre hier nicht her. Das ist doch alles Wahnsinn. Ich vermisse meine Freunde. Ich will heim."

„Ich weiß", sagte ich, als sie wieder anfing zu weinen. „Das ist alles sehr schwer." Meine Worte waren so unzulänglich, und ich spürte, wie mir ebenfalls die Tränen kamen. Ich fragte mich wieder einmal, ob es richtig gewesen war, so etwas von ihr zu verlangen, wo sie in einem so schwierigen Alter war.

„Ich hasse *intervallo*. Bis ich aufgestanden und fertig bin, sind alle Läden geschlossen, und ich habe nichts mehr zu tun. Das ist doch dämlich." *Intervallo* war inzwischen die unsichtbare Macht, die unseren Alltag bestimmte.

„Du könntest ja mal versuchen, früher aufzustehen."

„Ich weiß hier einfach nicht mehr, wer ich bin." Sie fühlte sich einsam und verloren wie auf einem großen Meer ohne jede Strömung, die sie führte. Ich hätte ihr so gern eine Schwimmweste zugeworfen, aber ich konnte keine finden.

Wie sollte ich ihr erklären, dass wir hier waren, weil genau die Dinge, die sie so vermisste, die Dinge waren, die unsere Ehe langsam, aber sicher ruiniert hatten? Wie konnte ich ihr sagen, dass der alljährliche Rhythmus von Urlaub und Alltag und anderen Ritualen zu bedeutungslos und leer geworden war? Wie konnte ich ihr verständlich machen, dass gerade der Glanz und Glimmer und der Lebensstil in L.A., die sie so aufregend und belebend fand, mir Stück für Stück meine Seele geraubt hatten, sodass ich mich ständig fragte, welchen Wert ich eigentlich noch hatte?

Ich konnte es einfach nicht. Der Zeitpunkt war noch nicht gekommen, dass sie das alles verstehen konnte. Wir trieben beide gemeinsam dahin, aber zwischen uns lagen 30 Jahre. Und wir würden weiter dahintreiben, bis eine neue Strömung uns erfasste.

Ich nahm sie noch einmal in den Arm und flüsterte: „Du weißt vielleicht im Moment nicht, wer du bist, aber ich weiß es. Du bist eine wunderschöne und mutige junge Frau. Du hast ein weites Herz, und deine Seele ist so rein wie die Sonnenstrahlen, die durch die Wolken scheinen. Du wirst deinen Weg finden. Davon bin ich überzeugt."

Kapitel 18

Die neue Schule

Wir saßen alle vier im Wohnzimmer und die Morgensonne brannte durch die Fensterscheibe. Zusammengesunken hingen wir auf unserer L-förmigen Couch wie ein Haufen alter Puppen, die man in einem längst verlassenen Spielzimmer vergessen hatte. Arme und Beine hingen schlaff herunter, unsere Augen waren geschlossen. Unser Energielevel hatte einen nicht mehr messbaren Tiefststand erreicht. Das Neue an unserer Situation hatte seinen Reiz verloren. In dieser Hitze und Schwüle war alles nur noch anstrengend.

„Das ist doch erbärmlich", sagte Tim. „Lasst uns irgendetwas unternehmen."

„Das hieße aber, dass wir die ganze Treppe in die Stadt hinunterlaufen müssten", erwiderte Katie. Sie und Matthew hatten sich noch immer nicht damit abgefunden, dass unser einziges Transportmittel unsere eigenen Beine waren.

„Und dann müssten wir den ganzen Weg ja auch wieder zurücklaufen", fügte Matthew in leicht gereiztem Tonfall hinzu.

„Aber wir können doch nicht den ganzen Tag nur hier herumsitzen", sagte ich.

„Doch, das können wir", murmelte er hinter seinem Gameboy.

„Irgendetwas stimmt doch nicht, wenn man sich an einem so schönen Ort langweilt", meinte Tim.

„Wenn wir einen Fernseher hätten, würden wir uns nicht langweilen", murmelte Matt wieder.

Es war jetzt schon drei Wochen her, dass wir den Antrag gestellt hatten, aber man hatte bisher weder unseren Satellitenanschluss noch das Internet freigeschaltet. Hier dauerte alles länger. Viel länger. Wie sollte es auch anders sein, wenn die Läden den halben Tag geschlossen waren? Essen und Ausruhen schienen hier wichtiger zu sein als Geld zu verdienen. Außerdem waren die Ferien bald vorbei. In vielen Geschäften in Genua hingen immer noch kleine, handgeschriebene Zettel im Fenster, auf denen stand, dass man Betriebsferien machte. Man konnte also nur schwimmen gehen.

„Ich weiß was", schlug Tim vor. „Ich glaube, in eurer neuen Schule macht heute das Sekretariat auf. Schauen wir sie uns doch einmal an."

Damit hatte er die Aufmerksamkeit der Kinder. Sie hatten ihre Schule noch nicht gesehen, weil sie über den Sommer geschlossen war.

„Tolle Idee, Schatz", sagte ich und sprang vom Sofa auf. „Aber wir sollten uns beeilen, damit wir noch vor dem *intervallo* dort sind."

Katie und Matt putzten sich heraus, um einen guten Eindruck zu machen. Matt zog sogar seine guten, dunkelblauen Shorts an und ein Poloshirt.

Wir gingen langsam die alte Treppe hinunter, damit Katie nicht ins Schwitzen kam und ihr Make-up ruinierte, und standen dann eine gefühlte Stunde in der gleißenden Sonne an der Bushaltestelle. Endlich kam ein Bus, der vollgestopft war mit schwitzenden, klebrigen Menschen. Wir drängten uns hinein und sahen, dass keines der Fenster geöffnet war.

„Was haben diese Menschen nur gegen frische Luft?", flüsterte Tim zwischen zusammengebissenen Zähnen hindurch.

„Ich bekomme keine Luft."

„Hier drin stinkt es."

„Atme durch den Mund."

„Ich werde einfach ganz die Luft anhalten."

„Viel Glück."

Schon bald hielt der Bus an der Schule, und wir schossen alle vier hinaus, um tief die frische Meeresluft einzuatmen. Die *Amerikanische Schule Genua* lag auf einem Hügel hinter schwarzen Eisentoren.

„Klasse. Noch mehr Treppen", stellte Katie fest.

„Na und?", sagte Matt. „Es sind doch nur Treppen."

30 Stufen später waren wir oben angekommen, und jemand drückte den Türöffner, als wir geklingelt hatten. Das schwarze, eiserne Tor quietschte, als wir es öffneten. Niemand sagte ein Wort, als wir im Gleichschritt über den knirschenden, weißen Kies die Auffahrt entlanggingen.

Die Schule war in einer alten, gelb gestrichenen Villa mit hohen Fenstern und weißen Fensterläden. Weil die Zahl der Schüler stetig stieg, waren einige Klassenzimmer auch in den benachbarten Gebäuden untergebracht, die einmal stattliche Villen gewesen waren, aber jetzt in einzelne Einheiten unterteilt waren. Als wir die Kinder im Mai angemeldet hatten, war hier ein einladender Hof mit Bänken und Schatten spendenden Bäumen gewesen. Aber heute lag überall Baumaterial herum.

„Ist das alles?“, fragte Matt.

„Gefällt es dir?“ Ich schaute zu Tim und kreuzte meine Finger, in der Hoffnung, Matt würde Ja sagen.

„Ihr habt doch gesagt, die Schule ist schön“, sagte Matt.

„Das hier sieht aus wie ein Katastrophengebiet“, fügte Katie hinzu. „In zwei Wochen fängt der Unterricht an.“

„Ich hoffe, dass sie hier rund um die Uhr arbeiten.“

„Das bezweifle ich. Schau dich doch um. Wir sind ja die Einzigen hier.“

„Hört auf, schlechte Laune zu verbreiten“, sagte Tim. „Gehen wir ins Sekretariat.“

„Da drüben ist das Schild.“

Ich öffnete die Eingangstür zum Hauptgebäude und betrat die Eingangshalle. Die Wände hingen voller Kindergemälde, Mitteilungen und Anweisungen, sowohl in Englisch als auch in Italienisch. Am Ende des Ganges sah ich ein Spielzimmer, und die ersten beiden Zimmer waren zu Büros umfunktioniert. Die Schule hatte etwas Heimeliges.

„Hier ist es nett“, gestand Katie.

Eine dunkelhaarige Frau mit liebenswürdigem Gesicht war an ihrem Schreibtisch in einem der Büros beschäftigt. Ich klopfte vorsichtig an die offene Tür.

„*Buon giorno*“, sagte die Dame.

„*Buon giorno, signora. Parla inglese?*“

„Ja, natürlich.“ Sie lachte, als sie unsere Erleichterung sah. „Kommen Sie herein. Ich bin Patrizia. Sie müssen eine der neuen Familien sein“, sagte sie und stand auf, um Tim die Hand zu schütteln.

„Ja, das hier sind Katie und Matthew.“

„Willkommen an der *Amerikanischen Schule Genua*, Katie und Matthew. Ich hoffe, ihr werdet euch hier sehr wohl fühlen.“

Katie und Matt nickten nur schüchtern.

„Ich bin heute den ersten Tag wieder im Büro. Wie Sie sehen, habe ich jede Menge Arbeit“ – und dabei machte sie eine ausladende Handbewegung zu den Stapeln von braunen Kisten, die sie noch öffnen und einsortieren musste.

„Wir wollen Sie nicht aufhalten. Wir wollten nur mal sehen, ob die Kinder schon ihre Lehrer kennenlernen könnten.“

„Die Lehrer sind diese Woche noch nicht da, aber ich kann euch eure Klassenlisten zeigen.“ Sie wühlte sich durch ein paar Ordner und zog dann ein Blatt Papier heraus. „Matthew, bist du in der sechsten Klasse?“

„Ja.“

„Das hier sind deine Klassenkameraden. Ihr seid neunzehn in eurer Klasse.“ Sie gab Matt das Blatt Papier und er nahm es grinsend. „Und du, Katie … mal sehen. Ah ja, hier ist sie. In der zehnten Klasse sind es vier Schüler, mit dir natürlich.“

„*Vier?* Haben Sie vier gesagt?“

„Ja, die Oberstufe ist noch ziemlich neu. In deiner Klasse sind noch ein Mädchen und zwei Jungen.“

Katie wurde ganz weiß im Gesicht.

„Wie viele Schüler hat die ganze Schule?“, fragte Tim.

„Vierundzwanzig. Macht euch keine Sorgen, ihr werdet genug Freunde finden.“

„Wie viele Amerikaner sind noch in der Schule?“

„Ich glaube, drei.“

„Drei?“ Tim und ich sahen uns an.

Patrizia erklärte uns, dass die meisten Schüler aus vornehmen und weltoffenen italienischen Familien kamen, die wollten, dass ihre Kinder zweisprachig aufwachsen. Es gab auch noch Schüler aus anderen Ländern, deren Familien meistens irgendetwas mit der Schifffahrt zu tun hatten. Ich hatte den Eindruck, dass das einzig Amerikanische an dieser Schule ihr Name war.

„Unsere neue Rektorin, Mrs B., ist in ihrem Büro. Möchten Sie sie kennenlernen?"

„Oh ja!"

Sie griff kurz zum Telefon, um unseren Besuch anzukündigen, und führte uns dann wieder hinaus über den Hof. Sie entschuldigte sich für den Zustand, in dem das Gelände war, und erklärte, dass sie durch die Erweiterung einige Umbauten vornehmen mussten. Aber sie schien zuversichtlich, dass die Arbeiten rechtzeitig zum ersten Schultag beendet sein würden. Patrizia zeigte auf eine frisch renovierte Villa, aus der uns Mrs B. schon von der Tür aus zuwinkte.

„Sie sind hier in guten Händen. Ich muss jetzt wieder zurück an meine Arbeit. Ich wünsche Ihnen alles Gute, und euch beide sehe ich dann in zwei Wochen", meinte sie zu Katie und Matt.

„Bis dann", sagte Katie.

Matt zupfte mich am Ärmel. „Mama, die war nett."

Mrs B. begrüßte uns freudig mit einem britischen Akzent. Sie war zierlich, hatte kurzes, braunes Haar und ein fröhliches Lächeln, das ihre weißen, gleichmäßigen Zähne zeigte. Ihre zuvorkommende Art machte uns zuversichtlich, und ich hatte plötzlich das Gefühl, dass alles gut werden würde.

Wir folgten ihr eine drückend heiße, enge Treppe hinauf zu ihrem Büro im zweiten Stock. Oben an der Treppe blieb sie am Fenster stehen und zeigte auf die Wellen, die sich an den Felsen auf der anderen Seite der Straße brachen.

„Schauen Sie sich nur diese wunderbare Aussicht an. Wie soll man nur arbeiten, wenn man von dieser Aussicht abgelenkt wird?", meinte sie lachend.

Anstatt in ihr Büro zu gehen blieb sie dort an der Treppe stehen und sprach mit uns über die Besonderheiten der Schule. Obwohl mir die Schweißtropfen über die Stirn liefen, fiel es mir gar nicht ein, sie zu bitten, das Fenster zu öffnen.

Hinter mir spürte ich, wie Katie sich an mich lehnte. „Mama?“, sagte sie und klang seltsam. Ich drehte mich um, und es dauerte einen Moment, bis ich begriff, dass sie sich nicht an mich lehnte, sondern vor- und zurückschwankte.

Und dann brach sie ohnmächtig zusammen. Wir standen alle fassungslos um sie herum. Ich kniete mich hin und fing an, ihre Wange zu tätscheln.

„Katie!“, rief Tim.

„Wach auf“, fügte ich hinzu.

Sie öffnete die Augen und wollte sich aufsetzen. Als sie das tat, wurde ihr übel, und sie musste sich übergeben.

„Oh je.“ Mrs B. lief los und holte kaltes Wasser und ein Handtuch.

„Tim, tu doch was!“ Das einzig Greifbare war ein kleiner Karton mit Bauabfällen. Er schob ihn Katie unter den Kopf.

Als sie fertig war, schaute sie auf und fing an zu lachen.

„Was war das denn?“, spottete Matt leise. „Das hast du ja klasse gemacht.“

„Ist dir noch schlecht?“, fragte ich und legte meine Hand auf ihre feuchte Stirn.

„Ich glaube, ich brauche nur etwas frische Luft“, sagte Katie.

„Versuch mal aufzustehen.“ Tim half ihr hoch, als Mrs B. gerade mit einem nassen, kalten Handtuch kam. Katie wischte sich das Gesicht ab und lehnte sich an die Wand.

„Wir sollten nach draußen gehen“, meinte Mrs B.

„Gute Idee.“ Wir folgten ihr und gingen die Treppe wieder hinunter und zur Tür hinaus.

„Mir geht's wieder gut.“ Jetzt war Katies Gesicht tiefrot vor Verlegenheit.

„Nun ja, du scheinst jedenfalls kein Fieber zu haben.“

„Es war nur zu heiß da drin.“

„Die Klimaanlage wird gerade repariert“, erklärte Mrs B. „Du hast recht, es ist ziemlich stickig.“

„Sie ist noch nie ohnmächtig geworden“, sagte ich. „Aber vielleicht sollten wir besser nach Hause gehen, für den Fall, dass sie doch krank wird.“

„Gut."

„Vielen Dank, dass Sie sich Zeit für uns genommen haben. Wir freuen uns schon auf den ersten Schultag."

„Es wird ein großartiges Jahr werden. Ihr werdet sehen, es wird wie im Flug vergehen", meinte sie augenzwinkernd und lächelte dabei.

Auf dem Rückweg hakte ich Katie unter, und wir trotteten ein paar Meter hinter Tim und Matt die Straße entlang zur Bushaltestelle.

„Alles in Ordnung?"

Katie nickte, aber ihr Gesichtsausdruck verriet gemischte Gefühle.

„Sicher? Sag mir, wenn dir wieder schlecht wird."

„Mama, es war wirklich nur die Hitze. Mir geht es gut."

Kapitel 19

Geschwisterrivalitäten

„Hör mal!“, sagte Tim, als wir nebeneinander auf dem Sofa saßen und eine Fliege beobachteten, die herumschwirrte.

„Was denn?“

„Schon wieder.“

„Ich höre nichts.“

„Eben.“

Irgendetwas stimmte nicht. Es war zu still in unserer Wohnung, und das schon seit einigen Wochen. Dieses neue, brave Verhalten unserer Kinder machte mich misstrauisch, wie eine Lehrerin, die ihre Klasse argwöhnisch beobachtet, weil alle plötzlich engelsgleich dasitzen.

„Ich glaube, sie sind in Matts Zimmer und spielen Karten.“

„Schon wieder?“

„Katie bringt ihm jedes Spiel bei, das sie kennt.“

Tim und ich waren uns nicht sicher, was wir davon halten sollten. Es war eine Nebenwirkung, mit der wir nicht gerechnet hatten. Wir hatten so lange schon mit Türenknallen und Streit gelebt, dass wir dachten, das sei normal. Beleidigungen, „Alle dürfen in mein Zimmer, außer dir“, Petzen … all das war verschwunden.

Katie und Matt fingen an, einander mit ganz neuen Augen zu sehen. Zum ersten Mal in ihrem Leben konnten sie gegenseitig verstehen, was der andere gerade durchmachte. Keiner machte sich mehr über den anderen lustig, wenn er vor Enttäuschung anfing zu weinen. Keiner lachte den anderen mehr aus, wenn einer aus Angst oder seelischer Überlastung anfing zu zittern. Keiner nannte den anderen mehr „Baby“, wenn einer sich eine Weile an mich kuschelte. Ich glaubte sogar einmal ein besorgtes „Geht’s dir gut?“ gehört zu haben. Wir hatten Angst, dass wir alles verdarben, wenn wir sie dafür lobten.

„Was auch immer du jetzt machst, stör sie nicht."
„Ich bin ja nicht blöd."
Selbst wenn wir jetzt wieder abgereist wären, wäre es das wert gewesen. Unsere Kinder wurden Freunde. Ja, sie brauchten einander. Plötzlich erkannte ich ganz klar, dass all das, womit wir unsere Kinder zu Hause umgeben hatten, eigentlich ihr Untergang gewesen war. Matt konnte sich nicht mehr hinter seiner Playstation verstecken, und Katie konnte sich nicht mehr in ihre virtuelle Welt im Chat verkriechen. Ich fuhr nicht mehr einen von beiden zu dem einen Sportverein, während Tim den anderen zum anderen Sportverein brachte. Einer zu dem Freund und die andere zu der Freundin. Einen in die eine Schule, die andere in die andere Schule. Tim und ich verrenkten uns nicht mehr, um für die beiden Taxi zu spielen, sodass sie sich möglichst selten über den Weg liefen. Hier hatten wir weder die Möglichkeiten noch das Geld, um jedem Kind seinen Individualismus in der Weise zu ermöglichen, wie sie es gewohnt gewesen waren. Mir war gar nicht klar gewesen, dass wir einen sehr privilegierten Lebensstil hatten – und einen sehr ungesunden.

„Ich weiß noch, wie wir mit unseren Eltern in den Sommerurlaub gefahren sind." In mir stieg plötzlich Nostalgie auf. „Sie haben nie ein Ferienhaus mit Fernseher genommen. Obwohl wir gemeckert haben, war das immer das Beste daran. Wir spielten zusammen, bauten Hütten im Wald, redeten über alles Mögliche und lachten uns kaputt."

„Ja, ich weiß. Bei uns war es auch so. Das waren goldene Zeiten."

„Meinst du, Katie und Matt werden einmal an das Jahr hier zurückdenken und das sagen? Dass es goldene Zeiten waren?"

„Ich weiß nicht. Ich glaube, jetzt ist das alles noch zu neu."

Plötzlich schien es keinen Altersunterschied und keine Überlegenheitsgefühle wegen diesem oder jenem zwischen Matt und Katie mehr zu geben. Sie waren auf Augenhöhe miteinander und hatten niemand anderen als nur sich selbst. Und das war gar nicht so schlecht. Ich hatte sogar den Verdacht, dass sie es genossen.

Eines Tages sah ich sie Verstecken spielen. Am nächsten Morgen spielten sie Scrabble und Katie half Matt sogar beim Schummeln. Letzte Woche fragte uns Matt, ob wir – ausgerechnet! – noch ein Puzzle kaufen könnten. Und das von ihm, der Puzzles immer gehasst hatte. Ich konnte gar nicht schnell genug losgehen, um eines zu besorgen.

Das Leben drehte sich jetzt nur noch um die Dinge, die sie gemeinsam hatten, und um das, was sie im tiefsten Inneren miteinander verband. Mit Schwester und Bruder. Mit dem Menschen, mit dem sie ein ganzes Leben teilen würden, mit allen Höhen und Tiefen, mit dem sie über die guten alten Zeiten lachen und sich über ihre Eltern lustig machen würden, dessen Ehepartner sie in der Familie willkommen heißen und dessen Kinder sie zur Taufe begleiten würden.

Wir saßen einen Augenblick lang schweigend da. Vom Stockwerk unter uns drangen gedämpfte Gitarrenklänge an unser Ohr. Annalisas Sohn Carlo, ein versierter Gitarrenspieler, übte jeden Tag. Dann hörten wir, wie sich Elisabetta und Esther gegenseitig anschrien und ein Hund bellte. Es war ein ganz normaler Tag.

Tim drehte sich zu mir und schaute mich intensiv an.

Oh-oh.

„Geht es dir gut?“, fragte er.

„Ja. Ich versuche einfach, einen Tag nach dem anderen zu leben. Und du?“

„Ja, ich auch.“

„Bereust du es?“

„Nein, bisher nicht.“

„Ich auch nicht.“ Ich streckte ihm die Hand hin und er nahm sie. So saßen wir eine ganze Weile in der wohltuenden Stille eines friedlichen Hauses. Es war unglaublich wundervoll.

Innerlich wusste ich, dass diese schöne Zeit des harmonischen Miteinanders von Katie und Matt nicht lange anhalten würde. Schon bald würden sie neue Freunde finden und ganz anders am Leben hier teilhaben. Aber ich hoffte, dass ein Same gesät war und dass dieses Gefühl, gemeinsam auf einer Seite zu stehen, in ihnen mehr Verständnis füreinander wachsen lassen würde.

Was Tim und mich anging, so lernten wir langsam, was es

bedeutete, nicht nur dem Namen nach eine Familie zu sein. Wir sahen zu, wie unsere Kinder und wir selbst an den Herausforderungen auf ganz unerwartete Weise wuchsen, und das war ein schönes Gefühl. Wir waren auch gezwungen, Dinge einmal anders zu sehen als nur „typisch amerikanisch".

„Daheim haben wir nie einfach mal so im Wohnzimmer gesessen. Das ist schön", sagte ich.

„Lust auf eine Runde Scrabble?"

„Ich hole das Spielbrett."

Kapitel 20

Der Aufzug des Grauens

„Tim!“, schrie ich aus vollem Hals.

Er kam wie eine Kanonenkugel um die Ecke geschossen. „Was zum …“ Er unterbrach sich selbst, als er meinen ernsten Gesichtsausdruck sah.

„Die Kinder stecken im Fahrstuhl fest!“

Tim schlüpfte hastig in seine Flipflops und rannte zur Tür hinaus, um den Hausmeister zu suchen.

Der Aufzug war für Katie vom ersten Tag an ein rotes Tuch gewesen, weil sie sich über die Jahre eingeredet hatte, sie litte an Klaustrophobie. Aber da wir im 7. Stock wohnten, hatte sie sich entschlossen, doch lieber mit dem Aufzug zu fahren als zu laufen, denn ihre Bewegungsphobie war noch viel ausgeprägter.

Katie hatte vom Handy aus angerufen und gesagt, sie seien zwischen dem 3. und 4. Stock mit dem Aufzug stecken geblieben. Als ich Matts Stimme voller Panik im Hintergrund hörte, versuchte ich, die beiden zu beruhigen. „Euch passiert nichts“, sagte ich. „Atmet tief durch und entspannt euch. Wir kommen sofort.“

Ich schnappte mir Schlüssel und Handy und rannte die Treppe hinunter in den 4. Stock. Ein Lichtstrahl schimmerte durch einen Spalt am unteren Rand der Aufzugtür. Wenn ich mich auf den Bauch legte, konnte ich die Kinder vielleicht durch den Spalt sehen. Ich legte mich ausgestreckt auf den kalten, staubigen Marmorboden und presste meine Wange auf den Boden.

„Hallo, ihr beiden!“

„Mama, hol uns hier raus!“, rief Matt und schaute sich suchend um, um herauszufinden, woher meine Stimme kam.

„Beruhigt euch. Ich kann euch sehen. Hier oben.“ Sie schauten nach oben und sahen mich. „Probiert mal den schwarzen Knopf ganz unten auf dem Bedienfeld.“

Katie zog an dem Knopf. Nichts passierte.

„Dann den roten Knopf." Sie drückte drauf, und sofort ertönte ein ohrenbetäubender Alarm im ganzen Haus.

„Stopp! Das reicht. Ich glaube, jetzt hat uns jemand gehört."

Matt fing an zu weinen. Katie, die überraschend beherrscht war, legte den Arm um ihn. Und er ließ es sogar zu.

Ich versuchte, einen Witz zu machen, um die Spannung etwas herauszunehmen. „Hey, Matt, sieh es positiv – wenigstens werdet ihr nicht nass. Und es ist niemand mit euch da drin, der stinkt oder in den nächsten fünf Minuten ein Kind kriegt."

Katie kicherte. Matt nicht. Von unten hörten wir gedämpfte Stimmen durch den Aufzugsschacht. Tim versuchte, ein paar unserer Mitbewohner, die den Alarm gehört hatten, zu erklären, was passiert war. Aufgeregte italienische Antworten ließen erkennen, dass Hilfe unterwegs war.

Matt sah wieder besorgt nach oben. „Ich muss aufs Klo."

„Klasse", sagte Katie. „Verkneif es dir gefälligst."

Plötzlich ruckelte der Aufzug und bewegte sich einige Zentimeter nach oben. Dann ruckelte er wieder und bewegte sich einige Zentimeter nach unten. Noch mehr aufgeregte italienische Stimmen kamen von unten.

„Ich gehe mal nach unten und schaue nach, was da los ist", sagte ich. „Ihr beide holt in der Zwischenzeit tief Luft und sagt euch gegenseitig immer wieder vor: ‚Gott ist bei uns und hilft uns. Gott ist bei uns und hilft uns.'"

„Was?"

„Mama, geh nicht weg!"

„Gott ist bei uns und hilft uns", wiederholte ich noch einmal. „Immer wieder."

Ich wischte mir den Staub aus dem Gesicht und rannte nach unten. Auf dem Treppenabsatz des zweiten Stocks stand eine alte Holztür zum Fahrstuhlschacht offen. Einige Leute starrten so angestrengt nach oben, dass ich mich fragte, ob sie meine Kinder mit einem kollektiven übersinnlichen Energiestrahl retten wollten. Ich gab ihnen mit Handzeichen zu verstehen, dass ich die Mutter der Eingeschlossenen war.

Ich warf einen Blick zur Seite, durch die Holztür und sah in dem dunklen, muffigen Schacht die Umrisse einer sehr großen Person und einer sehr kleinen, italienisch wirkenden Person, die mit aller Kraft an einem Seil zogen.

Da passiert doch nicht etwa das, was ich denke, oder?

„Geh wieder nach oben und sag uns, wenn der Aufzug auf einer Höhe mit dem Stockwerksboden ist!", rief Tim mir zu.

„In Ordnung, Herkules."

Ich drückte die Kurzwahltaste für Katies Handy und erklärte ihr den Rettungsplan. Als ich wieder im 4. Stockwerk ankam, sah ich, dass der Aufzug fast auf Höhe des Stockwerks war.

„Tim", schrie ich in den Aufzugschacht, während Katie und Matt sich die Ohren zuhielten und ihren Sprechchor fortsetzten, „noch zehn Zentimeter!"

Der Aufzug ruckelte weiter nach oben. „Das reicht!", schrie ich wieder. Ich stellte mir vor, wie sie einen großen Knoten in das Seil oder das Aufzugkabel machten, um ihn auf der Stelle zu halten.

Plötzlich erschien Tim und stemmte mit noch mehr übermenschlichen Kräften die Aufzugstür auf. Katie und Matt sprangen heraus und flogen in unsere Arme.

„Ich muss ganz dringend", sagte Matt und rannte hinauf auf die Toilette. Katie blieb einen Augenblick bei uns stehen, um sich zu sammeln.

„Puh! Im Fahrstuhl stecken zu bleiben war schon immer eine meiner größten Ängste", sagte sie. „Aber so schlimm war es gar nicht. Wenn ich jemals wieder stecken bleibe, dann weiß ich jetzt, dass ich wieder rauskomme."

„So ist das Leben, Katie", sagte Tim und drehte sich zu mir. „Sieh deinen Ängsten ins Auge, und du wirst feststellen, dass das meiste gar nicht so schlimm ist, wie du befürchtet hattest."

Tim ging wieder nach unten, um sich bei den anderen zu bedanken, und Katie und ich gingen nach oben zu Matt. Katie hatte wohl eine ihrer Ängste überwunden, aber ich fürchtete, dass Matt dafür eine neue entdeckt hatte. Ich hatte so eine Ahnung, dass er in nächster Zeit die Treppe nehmen würde.

KAPITEL 21

Strandgut

San Remo, eine berühmte Stadt an der westlichen Riviera, ist ein viel besuchter Urlaubsort der europäischen High Society und hat ein berühmtes altes Spielkasino. Es war auch das Ziel unseres ersten kleinen Ausflugs. Voller Abenteuerlust hatte jeder von uns einen Rucksack gepackt, und wir nahmen den Zug nach Westen, um zu sehen, was es dort zu entdecken gab. Weil San Remo der einzige Name auf der Karte war, den wir kannten, stiegen wir dort aus.

Wir breiteten unsere Strandtücher auf dem steinigen Strand von San Remo aus und fühlten uns betrogen, weil unser italienischer Reiseführer uns einen weißen Sandstrand versprochen hatte. Zum Glück war das Meer ruhig und warm. Matthew vergnügte sich zwei Stunden lang im Wasser. Ich sah ihn so gern in diesen seltenen Augenblicken, wenn er vollkommen zufrieden und im Einklang mit sich selbst war. Lächelnd sah ich zu, wie er unsichtbare Boote hintereinander aufreihte, Feinde torpedierte und Seeungeheuer erschlug. Er war vollkommen in seine Fantasiewelt eingetaucht. Es erstaunte mich, dass dieser unschuldige Zustand im Alter von 11 Jahren für ihn immer noch möglich war. Am liebsten hätte ich ihn irgendwo eingeschlossen, damit das Leben ihn nicht einholen und ihm diese Welt nehmen konnte.

Nach einer Weile überkam mich die Langeweile. Ich stand auf, streckte mich und nahm Tim und Katie für einen Moment die Sonne. Sie blinzelten mich fragend an. „Ich glaube, ich gehe ein bisschen spazieren."

„Herzzeit?", fragte Katie.

„Ich glaube, ja", erwiderte ich. Sie sprang auf, um mit mir zu kommen. Das war eine Mutter-Tochter-Tradition, die wir vor langer Zeit einmal eingeführt hatten, und es ging darum, wer einen Stein finden konnte, der die schönste Herzform hatte. Wir hatten uns mit der Zeit eine ganz schöne Sammlung zugelegt.

„Viel Glück", rief Tim uns nach, als wir anfingen, am Wasser entlangzugehen und zu suchen.

Matt schaute vom Wasser aus auf, sah, dass wir wieder zum Leben erwacht waren, und beschloss, uns Gesellschaft zu leisten. Aber wie nicht anders zu erwarten war, konnte er seinem männlichen Trieb nicht widerstehen, jeden Stein, den er aufhob, übers Wasser hüpfen zu lassen. Er konnte das ziemlich gut. Manche der Steine sprangen nur einmal ab und versanken dann, aber andere titschten vier, fünf, sogar sechs Mal auf, bevor sie versanken.

„Verschwende aber keine Herzsteine!", sagte Katie.

„Mach ich nicht. Damit würde es ohnehin nicht funktionieren", erwiderte er und suchte nach seinem nächsten Exemplar.

„Warum nicht?", fragte ich laut.

„Weil Herzen zu viele Ecken und Kanten haben. Die gleiten nicht auf dem Wasser und können nicht fliegen. Sie versuchen es erst gar nicht, sondern gehen gleich unter", sagte er.

Tja. So war das mit den Herzen. Und mit der Ehe. Sie war wie ein Stein, der voller Energie aus der Hand fliegt und im weiten Bogen über das Meer der Realität fliegt, bis er schließlich auf die Wasseroberfläche aufschlägt, und dann ist da dieser Bruchteil einer Sekunde, in der er entweder versinkt oder über die raue Oberfläche gleitet und in einem eleganten Bogen wieder abhebt. In manchen Ehen passiert das ein oder zwei Mal bis zum endgültigen großen Plumps. In anderen passiert es fünf, sechs, manchmal sogar sieben Mal oder noch öfter, bis ans Lebensende. Ich glaube, in den Ehen, die ein Leben lang halten, bitten die Ehepartner Gott, ob sie immer wieder für den Bruchteil einer Sekunde mit ihm übers Wasser gehen können. Sie erbitten seine Weisheit und sind dank seiner Gnade in der Lage, den Aufwind des Glaubens wieder einzufangen und weiterzusegeln, immer in der Hoffnung, dass sie irgendwo in all den Kämpfen den Schlüssel zu einer reifen Form der Liebe finden.

Matt hob einen Stein auf, der entfernt wie ein Herz aussah, und hielt ihn hoch. „Schaut her. Ich zeige euch, dass er nicht springt“, sagte er und ließ ihn so weit fliegen, wie er konnte. Er traf einen alten Mann mit blauer Badehose, der bis zu den Knien im Wasser stand und uns dann voller Begeisterung einige bildhafte italienische Ausdrücke und Gesten beibrachte. Katie wandte sich kichernd ab und ging schnell davon.

„Matt“, sagte ich streng, „entschuldige dich bei dem Mann.“

„Sorry!“, rief er und bückte sich, um einen anderen Stein aufzuheben.

„Oh nein!“, griff ich ein. „Für heute hast du genug Steine geworfen.“

Natürlich war er empört, dass ich so übertrieben reagierte, und stampfte mit geballten Fäusten beleidigt zu unseren Handtüchern zurück. Sein wütender Blick wurde etwas sanfter, als er ein Stück buntes, glatt gewaschenes Glas unter einem Stein entdeckte. Er hob es auf und hielt es gegen die Sonne.

„Hey, Mama!“, rief er, und sein Zorn war schon verflogen. „Was ist das?“

Wir unterhielten uns über die bunte Scherbe und wie sie wohl hierhergekommen war.

„Schau mal, da sind noch mehr!“, rief er aufgeregt und zeigte auf den Sand. Zwischen den kleinen Steinen und Muscheln, im seichten Wasser, entdeckten wir noch mehr bunte Glassteine, die nur darauf warteten, dass wir sie aufsammelten. Unsere Suche richtete sich nun auf Scherben.

Matt fand Exemplare in allen Farben und kam jedes Mal angerannt, um mir seinen neuesten Fund zu zeigen. Wieder hatte er sich dieser neuen Aufgabe vollkommen hingegeben. Je größer der Haufen an Glassteinen wurde, den ich mit meinem Leben bewachen musste, desto begeisterter und konzentrierter war er bei der Sache.

Wir beschlossen, dass das „unsere“ Sammlung sein sollte, genauso wie Katie und ich Herzsteine sammelten. Jetzt waren wir „quitt“. Es war eine sichtbare Bestätigung, dass ich ihn genauso liebte wie sie.

Ich entdeckte eine glasklare Scherbe mit scharfen Spitzen und Kanten in unserem Haufen, die definitiv nicht für unsere Sammlung taugte. Sie war von den Wellen noch nicht oft genug hin und her geschwemmt und vom Salz noch nicht genug angegriffen worden. Sie war noch nicht durch Stürme und raue See gegangen und von den Steinen glatt geschmirgelt worden.

Ich hielt sie in der Hand und suchte nach einem geeigneten Platz, wo ich sie hinwerfen konnte, damit andere Leute sich nicht die Füße daran aufschnitten. Als ich mich umschaute, sah ich, wie Katie ihrem Vater weiter unten am Strand ihre Sammlung von Herzsteinen zeigte und Matt mit noch einer Hand voll Glasscherben wie wild auf mich zugerannt kam, im Hintergrund lag die Kulisse von San Remo vor dem blauen Himmel. Plötzlich hatte ich das Gefühl, vor Zufriedenheit zu platzen.

Da beschloss ich, das scharfkantige Stück Glas nicht wegzuwerfen, sondern es als ein Symbol dafür zu behalten, wie Matthew jetzt gerade war. Es erinnerte mich an den Körper meines Jungen, der nur Haut und Knochen zu sein schien, die in alle möglichen Richtungen herausstanden. Es erinnerte mich an die scharfen Kanten seiner sich entwickelnden Persönlichkeit und an die Klarheit und Reinheit, mit der er seine Gefühle zeigte.

Wenn wir nach Amerika zurückkehrten, wollte ich mich immer an dieses Gefühl seiner Unschuld, seiner Begeisterung und an seine Fähigkeit erinnern, sich selbst Raum zur Entfaltung zu geben. Ich konnte den kleinen Kerl gar nicht genug lieben.

Ich würde die Glasscherbe zu unserer Sammlung von Herzsteinen legen, um mich selbst daran zu erinnern, dass es diese Erinnerungen nicht geben würde, wenn Tim und ich nicht beschlossen hätten, wieder einmal mit Gott über das stürmische Meer zu gehen, anstatt uns einfach auf den Grund sinken zu lassen, wohin wir schon unterwegs gewesen waren.

Ich gab Matt die Schirmmütze, die wir als Behälter benutzten, und als er sah, dass sie fast voll war, beschloss er, dass wir genug gesammelt hatten, und ging damit zu unseren Handtüchern zurück. Ich drehte mich gerade noch rechtzeitig um, um aus dem Augenwinkel zu sehen, dass er etwas aus dem Wasser aufhob. Er hielt es hoch, um mir zu zeigen, dass es herzförmig war.

„Mama“, rief er, „der hier ist perfekt!“

„Toll!“, rief ich zurück. „Leg ihn in die Mütze.“

Aber stattdessen beschloss er, den Stein ein letztes Mal heimlich zu werfen. Der graue Stein flog anmutig über die Wellen, bis er aufs Wasser aufschlug, wieder absprang und dabei Wassertropfen aufspritzen ließ, die in der Sonne glitzerten. Matt sah überrascht zu mir herüber, und wir sahen dem Stein zu, wie er dreimal hüpfte, bevor er versank.

„Siehst du“, sagte ich lachend, „sie versinken nicht alle.“

Er zuckte mit den Schultern, hielt die Mütze mit den Steinen und Scherben hoch, wackelte mit dem Hintern und tanzte zu Tim hinüber.

Kapitel 22

Alassio

Um 22:00 Uhr abends schlenderten wir durch eine überfüllte Gasse in Alassio, einem bezaubernden Ort an der italienischen Riviera in der Nähe von San Remo. Die Hauptstraße war auf beiden Seiten von Läden und Restaurants gesäumt, deren Eingänge mit bunt gestreiften Markisen oder Steinmetzarbeiten verziert waren. Wir hatten dieses Dorf am frühen Vormittag auf unserem Weg zurück nach Nervi zufällig entdeckt und beschlossen, die Nacht in einem Hotel hier zu verbringen.

Ich fühlte mich sehr mutig und verwegen, weil wir das spontan entschieden hatten. Tim hatte diesen entzückenden Ort vom Zug aus entdeckt, und wir waren einfach an der nächsten Haltestelle ausgestiegen. Das war etwas so Unerhörtes in unserem sonst so durchgeplanten Leben, dass Matt und Katie nicht wussten, ob sie sich freuen oder Angst haben sollten. Es war ein zauberhafter Tag gewesen dort am Strand, der mit Italienern in Urlaubsstimmung überfüllt war, und ein wunderbarer Abend im Licht des Vollmondes.

Als wir wieder im Hotel waren, schlüpften wir unter unsere Decken. Matt und Tim schliefen augenblicklich ein. Ich lauschte in der Dunkelheit ihren gleichmäßigen Atemzügen und fragte mich, warum ich keinen Laut von Katie hörte.

Leider war die Bar im ersten Stock des Hotels ein beliebter Treffpunkt. Als die Zeiger der Uhr langsam auf Mitternacht zugingen, wurde die Menschenmenge dort allem Anschein nach immer größer und lauter.

„Pssst, Mama“, flüsterte Katie. „Bist du noch wach?“

„Ja.“

„Gehen wir schwimmen?“, fragte sie.

„Jetzt?“

„Komm schon, es ist so schön draußen."

Ich drehte mich um und starrte zu ihr hinüber. Das Mondlicht malte einen Streifen auf ihr Bett und ließ ihr jugendliches Gesicht noch schöner aussehen.

„Das wird ein Riesenspaß", versprach sie mir. Hm? Schwimmen war das Letzte, was ich im Moment wollte.

„Klar." *Hatte ich das wirklich gesagt?*

Ganz leise zogen wir unsere Badesachen an, schnappten uns Handtücher und schlichen uns zur Tür hinaus. Das Hotel war unheimlich still, als wir die mit Teppich belegte Treppe hinunterschlichen.

Wir gingen an der überfüllten Bar vorbei zum Haupteingang und versuchten dabei, ganz ungezwungen zu wirken, als sei es völlig normal für uns, dass wir um diese Uhrzeit in unseren Badesachen herumliefen. Da die Strände hier alle privat waren, suchten wir nach einer Stelle, um ans Wasser zu kommen. Ein paar Meter weiter entdeckten wir ein Loch im Zaun und quetschten uns hindurch.

Wir warfen unsere Handtücher auf einige aufgestapelte Liegen und standen bald am Wasser. Das Meer war ganz still, und die kaum spürbaren Wellen leckten gerade mal an unseren Zehen. Das Licht des Vollmonds tanzte auf der Wasseroberfläche und glitzerte auf dem pechschwarzen Wasser. Plötzlich hatte ich die Musik von *Der weiße Hai* im Kopf: Dam-dam, dam-dam, dam-dam …

„Du zuerst", sagte ich.

„Nein, du."

„Es war deine Idee", erwiderte ich.

„Du denkst an *Der weiße Hai*, stimmt's?" Sie lachte mich aus, gab dann aber zu: „Ich auch."

„Komm, wir gehen zusammen rein", schlug ich vor. Langsam wateten wir in das warme Meer und hielten halb im Spaß nach Haifischflossen Ausschau. Das Meer erstreckte sich über eine Sandbank und blieb flach, sodass wir ziemlich weit vom Strand weg waren, als wir endlich bis zum Hals im Wasser standen. Wie zwei Ameisen, die sich vom Ameisenhügel entfernt hatten.

„Sieh dir nur den Mond an“, sagte ich.

„Ich kann das Gesicht erkennen“, sagte Katie. „Ich glaube, er lächelt uns gerade zu.“

„Vielleicht verzaubert er uns auch.“

„Ich kann es spüren.“ Katie streckte Gesicht und Hände dem Mond entgegen. Sie schloss die Augen und drehte sich langsam um die eigene Achse, wie eine Meerjungfrau, die an die Oberfläche gekommen war, um das Licht der Sterne aufzusaugen.

Wir schwammen und unterhielten uns lange über alles und nichts. Ich überlegte, wann wir uns das letzte Mal zusammen buchstäblich so hatten treiben lassen, ohne Zeitdruck, ohne Grenzen. Wann war das letzte Mal gewesen, dass wir so frei über unsere Gefühle gesprochen und von ganzem Herzen miteinander gelacht hatten?

Das Einzige, was mir einfiel, war das kleine Puppenkaffeekränzchen in ihrem Zimmer, zu dem Katie mich eingeladen hatte, als sie 4 gewesen war, und selbst da waren noch 10 Stofftiere dabei gewesen und ich hatte nur eine halbe Stunde Zeit gehabt.

„Nachts schwimmen zu gehen hat was“, fing Katie an.

„Finde ich auch.“

„Es ist irgendwie magisch.“

„Friedlich.“

„Schau mal den Strand entlang. Wir sind die Einzigen weit und breit. Warum machen das eigentlich nicht mehr Menschen?“

Ich wusste, warum, aber ich sagte es ihr nicht. Es war, weil nicht jeder eine so wunderbare 14-jährige Tochter hatte, die vorschlug, schwimmen zu gehen, wenn man eigentlich schlafen wollte.

„Manchmal ist Schlafen einfach Zeitverschwendung.“

Kapitel 23

Carmelina

Tim hatte eine winzige katholische Kirche entdeckt, die nur fünf Minuten zu Fuß von unserem Haus entfernt war. An diesem Morgen gingen wir, unsere neuen Messbücher fest umklammert, zum ersten Mal dort hin. Meine Mutter hatte uns in weiser Voraussicht die kleinen Bücher im Taschenformat mit den Texten auf Englisch als Abschiedsgeschenk gegeben. Eine Messe auf Italienisch war wohl ein bisschen schwer zu verstehen.

Wir gingen ein paar Stufen hinunter, die hinter einer großen Eiche versteckt lagen, dann durch eine Gasse hinter einigen Gebäuden entlang und zwischen herabhängenden Ästen hindurch. Als wir um eine Ecke bogen, zeigte Tim auf das kleine Gebäude, das halb versteckt hinter mächtigen eisernen Toren lag. Die blassgelbe Kirche und eine angrenzende Villa standen einladend in einem schattigen Garten. Katie zeigte auf das Namensschild des Gebäudes, das in eine Steinplatte gemeißelt war: „Villa Colombo".

Rechts neben der Kirchentür stand in einer Mauernische eine Marienstatue mit einer Sternenkrone, die leuchtete, und Blumen zu ihren Füßen. Wir spähten in die Kirche und gingen dann hinein.

Sie war sehr alt und ziemlich klein. Auf jeder Seite standen acht uralte, ernst wirkende, hölzerne Kirchenbänke. Der Altar war einfach, aber mit einem gestärkten, weißen Altartuch und frischen Blumen in einer altertümlichen Vase geschmückt. Sogar diese winzige Kapelle hatte ihre Gemälde und Goldverzierungen an der Decke.

In den Bänken saßen einige Menschen in andächtiger Stille und warteten darauf, dass die Messe begann. Zwei Nonnen indischer Herkunft standen am Altar. Eine ältere Frau mit einem

Schleier aus Spitze über ihrem schwarz-grauen Haar begrüßte die Leute am Eingang. Sie war so klein, dass ihre glänzenden Augen etwa auf der Höhe von Tims Hosengürtel waren. Sie begrüßte uns überschwänglich und plapperte blitzschnell drauflos.

„*No italiano*", versuchte Tim ihr zu sagen, aber daraufhin redete sie nur noch schneller. Wir lächelten und lachten alle, um sie nicht zu verletzen.

„Hat einer von euch ihren Namen verstanden?", flüsterte Katie.

„Carmelina, glaube ich", antwortete Matt.

Wir setzten uns neben eines der schmalen Fenster, denn es war sogar so früh schon ziemlich heiß. Schon bald kamen noch mehr Menschen, und die Kirche füllte sich. Der Priester trat ein, und der Gottesdienst begann. Alle lugten aus den Augenwinkeln zu uns herüber. Mit unseren blonden Haaren und unserer Körpergröße fielen wir auf, und wir waren zu leger gekleidet im Vergleich zu den anderen. Ich starrte angestrengt auf mein blaues Messbuch und tat, als merkte ich nichts.

Carmelina, die hier offensichtlich eine hohe Stellung hatte, ging stolz nach vorne, um die erste Lesung zu halten. Als sie hinter der Kanzel stand, war sie so klein, dass ich nur noch ihre Stirn mit dem Schleier sehen konnte, die beim Lesen ständig nickte. Matt stieß mich an und wir unterdrückten ein Kichern.

Am Ende des Gottesdienstes stand eine Nonne auf und kündigte irgendetwas an, und alle klatschten. Ich schaute zu Tim, und wir zuckten beide mit den Schultern. Als wir die Kirche verließen, sahen wir, dass alle in das angrenzende Pfarrhaus gingen, aber wir bewegten uns zum Tor, um nach Hause zu gehen. Was auch immer sich da noch abspielte – wir gehörten ganz sicher nicht dazu.

Plötzlich tauchte Carmelina auf und versperrte uns mit in die Hüften gestemmten Händen den Weg. Sie bedeutete uns, umzukehren und mit den anderen zu gehen.

„Danke, aber wir gehören doch nicht dazu."

Sie legte den Zeigefinger an die Lippen, um mich zum Schweigen zu bringen, und versperrte uns immer noch den Weg.

Schließlich hob Tim kapitulierend die Hände und wir folgten den anderen.

Wir kamen als Letzte herein. Die ganze Gemeinde stand dicht gedrängt um einen großen Tisch, auf dem alles Mögliche zu essen und zu trinken stand. Der Priester war der Ehrengast, und da er eine kleine Rede hielt, vermutete ich, dass er in den Ruhestand ging und dies seine Abschiedsparty war. Carmelina wieselte umher, bediente alle und sorgte dafür, dass jeder versorgt war.

Matt und Tim probierten das Essen, während Katie und ich uns mit einem Mann in unserer Nähe unterhielten. Wir erfuhren, dass das hier nicht das Pfarrhaus war, sondern eine Art Frauenhaus. Carmelina musste eine von den Bewohnerinnen sein. Ich beobachtete, wie sie ein Silbertablett mit gefüllten Tomaten von einem zum anderen trug, und fragte mich, welches schwere Schicksal sie wohl hierher verschlagen hatte.

Wir drängten uns durch die Menge zum anderen Ende des Tisches, wo Matt und Tim sich mit Kräckern vollstopften. Unterwegs lernten wir viele der Gemeindemitglieder kennen, die alle auch unsere Nachbarn waren. Sie waren neugierig und fasziniert von uns, hießen uns herzlich willkommen und nannten uns die Namen aller Menschen, die sie in Amerika kannten, in der Hoffnung, dass wir vielleicht jemand davon auch kannten.

„Können wir jetzt gehen?", fragte Matt, als ich schließlich bei ihm angekommen war. „Andere hauen auch schon ab."

Ich winkte Tim zu, der in der anderen Ecke gerade von einer ganzen Gruppe älterer Damen umringt war, die ihre Handtaschen umklammerten und seine Größe bestaunten. Ich bewegte meinen Kopf in Richtung der Tür, und er nickte.

An der Tür blieben wir stehen und sahen uns nach Carmelina um. Sie lief noch immer geschäftig umher, aber Tim konnte sie auf uns aufmerksam machen. „Winkt ihr zu", sagte Tim, und wir streckten alle vier die Hände in die Luft.

Ihr fröhliches Lächeln und die Art, wie sie uns zur Tür hinausbrachte, um uns zu verabschieden und uns einen schönen Tag zu wünschen, brauchte keine Übersetzung. Sie war ein ganz besonderer Mensch.

Wir gingen über den Hof und zum Tor hinaus. Ich sah noch einmal über die Schulter zurück und sah, wie Carmelina jemand anderen zum Abschied umarmte. Alle gingen – nur sie nicht. Und sie schien glücklicher zu sein als wir alle.

Vielleicht lag das daran, dass sie zu Hause war. *Vielleicht*, dachte ich, *muss man auf dem langen, gewundenen Weg durchs Leben erst leidvolle Erfahrungen machen, bis man versteht, dass das wahre Glück nur im Herzen zu finden ist.*

Kapitel 24

Der erste Schultag

Man konnte es nicht auf die leichte Schulter nehmen: Dies war ein ganz großer Tag. Es war schon daheim in Amerika schwer genug, in die nächsthöhere Klasse zu kommen, aber das in Verbindung mit all dem anderen Fremden und Neuen hier hatte das Potenzial zu einer Vollkatastrophe.

Katie zog sich etwa ein Dutzend Mal um. Matt kleidete sich mit geschlossenen Augen an. Wir trafen uns alle am Frühstückstisch, um einen Happen zu essen und uns gegenseitig Mut zu machen.

„Das ist ein Erlebnis, das ihr nie vergessen werdet", meinte Tim, als er Orangensaft in vier Gläser goss. „Ihr werdet Schüler und Lehrer aus aller Welt kennenlernen."

„Gib mir die Cornflakes." Matt war ganz eindeutig gespannt und voll dabei. Katie benutzte den Toaster als Spiegel, um ihren Lidstrich zu überprüfen. Ich hatte den Eindruck, dass für sie das Wichtigste war, sich möglichst schnell mit jemandem anzufreunden, mit dem sie zusammen Mittag essen konnte. Ich konnte ihre Angst in meinem eigenen Magen spüren.

Als wir mit dem Frühstück fertig waren, gingen wir los, durch unser Viertel, die alte Treppe hinunter zur Bushaltestelle, wo wir schweigend warteten. Ohne ein Wort zu sagen stiegen wir in den überfüllten Bus und fuhren die paar Kilometer am Meer entlang zur Schule.

Als wir auf das Schulgelände kamen, war ich froh, dass es dort zuging wie überall am ersten Schultag: Eltern und Schüler liefen herum und begrüßten einander nach der langen Sommerpause. Überall gab es Freudenrufe, Lachen, schicke Frisuren, neue Schultaschen … aber es wurde kein Wort Englisch gesprochen. Mrs B. winkte uns aus der Ferne zu und lieferte eine bühnenreife Pantomime-Performance ab, in der sie nachmachte, wie Katie ohnmächtig wurde, und durchblicken ließ, dass sie stark genug sei, sie aufzufangen, wenn es noch einmal vorkommen sollte. Ich winkte zurück und lachte gekünstelt.

Tim sah sich nach irgendwelchen Hinweisen um, wo wir hinmussten. „Sieht aus, als würden sich die jüngeren Kinder dort drüben auf dem Schulhof sammeln."

Katie und ich begleiteten Matt zu einigen lebhaften Schülern in seinem Alter, die sich in einer Reihe aufgestellt hatten. Ein Junge mit blonden Haaren und Sommersprossen fiel mir durch sein herzliches Lachen auf.

„Entschuldigung, ist das hier die sechste Klasse?"

„*Sì* ... Ja." Er schaute Matthew an. „Bist du neu hier? Wie heißt du?"

„Matthew."

„Ah, Mateo. Stell dich zu mir. Ich zeig dir alles."

Matt sah erleichtert aus und warf mir den bekannten „Du kannst jetzt gehen"-Blick zu. Katie und ich gingen zu einem allgemeinen Bereich hinüber, um herauszufinden, wo sie hingehen musste. Ich schaute noch einmal über die Schulter zurück und sah Matt, der einen Kopf größer war als alle seine Klassenkameraden und tapfer am Ende der Schlange stand. Unsere Blicke trafen sich und wir lächelten einander zu. Matt erwies sich als ein zäher kleiner Bursche.

„Oh nein", sagte Katie leise.

„Was ist?"

„Sag mir, dass das nicht wahr ist." Sie war außer sich. Ich folgte ihrem Blick und sah Tim in einem angeregten Gespräch mit einigen Schülern, von denen wir annahmen, dass es Katies zukünftige Klassenkameraden waren. Er winkte Katie zu sich, aber sie drehte sich um und ging in die entgegengesetzte Richtung davon.

Weil er die letzten 20 Jahre nur in der Geschäftswelt zugebracht hatte, wusste Tim nicht, dass in der Schule ganz andere Regeln galten. Ich hätte ihm wenigstens die wichtigste Faustregel in allen Situationen sagen sollen: Eltern von Schülern über 12 Jahren dürfen in Schulnähe weder gesehen noch gehört werden.

Ich starrte ihn so wütend an, wie ich konnte, und signalisierte ihm, sofort dort zu verschwinden. Dann sah ich zu Katie hinüber, die anfing zu weinen und schwer zu atmen. Schnell führte ich sie ein wenig abseits zu einer Treppe, damit sie sich setzen konnte.

Im Hintergrund, wo sich auf dem Schulhof mittlerweile die ganze Schülerschaft aufgestellt hatte, hielt Mrs B. ihre Begrüßungsrede. Sie stellte alle Lehrer und Mitarbeiter vor.

„Katie, atme ganz tief und gleichmäßig", sagte ich leise zwischen zusammengebissenen Zähnen hindurch, damit niemand uns hörte. Sie behielt mit Mühe und Not die Fassung.

„Ich wollte sie doch selbst kennenlernen", sagte sie.

Die Klassen gingen langsam eine nach der anderen ins Gebäude. Katie wurde immer blasser im Gesicht. *Oh bitte, Gott, lass sie nicht ohnmächtig werden.* Wir saßen einfach da und wünschten uns, unsichtbar zu sein, während die Schüler allmählich verschwanden und die Menge sich verlief.

Plötzlich kamen fünf ältere Schüler vorbei. Sie sahen Katie und blieben stehen. Ein Mädchen mit braunen Zöpfen und blauen Augen beugte sich herunter und sah Katie direkt in die Augen.

„Hallo", sagte sie freundlich, „willst du mit uns kommen?"

Katie nickte, und das Mädchen streckte ihr die Hand hin und zog sie hoch. Sie holte tief Luft, und ohne sich noch einmal umzudrehen ging sie mit ihnen davon, und ein Stück von mir ging mit ihr.

Ich stand auf und bemerkte, wie Tim aus dem Schatten von der anderen Seite des Schulhofs zu mir herübersah. Sein Gesichtsausdruck verriet Unsicherheit. Die Augenblicke, in denen sich Tim unsicher gefühlt hatte, konnte man wohl an einer Hand abzählen. Seltsam, dass ich mich in diesem Moment, in dem er so verletzlich wirkte, mehr zu ihm hingezogen fühlte als all die Male, in denen er stolz und selbstbewusst mit einer ganzen Menschenmenge umgegangen war.

Ich ging zu ihm und nahm seine Hand.

„Ich wollte ihr doch nur helfen", sagte er.

„Mach dir keine Sorgen. Eines Tages werden wir darüber

lachen." Wir schlenderten die Einfahrt hinunter. „Außerdem gibt es Wichtigeres, über das wir nachdenken müssen."

„Was denn zum Beispiel?", fragte er.

„Zum Beispiel wie wir den ersten Tag seit zwanzig Jahren verbringen werden, an dem wir beide ganz allein miteinander sind und nichts zu tun haben und nirgends hinmüssen."

„Da hätte ich ein paar gute Ideen."

Er lachte, und wir gingen schneller, um keinen Augenblick zu verschwenden.

Kapitel 25

Laufen und andere Schwierigkeiten

Die Hitzewelle war endlich vorbei, und es wurde kühl und klar. Ich zog meine Laufsachen an, entschied mich für eine Bruce-Springsteen-CD zur musikalischen Untermalung und legte meinen Pulsmesser an. Nach ein paar kurzen Dehnübungen gab ich Tim einen Kuss und rannte zur Tür hinaus.

Ich lief die Treppe hinunter, in Richtung der Hauptstraße, die an der Küste entlangläuft. Dort angekommen machte ich die Musik an und begann, gemütlich zu joggen, um mich aufzuwärmen. Bruces unverkennbare Stimme dröhnte in meinen Ohren. Nach ein paar hundert Metern fand ich meinen Rhythmus.

Auf dem schmalen Gehweg lief ich im Slalom um Menschen und Hundehaufen herum. Ich flitzte an geschlossenen Läden vorbei (sonntags war hier alles zu) und durch den Verkehr. Dann erreichte ich meine Lieblingsstraße und bog zum Hafen von Nervi ab. Ich wurde ein bisschen langsamer, als ich durch diese Gasse lief. Sie war schmal, wand sich ganz reizend um Gebäude und Blumentöpfe und lag halb im Schatten. Die Haustüren waren altertümlich und schwer und die Häuser waren schmutzig orange oder blassrot. Die unvermeidliche Wäsche hing auf den Leinen über mir, und die ganze Gasse war vollkommen menschenleer.

Am Ende der Gasse lag der alte Hafen mit seinen Restaurants und den alten, verwitterten Fischerbooten. Alte Männer saßen herum und vertrieben sich die Zeit mit Rauchen oder gemütlichen Unterhaltungen. Am Ende des Hafens führte eine Steinbrücke über das Hafenbecken und zum Anfangspunkt des Anita-Garibaldi-Fußwegs. Dieser breite Weg aus roten Backsteinen schlängelte sich die Felsen über dem Meer hinauf und dann an der ganzen Stadt vorbei. Der perfekte Weg zum Joggen.

Überall wimmelte es von Menschen in ihren besten Sonntagskleidern. Anscheinend war ich in irgendeine Feierlichkeit geraten. *Das sind die kleinen Überraschungen*, sagte ich mir, *die Auslandsaufenthalte so interessant machen. Man trifft immer wieder auf unerwartete Dinge.* Ich konnte es kaum erwarten herauszufinden, was hier los war.

Ich schlängelte mich durch die Menschenmenge. Niemand schien zu bemerken, dass ich eigentlich Sport treiben wollte. Keiner machte Platz für mich. Ich wich Kinderwagen und Kleinkindern auf Dreirädern aus. Ich lief um ältere Ehepaare herum, die untergehakt spazieren gingen, und bemerkte, wie nett sie aussahen. *Das muss ein wichtiger Feiertag sein.*

Als ich auf einen der Wege abbog, die ins Stadtzentrum führten, fing Bruce an, mir etwas vom „Tunnel der Liebe" vorzusingen. Ich war mir sicher, dass das Zentrum der Feierlichkeit hier irgendwo sein musste. Es musste so eine Art Karneval oder Volksfest sein.

Wieder musste ich mich durch eine Menschenmenge drängen. Ich wurde langsamer, bis ich nur noch flott ging, achtete aber darauf, meinen Puls oben zu halten. Nach der ganzen Mühe wollte ich verhindern, dass mein Puls zu langsam für die Fettverbrennung wurde. Nur noch bis zur nächsten Kreuzung. *So, jetzt bin ich im Zentrum.* Ich blieb abrupt stehen und sah mich vollkommen verwirrt um. Nichts. Keine Buden, keine Karussells, absolut nichts Außergewöhnliches. *Was zum …?*

Dann dämmerte es mir: Die Leute gingen einfach nur *spazieren*. Sie bummelten. Alle miteinander. Hübsch angezogen. Was sollte das?

Ich nahm meine Kopfhörer ab und folgte einer besonders großen Gruppe, um sie zu beobachten und vielleicht aus ihren Gesprächsfetzen aufzuschnappen, was los war. Ich wurde sofort neidisch. Diese ganze Großfamilie genoss hier draußen einfach nur ihr Zusammensein. Niemand schien in Eile oder gelangweilt oder gereizt zu sein. Die Großeltern hatten sich gegenseitig untergehakt. Die Kinder (etwa in meinem Alter), die alle ihre eigenen Familien im Schlepptau hatten, schienen einander liebevoll zu necken. Die Enkel wirkten vollkommen zufrieden.

Ich hatte gar nicht gewusst, dass man so etwas wie einen Sonntagsspaziergang überhaupt noch machte … ganz gleich wo. Hier schien der Schwerpunkt auf Herzensangelegenheiten zu liegen statt auf dem Puls. Der Sonntag war Familientag, ganz schlicht und einfach. Und niemand schien das für seltsam zu halten.

Mir tat Amerika plötzlich leid, weil es diese einfache Freude verloren hatte. Familien wie meine waren übers ganze Land verstreut und sahen sich nur bei großen Familienfeiern. Wir behandeln den Sonntag wie einen Mittwoch. Fast alle Läden sind geöffnet, was uns die Möglichkeit und einen Vorwand gibt, alles wie sonst auch immer zu machen. Wir meinen, es sei wichtiger, am Sonntag Besorgungen zu machen, als auf einer ruhigen Straße mit den Menschen spazieren zu gehen, die wir lieben. Ich musste an all die Familien denken, die genau wie wir das Gespür für diese kostbaren Momente verloren hatten – und damit auch ein Stück von sich selbst.

Als ich genug neugierige Blicke geerntet hatte, wurde mir klar, dass ich hier nicht herpasste. Ich tat, als müsse ich etwas an meinen Kopfhörern richten, und fing dann halbherzig wieder an zu laufen. Bruce sang mir wieder vor, dass wir uns in diesem Tunnel der Liebe verlieren. Und ich fand wieder meinen Rhythmus, aber diesmal achtete ich mehr auf mein Herz als auf meinen Puls.

Das dürfte für sehr lange Zeit mein letzter Sonntagslauf gewesen sein.

Kapitel 26

Basket, Teil 1

Bisher war Matthews Basketball-Karriere planmäßig verlaufen. Er hatte im zarten Alter von zwei Jahren mit einem Spielzeug-Basketballset an seinem Kinderbettchen angefangen zu trainieren. Seine Ausbildung in dieser Sportart schritt dann beständig voran, mit der entsprechenden Ausrüstung, einem Korb in der Einfahrt und Zeitungsartikeln aus dem Sportteil als Leseübung. In der 2. Klasse kam er schließlich zusammen mit all den anderen Nationalmannschafts-Aspiranten in die Schulmannschaft. Jahr für Jahr arbeitete er an seinen Fertigkeiten – in der Schulmannschaft, dem Sommer-Trainingslager und diversen Wettkämpfen. Er besuchte die obligatorischen Spiele der Bundesliga, sooft er konnte, und hatte sogar einen golden angesprühten Schuh des Basketballstars Shaquille O'Neal ergattert, den er im Trophäenregal in seinem Zimmer ausstellte.

Sie können sich also vorstellen, was es bedeutete, als Tim und ich beschlossen, für ein Jahr nach Italien zu gehen, wohl wissend, dass Matthew dadurch in seiner Basketball-Laufbahn weit zurückfallen würde.

Als wir in Nervi ankamen, bemerkte ich sofort einen eklatanten Mangel an Basketballkörben. Hier haben die meisten Leute nicht einmal eine Einfahrt, geschweige denn einen Basketballkorb an der Garage.

Tim fand schließlich heraus, dass wir nach Mailand hätten ziehen müssen, wenn wir Basketball haben wollten. Unsere Region hier hielt nicht viel von Basketball. Hier war Fußball angesagt. Das war wie ein Todesurteil für Matt.

Als die Schule begann, war ich begeistert, als ich erfuhr, dass einer von Katies Klassenkameraden den Spitznamen „Basketball-Alex" hatte. Ein kurzer Anruf bei seiner Mutter brachte ans Licht, dass es tatsächlich hier in der Stadt eine Mannschaft gab! Tim und ich überbrachten Matt die gute Nachricht.

„Aber ich will hier nicht spielen."

„Warum nicht?", fragte Tim. „Du liebst diesen Sport doch."

„Ich kann mich hier nicht verständigen. Und ich kenne niemanden."

„Basketball hat doch eine ganz eigene Sprache. Und die kannst du."

„Nein, das ist mir zu umständlich."

„Mach dich gleich nach der Schule fertig."

Am nächsten Tag hatte sich Tim mit Alex' Mutter verabredet, die ihnen die Sporthalle zeigen und dolmetschen wollte, um Matt anzumelden. Als sie loszogen, war Tim gut gelaunt – und Matthew schweißgebadet und murmelte irgendetwas von Durchfall. Ich hatte ein schlechtes Gewissen und Mitleid mit dem kleinen Kerl, dem weit mehr abverlangt wurde als den meisten amerikanischen Jungs in seinem Alter.

Einige Stunden später kamen sie mit einer guten Nachricht zurück. „Darf ich dir das neueste Mannschaftsmitglied vorstellen?", verkündete Tim, als sie zur Tür hereinkamen.

„Gut gemacht, Matt."

Schweigen.

„Das Training beginnt morgen Abend. Sie haben die nächsten vier Monate immer dienstags und donnerstags Training, und im Januar fangen die Spiele an. Stimmt's, Matt?"

Schweigen. Tim und ich warfen uns fragende Blicke zu.

Matt ging mit hängenden Schultern in sein Zimmer. Ohne sich noch einmal umzudrehen sagte er: „Übrigens heißt das hier nicht Basketball, sondern nur Basket."

Kapitel 27

Giglio und Pierangela

Giglio und Pierangela Reduzzi, ein Rentnerehepaar, das in „unsere“ Kirche ging, hatten Tim und mich zum Tee eingeladen. Eines Sonntagnachmittags um 15:00 Uhr machten wir uns nett zurecht und gingen hinunter zu ihrer Wohnung, die nur eine Straße entfernt war.

Giglio stand am oberen Ende einer Marmortreppe in der Tür mit seinem grau melierten, akkurat gekämmten Haar. Er lächelte und war schick angezogen, in dunkler, frisch gebügelter Hose und Streifenhemd. Pierangela stand in weißer Bluse und beigem Tuch mit gefalteten Händen neben ihm. Ihre sanften braunen Augen hatten die gleiche Farbe wie ihr Haar, das sie elegant zu einer komplizierten Frisur hochgesteckt hatte. Sie kicherte, als Giglio sich mit Daumen und Zeigefinger kurz an die Nase fasste und sich pantomimisch dafür entschuldigte, dass es im Treppenhaus nach Knoblauch roch. Er zeigte zur Tür der Nachbarn und zuckte mit den Schultern.

„Ich bin Giglio.“ Er streckte mir die Hand entgegen, um meine zu schütteln. „Und das ist Pierangela.“

Tim und ich schüttelten ihr nacheinander die Hand. Sie redete langsam und bedächtig und sprach Tims Namen mit dem typisch italienischen langgezogenen i aus: Tiiehm.

Ihre Wohnung war typisch für die Gegend hier: Küche, Bad, einige kleinere Zimmer und ein einfaches Wohnzimmer, das auf eine große Terrasse hinausführte. Ein schmaler Flur in der Mitte verband einige Zimmer links und rechts. Die Wände waren weiß und mit Bildern und Fotografien geschmückt, von denen viele von Giglio selbst stammten, wie er uns erklärte.

„Kommt, setzen wir uns ins Wohnzimmer“, sagte Giglio und führte uns zum Sofa. Tim und ich setzten uns, und Pierangela kam mit einem Tablett mit vier winzigen Gläschen Limoncello herein. Sie gab jedem von uns eines und setzte sich dann auf die Kante eines Sessels. Wir lächelten uns zu und nippten dann schweigend mit gespitzten Lippen an unseren Gläsern. Es war ein bisschen so, als tränken wir aus Fingerhüten.

Alle schauten so unbehaglich drein, wie ich mich fühlte. Als das Gesprächsthema zu Kindern wechselte, fanden wir allmählich einige Gemeinsamkeiten.

„Paola, meine Tochter, verbraucht mein ganzes Geld", meinte Giglio, legte dabei seine Hände an den Kopf und schüttelte ihn in einer dramatischen Geste, während Pierangela kicherte. „Sie raubt uns schamlos aus. Jeden Tag bringt sie uns ihre beiden Töchter, damit wir sie füttern. Und sie" – dabei zeigte er zu Pierangela – „sagt niemals Nein."

Pierangela eilte zu einem Bücherregal und schnappte sich alle Bilder, die sie tragen konnte. Wie nicht anders zu erwarten war, waren ihre Enkel wunderschön mit ihren langen, dunklen Locken und den großen braunen Augen.

Giglio beugte sich über die Armlehne seines grünen Sessels und griff nach einem kleinen, dünnen Buch im Bücherregal hinter sich. Er reichte es mir und erklärte, dass Politik seine große Leidenschaft war und dass er dieses Buch über seine politischen Ansichten selbst herausgegeben hatte, auf Italienisch und Englisch.

„Damit jeder in den Genuss meiner politischen Meinung kommt", meinte er lachend. „Jetzt seid ihr dran. Warum seid ihr hier?"

Tim erzählte ihnen, wie es gekommen war, dass wir jetzt in Nervi lebten. Er ließ unsere Eheprobleme dabei außen vor und berichtete dann noch kurz, wo wir herkamen und dass er aus einem kleinen Ort nördlich von Dayton in Ohio und ich aus der Nähe von New York stammte.

Pierangela stand auf. „Bitte kommt mit in die Küche."

Wir folgten ihr alle drei durch den Flur in die kleine, cremefarben gestrichene Küche im Stil der 1950er-Jahre, wo der Tisch mit einem weißen Tischtuch, Porzellantassen und Gebäckstückchen vom besten Bäcker in unserem Viertel gedeckt war, wie sie uns versicherten. Als wir gemütlich um den Tisch saßen, wurden wir alle ein wenig lockerer. Pierangela gestand, dass sie sich nicht recht traute, Englisch zu sprechen, obwohl sie es ziemlich gut konnte.

„Ich habe eine Idee", meinte Giglio, während er mit dem Löffel in seiner Tasse rührte. „Wie wäre es, wenn wir euch Italienisch beibringen, und ihr helft Pierangela mit ihrem Englisch? Wir fliegen jeden Sommer nach Nova Scotia in Kanada, und sie kann sich nicht mit den Nachbarn verständigen."

Tim und ich hatten uns schon auf die Suche nach einem Italienisch-Lehrer oder irgendeiner Volkshochschulklasse oder etwas Ähnlichem in der Umgebung gemacht, aber bisher war alles an den Kosten gescheitert. Giglios Vorschlag war toll! Ich schaute zu Tim hinüber, um zu sehen, ob er der gleichen Meinung war. Sah so aus.

„Das wäre wunderbar", sagte ich.

„Wie wäre es mit zweimal die Woche, jeweils eine Stunde?", fragte Giglio.

„Dienstags und donnerstags?"

„Perfetto."

Kapitel 28

Das Café

Die Kinder jeden Tag in die Schule zu bringen hatte ganz neue Formen angenommen. Wir stiegen vor Ort alle vier aus dem Bus und gingen dann in unterschiedliche Richtungen davon. Die Kinder gingen die Treppe zur Schule hinauf, und Tim und ich setzten uns ins Café.

Der Stadtteil *Quarto* faszinierte uns. Wir nahmen an, dass es wohl das Viertel sein musste, in dem sich die pensionierten Mafiosi trafen, denn dort waren immer sehr viele ältere Männer zu sehen, die auf Bänken saßen, an den Straßenecken standen und am Meer entlang spazieren gingen und sich dabei ununterbrochen unterhielten.

„Was haben die nur alles zu bereden?", fragte Tim.

„Ich frage mich, ob sie wohl Erinnerungen an die Zeit austauschen, als Joey erschossen wurde oder *Der Pate* in die Kinos kam."

Das Café war der Dreh- und Angelpunkt des Viertels. Typisch italienische Cafés bestanden üblicherweise aus einem Tresen ohne Stühle. Hinter dem Tresen stand eine riesige Kaffee- und Espressomaschine und in einem Glasschrank lagen frische Brioches und *focaccia*. Manchmal gab es auch ein Kühlregal mit Eis in allen Sorten, und wenn es ein großes Café war, so wie dieses, dann hatte es vielleicht sogar einige Tische und Stühle.

Tim bestellte wie üblich: „Due cappuccini, molto caldo, cacao."

Der Mann, dem das Café gehörte, wusste, dass wir Amerikaner waren, und tolerierte daher unseren Akzent und die Tatsache, dass wir unseren Kaffee „sehr heiß" bestellten, denn normalerweise wurde er lauwarm serviert. Außerdem hatten wir gern etwas Kakaopulver auf dem weißen Schaum. Wir gingen mit unseren Tassen zu einem Tisch und setzten uns. Da wir keine italienische

Zeitung lesen konnten, beobachteten wir stattdessen die Menschen.

Die meisten kamen allein herein und gingen an den Tresen. Sie bestellten sich einen Espresso, während sie sich eine Zigarette anzündeten. Der Wirt brühte ihnen einen Espresso in einer Tasse auf, die die Größe eines Golfballs hatte, und stellte sie dann vor sie hin. Dann tranken die Gäste den Espresso in einem Zug aus, warfen etwas Geld auf den Tresen und verschwanden wieder.

Das war die italienische Variante des „Frühstückengehens". Abgesehen von der Zigarette fand ich auch bald Gefallen daran. Der Cappuccino war himmlisch – süß und kräftig. Und wenn ich früh genug dran war und die Brioche frisch aus dem Ofen kam, dann zerging sie einem im Mund. Ich stellte fest, dass es mir überhaupt nicht fehlte, mich gleich morgens mit allem Möglichen vollzustopfen. Und es war schön, aus einer echten Tasse zu trinken statt aus einem Pappbecher zum Mitnehmen und das Klappern der Tasse auf dem dazugehörigen Unterteller zu hören. Ich fühlte mich richtig zivilisiert, wenn ich meinen Kaffee unter echten Menschen trank statt allein in meinem Auto. Selbst wenn ich es gewollt hätte, es gab hier keine heißen Getränke zum Mitnehmen, und nicht zuletzt deshalb auch wesentlich weniger Müll draußen.

„Was wollen wir heute machen?"

„Hast du irgendeine Idee?", fragte Tim.

„Wir könnten unsere Bücher nehmen und am Strand lesen."

„Nein."

„Wir könnten nach Santa Margherita fahren und dieses köstliche *focaccia* essen."

„Nein."

Als für die Kinder die Schule begonnen hatte und wir uns so weit eingerichtet und eingewöhnt hatten, hatten wir auf einmal jede Menge freie Zeit, ohne jede Verpflichtung. Zunächst fühlte sich das komisch an. Manchmal hatte ich sogar ein schlechtes Gewissen, weil ich nichts „Wichtiges" erledigte. Ich hatte das Gefühl, dass ich den Tag verschwendete. Aber dieses Gefühl verschwand schnell wieder, als ich merkte, dass ich tatsächlich jede Menge wichtiger Dinge erledigte. Sie waren nur nicht so greifbar.

Zu Hause hatte ich meine Leistung an sichtbaren Ergebnissen gemessen: ein hübsch eingerichtetes Zimmer, ein schön bepflanzter Garten, in dem das ganze Jahr über etwas blühte, eine gesunde Mahlzeit, die appetitlich aussah, eine gelungene Party mit den neuesten kulinarischen Highlights, eine Hammer-Vorhand und einen starken ersten Aufschlag. Alles war zielorientiert: Stell es dir vor, plane es, führe es durch, bewundere es … und wieder von vorne.

Wann immer Tim und ich Zeit miteinander verbrachten, befanden wir uns an irgendeinem Punkt dieses Kreislaufs. Wenn wir zusammen waren, dann gewöhnlich, um irgendetwas gemeinsam zu erledigen. Ich hatte vergessen, dass es einmal unsere größte Freude gewesen war, einfach nur zusammen zu sein – auch ohne irgendetwas zu erledigen.

Dieses ganz neue Gefühl, durch die Zeit zu treiben, lockte mich durch ein gewisses Überraschungsmoment. Ich hatte ganz vergessen, wie viel Spaß das machte und wie gut es unserer Beziehung tat. Der Autor Leo F. Buscaglia, der viel über die Macht der Liebe geschrieben hat, hat schon vor Jahren gewarnt: „Die Liebe stirbt durch Vorhersehbarkeit, denn sie lebt von Überraschungen und Staunen."

„Wie wäre es mit der Zug-Nummer?"

Wir hatten uns angewöhnt, einfach in den Zug zu steigen und irgendwo entlang der Küste wieder auszusteigen, wo es uns gefiel. Dann begaben wir uns dort auf Entdeckungsreise und landeten irgendwann unweigerlich in irgendeinem abseits gelegenen, kleinen Restaurant.

„Lass uns diesmal nach Norden fahren. Es ist halb zehn. Wir sollten uns beeilen, wenn wir den Zug um zwanzig vor zehn Uhr erwischen wollen." Tim kannte den Fahrplan schon auswendig. Wir verbrachten viel Zeit mit Stadtplänen und Fahrplänen, und er konnte sich Zahlen einfach gut merken.

Ich trank meinen Kaffee aus, während Tim bezahlte. Beim Hinausgehen nickten uns die Menschen zu und zeigten uns damit, dass wir langsam zu den Stammgästen zählten. Als wir in den Sonnenschein hinaustraten, beflügelte mich der Gedanke an einen weiteren freien Tag ohne jede Verpflichtung.

Wir gingen an drei älteren Herren vorbei, die nebeneinander auf einer Bank saßen und in eine hitzige Diskussion vertieft waren. Sie redeten alle gleichzeitig, fuchtelten dabei mit den Händen und blähten die Nasenflügel. Es war wie eine Szene aus einem Film. Ich spitzte die Ohren, aber ich konnte keinen einzigen Satz verstehen. Es war eigentlich auch egal, was sie sagten, denn es machte viel mehr Spaß, es sich auszudenken.

Ich fing den Blick eines Mannes auf, der neben den drei Streithähnen stand und bestimmt schon über 80 war. Wir lächelten uns zu.

„Das mit Joey tut mir wirklich leid“, sagte ich, wohl wissend, dass er kein Wort verstand. „Und Marlon Brando hat es echt drauf.“

Er lachte und winkte ab. Ihm war genauso egal, was ich gesagt hatte. Er amüsierte sich einfach nur darüber, dass hier zwei Amerikaner vorbeigingen. Wie in einem italienischen Film.

Kapitel 29

Basket, Teil II

Heute war ich dran, Matt zum Training zu begleiten, und ich freute mich darauf, denn ich war sehr neugierig auf seine Mannschaft.

„Matt, beeil dich. Was machst du denn noch?“ Ich kannte alle seine üblichen Verzögerungstaktiken, aber diesmal ging er ein bisschen zu weit.

Er kam in seinen Laker-Sachen an. „Ich habe ewig nach meinen Schuhen gesucht.“

„Komisch – ich hatte sie dir, unmittelbar bevor du aus der Schule gekommen bist, vors Bett gestellt.“

Schweigen.

Ich schnappte mir meinen roten Kapuzenpulli und meine Handtasche, und wir gingen zur Tür hinaus. Er ging zwei Schritte vor mir, um mir klar zu verstehen zu geben, dass er sauer war. Seine Schulterblätter waren unter dem dünnen Stoff seines Trikots deutlich zu erkennen.

„Hey, heb dir ein bisschen Energie für die Sporthalle auf.“

Ohne sich umzudrehen ging er ein wenig langsamer, und schon bald hatte ich ihn eingeholt. Ich konnte sehen, dass er Tränen in den Augen hatte.

„Das ist doch alles doof. Die Mannschaft ist blöd.“

„Für das, was du hier tust, braucht man wirklich Mut.“

„Als ob ich eine Wahl hätte.“ Er wischte sich eine einzelne Träne aus dem Gesicht.

Die Busse hier fuhren etwas unregelmäßig, sodass wir eine Ewigkeit an der Bushaltestelle standen. Während wir warteten, wurde mir klar, dass sich diese Szene in den nächsten Monaten immer wieder wiederholen würde – wir würden an der Bushaltestelle stehen, um zum Training zu fahren … im Dunkeln, in der

Kälte, im Regen. Plötzlich vermisste ich mein Auto. Auch für mich würde das eine ganz neue Art von Verpflichtung sein.

Schließlich tauchte der Bus auf, gefolgt von zwei weiteren, direkt dahinter. Wir fuhren bis zur Endstation und mussten dann noch fast einen Kilometer laufen. Matt ging voran.

„Bist du dir sicher, dass das der richtige Weg ist?", fragte ich alle paar Meter.

„Ja, Mama, vertrau mir einfach."

Und tatsächlich lag am Ende einer schmalen Gasse versteckt eine Sporthalle. Es klingelte, als wir die Tür öffneten und hineingingen. Drinnen war ein Café und im angrenzenden Raum spielten etwa 40 alte Männer Karten. Sie schauten alle gleichzeitig zu uns, als wollten wir eine Ankündigung machen.

„Bist du sicher, dass wir hier richtig sind?", flüsterte ich und winkte den Männern vorsichtig zu.

„Wir müssen nach hinten durchgehen."

Das Gebäude roch alt, so wie die CVJM-Halle, wo ich als Kind Schwimmunterricht gehabt hatte. Es hatte auch die gleichen dunklen Holzwände und weißen Gipsdecken. Die Holzfußböden waren ausgeblichen und von den Millionen von Füßen der Menschen abgenutzt, die hier ein- und ausgegangen waren. Matt führte mich einen Gang entlang nach draußen auf eine kleine Veranda bei einem Boccia-Feld. Auch hier standen einige alte Männer am Zaun und feuerten die beiden Mannschaften an – schweigend.

Als die Runde beendet war, entspannten sich die Zuschauer und flüsterten miteinander. Das war das Zeichen, dass wir weitergehen konnten, und Matt führte mich an einem Fußballfeld vorbei und um ein Gebäude herum zu einer alten Sporthalle. Ich konnte durch die Fenster hören, dass das Training schon angefangen hatte.

„Matt, geh rein. Beeil dich. Sie haben schon angefangen."

Er zögerte.

„Geh schon."

„Bleibst du hier?"

„Na klar."

Er ging zwei Schritte weiter und blieb wieder stehen. „Kannst du dich neben die Tür setzen, damit ich dich sehen kann?"

„Ist das dein Ernst? Nirgends wäre ich lieber! Jetzt geh schon, Tiger."

Er lächelte mich nervös an, und ich sah ihm nach, wie er um die Ecke verschwand. Matt glaubte immer noch, dass mein Lächeln ihm Mut und Selbstvertrauen verlieh.

Ich ließ mich gerade neben der Tür nieder, als Matt zu den anderen lief. Ich war der einzige Elternteil hier, und was ich sah, überraschte mich. Vor mir standen keine bewährten, angehenden Sport-Superstars, sondern … nun ja, mir fällt kein besseres Wort ein: Buben.

Niemand hatte Sportsachen mit Logo an. Sie trugen Shorts und T-Shirts, die sie in die Hosen gesteckt und diese dann bis unter die Brust hochgezogen hatten, Socken in allen Längen und Farben und abgetragene Sportschuhe in allen Varianten, nur keine Basketballschuhe. Gruppenzwang und Markenfixierung, was die Kleidung anging, schien es hier nicht zu geben. Voller Begeisterung und Freude rannten sie das Spielfeld hinauf und hinunter und dribbelten dabei (wenn man es so nennen konnte). Niemand machte irgendwelche Bemerkungen über andere, und sie waren total aus dem Häuschen vor Freude.

Matt sah in seinem Basketball-Trikot und den Air-Nike-Schuhen etwas fehl am Platz aus. Der Trainer rief sie zur Ordnung und ganz allmählich versammelten sie sich um ihn. Er erklärte ihnen die anstehenden Übungen, und Matt sah achselzuckend zu mir herüber, um mir zu verstehen zu geben, dass er kein Wort verstanden hatte. Ich streckte zur Ermutigung die Daumen hoch.

Die Kinder stellten sich in zwei Reihen auf, und dann beobachtete ich etwa eine Stunde lang das totale Chaos. Matthew wirkte gegen die anderen wie Michael Jordan persönlich. Ein paar der Spieler waren ganz gut, aber viele der Jungen spielten offensichtlich zum ersten Mal. Im Alter von immerhin schon 11 Jahren war das eigentlich unfassbar. Jetzt war mir klar, warum sie vier Monate Training als Vorbereitung auf die Saison brauchten.

Um 20:00 Uhr gingen wir durch die leeren Straßen zurück ins

Stadtzentrum, wo wir in den Bus stiegen. Matt war sehr niedergeschlagen und schleifte seine Sporttasche hinter sich her.

„Sie können nicht mal richtig passen“, sagte er.

„Sie werden es lernen, genau wie du.“

„Bitte zwing mich nicht, in dieser Mannschaft zu spielen.“

„Du könntest dieses Jahr der Star sein. Vielleicht erlebst du in dieser Mannschaft etwas, das du bisher noch in keiner Mannschaft erlebt hast.“

„Was denn? Wie man verliert?“, erwiderte er.

„Wie man Spaß hat!“, sagte ich. „Heb jetzt deine Tasche auf.“

Kapitel 30

Trofie e Pesto

Vor mir in der Schlange in der *Macelleria* (Fleischerei) standen ein paar Frauen. Während ich auf das Fleisch in der Auslage starrte, spürte ich, dass mein Gehirn jeden Moment abzuschalten drohte. Das passierte mir in letzter Zeit öfter und konnte einige Sekunden oder auch Stunden andauern. Das Leben in einem vollkommen fremden Land war manchmal einfach nur anstrengend.

In der Auslage war nichts beschriftet. Rechts erkannte ich Hasen ohne Fell – zumindest hoffte ich, dass es Hasen waren. Daneben sah ich ganze Hühner mit Köpfen. Mir war nicht klar, warum der Kopf noch dran sein musste. Auf der linken Seite lag ein großes Stück von einer Kuh. Anscheinend erwartete man von mir, dass ich die gewünschten Teile erkannte, das italienische Wort dafür wusste und die korrekte Menge auf Italienisch verlangen konnte. Ich hatte das Gefühl, mitten in einem großen mathematischen Kreuzworträtsel zu stecken. Darin war ich noch nie gut gewesen, und heute war mir gar nicht danach.

Still machte ich kehrt, ging wieder hinaus und lehnte mich am Nachbarhaus an die Wand. Gegenüber sah ich den *Pasta Fresca*-Laden (wo es frische Nudeln gab). Mit Nudeln kam ich klar. Ich ging hinein und wurde von einer fröhlichen Nudelmacherin begrüßt. Ich zeigte auf die *Trofie*, eine kurze, gedrehte Nudel, die wir hier kennengelernt hatten, und bildete mit den Händen ein Körbchen, um ihr zu zeigen, wie viel ich wollte. Sie packte sie ein und gab sie mir.

Dann stand sie erwartungsvoll hinter der Theke. Aus ihrem lockeren Haarknoten hatten sich einige braune Haarsträhnen gelöst und ringelten sich um ihr Gesicht. Ich sah sie an. Sie sah mich an. Ich hatte keine Ahnung, worauf sie wartete. Ich dagegen wartete auf den Kassenzettel, den ich immer als Spickzettel benutzte, um zu sehen, was ich zahlen musste, denn wenn mir jemand einen Preis sagte, klangen die Worte für mich immer noch wie ein einziger Kauderwelsch.

Eine andere Frau kam herein. Die beiden begrüßten einander wie Geschwister, die gerade nach jahrelanger Trennung wieder zusammengefunden hatten. Mir kamen die Tränen vor Neid, als ich so dastand und plötzlich meine Freundinnen in Los Angeles vermisste. Dann richteten die beiden Frauen ihre Aufmerksamkeit wieder auf mich. Jetzt waren es vier Augen statt nur zwei, die darauf warteten, was ich als Nächstes tun würde.

Na gut. Dann würde ich eben noch etwas kaufen. Ich zeigte auf die frische Tomatensoße. Die Frau hinter der Theke sah mich an, als sei ich verrückt. Sie schüttelte heftig den Kopf, reichte mir einen kleinen Behälter mit frischem Pesto und zeigte auf die *Trofie*. „Solo pesto!", erklärte sie, während die andere Kundin und sie sich vielsagend zunickten.

„Klar. War nur ein Scherz." Ich nahm das Pesto und bezahlte meine Ware. Als ich hinausging in die Sonne, schaute ich auf die Uhr und stellte fest, dass ich über eine halbe Stunde gebraucht hatte, um zwei Sachen zu kaufen.

Ich schlenderte langsam die Straße hinunter. Das war leider noch nicht genug zum Abendessen. Ich brauchte noch frisches Brot, Zutaten für einen Salat – wenigstens noch irgendetwas dazu. Aber mir war nur noch danach, nach Hause zu gehen und mich mit einer großen Portion Vanilleeis aufs Sofa zu legen. Das vermisste ich wirklich. In Italien gab es meine Lieblingsmarke nicht, und hier kaufte niemand große Packungen Eis, um sich damit zu Hause den Bauch vollzuschlagen. Wenn man Lust auf *Gelato* hatte, dann ging man in die Eisdiele und holte sich eine Kugel – als ob eine Kugel genug wäre.

Ich beschloss, mir etwas Gutes zu tun und meine Gelüste in der Eisdiele am Ende der Straße zu befriedigen, bei *Columbo*, unserem Lieblings-Eiscafé.

„Buon giorno", sagte ich zu dem vertrauten Gesicht hinter der Theke.

„Buon giorno, signora."

Bei *Columbo* war es hell und freundlich und es gab – wie wir einstimmig beschlossen hatten – das beste Stracciatella-Eis der ganzen Stadt. Der Mann hinter der Theke wusste schon, was ich bestellen wollte. Er zeigte darauf und lachte. Ich nickte und sah zu, wie er schwungvoll eine Kugel herauskratzte. Er reichte mir das Eis und ich setzte mich draußen an einen der schwarzen Tische und genoss entspannt meine Leckerei.

„Hey, Susan!"

Ich schaute auf und sah, wie Tim vor dem Café aus dem Bus stieg. Er hatte Sportsachen an und kam gerade aus dem Fitness-Studio in der Nähe der Schule.

„Hallo", sagte ich, als er sich einen Stuhl heranzog. „Wie war dein Training?"

„Klasse. Was hast du denn da? Ein Stracciatella-Eis?"

„Es war ein harter Vormittag."

„Sieht ganz so aus." Er griff nach meinem Löffel und aß von meinem Eis.

„Bestell dir doch auch ein Eis, wenn du eins willst."

„Ich will nur mal probieren. Als ob du nie bei mir naschen würdest."

„Du kannst es haben. Ich hole mir ein neues."

„Warum bist du denn so gereizt?"

„Ich bin nicht gereizt", sagte ich eindeutig gereizt. „Eine Kugel ist nur einfach nicht genug für zwei Personen. Das ist alles."

„Mann! Ich hatte echt gute Laune, bis ich dich getroffen habe."

„Danke!"

Ich bestellte noch ein Eis und verlangte diesmal zur Sicherheit gleich zwei Kugeln. Dann aßen wir schweigend und taten dabei so, als seien die Menschen, die vorbeigingen, so wahnsinnig interessant, dass wir sie einfach beobachten mussten. Ohne jede Vorwarnung spürte ich Tränen in mir aufsteigen.

„Weinst du?"

Ich nickte und suchte in meinen Hosentaschen nach einem Taschentuch.

„Was war denn so schlimm heute Morgen?", fragte Tim sanft.

„Manchmal wird mir das alles einfach zu viel“, sagte ich. Ich konnte den Tränenstrom nicht mehr zurückhalten. „Im Laden hat es so ekelhaft gestunken … und dann diese abgezogenen Hasen mit ihren kleinen Pfoten, und“, – ich putzte mir die Nase mit einem lauten Schnauben in die winzige Papierserviette –, „… ich wusste nicht mal, welche Soße man für *Trofie* nimmt …“ Erneutes Schnauben. „Und die Frauen …“

„Haben sie blöde Bemerkungen gemacht?“

„Ich vermisse meine Freunde.“ Ich atmete tief durch und versuchte, mich zusammenzureißen. Normalerweise heulte ich nicht in aller Öffentlichkeit einfach los.

Tim stützte die Ellbogen auf und beugte sich vor. „Du hast doch mich.“

„Du bist aber nicht mein Freund, du bist mein Ehemann“, jammerte ich wieder los, bevor ich darüber nachdenken konnte. Als ich den verletzten Ausdruck in seinen schönen blauen Augen aufblitzen sah, bereute ich, was ich gesagt hatte.

„Ach.“

„Entschuldige. So habe ich das nicht gemeint. Heute ist einfach nicht mein Tag, und normalerweise würde ich dann zum Telefonhörer greifen und ein bisschen mit Karen oder Gina oder Diane lachen. Natürlich bist du mein Freund. Ein Ehemann ist sogar weit mehr als ein Freund.“

Wir saßen lange Zeit schweigend da. Tim stocherte in seinem leeren Eisbecher herum.

„Ich weiß, dass du es nicht so gemeint hast“, fing er schließlich wieder an, „und ich vermisse meine Freunde auch. Aber ich glaube, dass da noch mehr dahintersteckt. Vielleicht haben wir beide uns ja früher viel zu oft an unsere Freunde gewandt statt aneinander, wenn wir Trost brauchten. Meinst du nicht auch?“

„Wahrscheinlich.“ Ich schob ihm den Rest meines Eises hin.

„Danke.“

„Heißt das, du gehst mit mir einkaufen?“

„Manchmal.“

„Würdest du jetzt mit mir mitkommen und mir helfen, noch etwas zum Abendessen zu kaufen?“

„Klar."

Wir standen auf und Tim bückte sich und hob die kleine Einkaufstüte auf. Während wir über die Straße gingen, schaute er hinein und sagte: „*Trofie?* Lecker. Aber Pesto habe ich langsam satt. Können wir stattdessen auch Tomatensoße kaufen?"

Ich fing an zu lachen. „Auf keinen Fall! Das ist verboten."

Kapitel 31

Tuberkulose

Katie und ich saßen im leeren Wartezimmer einer privaten radiologischen Praxis in Genua und warteten auf unseren Termin um 16:00 Uhr. Tim würde Matt von der Schule abholen und ihn dann zum Basketball-Training bringen.

Es war unser zweiter Arztbesuch innerhalb von zwei Tagen, und ich hatte Angst, versuchte aber angestrengt, es nicht zu zeigen. Nachdem Katie mir beiläufig erzählt hatte, dass sie seit einiger Zeit beim Husten einen blutigen Auswurf hatte, waren am Tag zuvor einige Röntgenaufnahmen von ihr gemacht worden. Jetzt waren wir wieder hier, weil ein Lungenspezialist einen Blick auf die Aufnahmen geworfen hatte und sofort eine Reihe von Blutuntersuchungen, ein CT und anderes angeordnet hatte.

Giglio und Pierangela hatten uns geholfen, diese Praxis zu finden. Ich hatte gestern am späten Vormittag voller Angst bei ihnen angerufen. Italien hat ein öffentliches Gesundheitswesen, aber bei dem Gedanken, in ein fremdes Krankenhaus zu gehen, um ärztliche Hilfe zu suchen, war ich wie gelähmt. Giglio recherchierte ein wenig, rief mich dann zurück und gab mir den Namen dieser privaten Praxis.

In Italien ist die ärztliche Versorgung zwar kostenlos, aber es geht schneller – ohne den ganzen Papierkram – in diesen privaten Praxen, wenn man bereit ist, selbst dafür zu zahlen. Kurz darauf stand Giglio in seinem guten Anzug im Regen vor unserer Haustür und fuhr uns in seinem dunkelgrünen Wagen ins Zentrum von Genua. Er blieb die ganze Zeit bei uns und dolmetschte für uns und versuchte von Zeit zu Zeit, die Spannung mit einem kleinen Witz etwas zu lösen. Und er stand schweigend neben uns, während wir uns anhörten, was der Lungenspezialist uns zu sagen hatte.

„Dieser kleine Fleck hier“, sagte der Arzt und zeigte dabei auf einen dunklen Schatten, etwa so groß wie ein Euro, „sieht für mich aus wie Tuberkulose.“

„*Tuberkulose?*“

„Ich mache das hier schon eine ganze Weile, und damit ist nicht zu scherzen.“

„Aber sie ist doch erst komplett durchgecheckt worden, bevor wir nach Italien gekommen sind.“ Ich fragte mich sofort, ob ein Zusammenhang mit ihrem Ohnmachtsanfall vor Kurzem in der Schule bestand. *Warum habe ich mir von ihr nur ausreden lassen, danach zum Arzt zu gehen?*

Er hielt mir einen langen Vortrag darüber, dass TB-Keime resistent werden und zu allen möglichen neuen Keimstämmen und Krankheitsbildern mutieren konnten. Anscheinend war TB früher schon einmal von Südamerika nach Italien gekommen, aber noch nie von Nordamerika. Falls Katie TB haben sollte, wäre das eine absolute Neuheit für das italienische Gesundheitsamt.

Es war beim Umzug hierher eine meiner größten Ängste gewesen, dass eines unserer Kinder so weit weg von zu Hause ernsthaft krank werden könnte. Ein medizinischer Notfall war schon schlimm genug, wenn alle dieselbe Sprache sprachen. Ganz abgesehen vom Vertrauen in die Ärzte. Wer wusste schon, wie die Dinge im medizinischen Bereich an diesem Ende der Welt funktionierten?

So saßen wir also da und warteten. Diesmal war Giglio nicht bei uns, um uns in seiner väterlichen Art zu beruhigen. Um Punkt 16:00 Uhr stand der Arzt in seinem weißen Kittel und den glatt nach hinten gekämmten, pechschwarzen Haaren vor uns. „Es tut mir sehr leid, aber es wird noch ein paar Minuten dauern.“

Weg war er, bevor wir noch etwas erwidern konnten. Bilder von Krankenhausbetten, Schläuchen und endlosem Husten gingen mir durch den Kopf. *Reg dich ab*, sagte ich mir immer wieder. *Um Himmels willen, wir leben schließlich im 21. Jahrhundert. Für so etwas gibt es heutzutage Medikamente.*

„Mama, hör auf mit dem Gemurmel“, sagte Katie und stieß mich mit dem Ellbogen an.

Es vergingen noch einige Minuten, dann kam der Lungenspezialist wieder und nickte. „Es tut mir sehr leid, dass Sie warten mussten. Wir warten auf einen Anästhesisten, der uns beim CT helfen soll."

Ich sah kurz zu Katie. Wir waren es nicht gewohnt, dass Ärzte sich für Verzögerungen entschuldigten.

„Katie, bitte komm mit mir. Ich werde dir etwas Blut abnehmen." Er führte sie in ein Büro und schloss die Tür.

Ich stand auf und ging unruhig im Raum hin und her. Wozu brauchten sie einen Anästhesisten? Unter keinen Umständen würde ich zulassen, dass irgendjemand Katie in Narkose legte. Ich spürte, wie mir die Hitze ins Gesicht stieg, und befahl mir selbst, mich zu beruhigen. *Gott ist bei uns, er hilft uns. Gott ist bei uns, er hilft uns. Ach, übrigens, Gott, komm jetzt nicht mit dieser „Alle Erstgeborenen gehören mir"-Nummer. Du hast meine volle Aufmerksamkeit schon.*

Schon bald ging die Tür wieder auf, und Katie kam mit einem Gesichtsausdruck wieder heraus, den ich nicht deuten konnte. Der Lungenspezialist nickte mir kurz zu und verschwand den Gang hinunter. Katie setzte sich wieder und zeigte mir ihren Arm.

„Ich musste meinen nackten Arm auf seinen Schreibtisch legen, quer über seinen Papierkram und seine Unterlagen. Hinterher hat er die benutzte Nadel einfach in den Papierkorb unter dem Schreibtisch geworfen."

Mir stieg wieder die Hitze ins Gesicht.

„Und er hat die Röhrchen mit den Blutproben in seine Jacketttasche gesteckt."

„In seine Jacketttasche?" Ich musste tief Luft holen.

„Er hat gesagt, mein Blut sehe schlecht aus. Anämisch. Und es hat wahnsinnig wehgetan." Katie bekam einen roten Kopf.

Seit wann sieht Blut schlecht aus? So passiert es, dachte ich. *So fängt sich dein Kind in einem fremden Land eine Krankheit ein und stirbt. So wird aus deiner Traumreise ein Albtraum. Gott, du musst jetzt bei uns sein und uns helfen. Sei bitte bei uns.*

Kurz darauf wurden wir nach hinten gerufen zum CT. „Der

Anästhesist“ entpuppte sich als eine junge Ärztin mit einem schwarzen Pferdeschwanz, die Katie mit ein paar Frauengesprächsthemen beruhigte.

„Warum braucht Katie Sie, wenn doch nur ein CT gemacht wird?“, fragte ich.

„Für den Fall, dass sie irgendeine Reaktion zeigt und narkotisiert werden muss.“

„Was für eine Reaktion?“

„Es wird nichts passieren. Sie ist eine junge Frau mit einem gesunden Körper“, sagte sie ausweichend und legte Katie eine Infusion.

„Du wirst jetzt einen metallischen Geschmack im Mund haben und wahrscheinlich wird es in deinem Mund und im Hals auch ein wenig brennen.“

Ich drückte Katies Hand und erinnerte sie daran, sich zu entspannen, obwohl ich selbst zitterte wie Espenlaub.

Mit weichen Knien wurde ich in den Überwachungsraum geführt. Ich fühlte mich schwach, tat aber mein Bestes, um stark zu wirken, ganz die Löwin, die ihr Junges verteidigt und so weiter. Das riesige Steuerpult stand an einem großen Fenster, sodass ich bei der Prozedur zusehen konnte. Es kam noch ein weiterer Arzt, um das Ganze zu beobachten. Jetzt waren drei Mediziner und ich in dem Raum. Sie berieten sich lebhaft gestikulierend in einem Schwall von italienischen Wörtern. Es klang wunderschön. Ich wünschte nur, ich könnte verstehen, was sie sagten.

Der Lungenspezialist hängte die Röntgenbilder an die Wandtafel und zeigte auf die betroffene Stelle. Alle betrachteten den dunklen Fleck mit gerunzelten Stirnen und den Händen am Kinn.

Katie war bereit. Sie lag auf dem Rücken und sah durch die Glasscheibe zu mir herüber, bevor sie in die Röhre geschoben wurde. Ich zeigte ihr meine beiden hochgestreckten Daumen und machte das Okay-Zeichen, bevor sie mit dem Kopf zuerst bis zum Bauch in der Röhre verschwand.

Der technische Assistent fing mit dem CT an. Ich durchwühlte gerade alle meine Taschen auf der Suche nach dem Zettel mit

Matthäus 6,25-34, als der Lungenspezialist mir auf die Schulter tippte und mir einen Teller Kekse hinhielt.

„Hunger?", fragte er höflich.

„Nein, danke."

Er fing an zu kauen, während der technische Assistent eine Aufnahme nach der anderen machte. Alle Augen starrten wie gebannt auf den Bildschirm. Zwischen den Geräuschen der Maschine hörte ich das Kauen der Ärzte.

Ich trat einen Schritt zurück, um das Gesamtbild zu betrachten. Hier und da hörte ich ein Murmeln von den Ärzten. Ich ließ Katies dünne Beine nicht aus den Augen, die aus der Maschine ragten wie zwei Stricknadeln aus einem übergroßen Knäuel Wolle. Sollten ihre Knie anfangen zu schlottern, wollte ich bereit sein, um eingreifen zu können.

Plötzlich ertönte ein Alarmsignal und die Maschine schaltete sich aus.

„Was ist los?", fragte ich und versuchte, ruhig zu klingen.

Der technische Assistent drehte sich um und erklärte uns, dass Katie sich bewegt hatte und sie jetzt die Maschine erst neu ausrichten mussten. Alle setzten sich hin und warteten.

Der technische Assistent griff in seine Tasche und holte ganz beiläufig Zigarettenpapier und Tabak heraus. Er rollte sich eine Zigarette und zündete sie an. Die Ärzte unterhielten sich entspannt, während er vor sich hin qualmte. Niemanden schien es auch nur im Geringsten zu stören, dass hier geraucht wurde, während meine Tochter wegen einer Lungenerkrankung untersucht wurde.

Schon bald war das Gerät wieder bereit, und der technische Assistent arbeitete zwischen den einzelnen Zügen weiter. Schließlich kam er an die betroffene Stelle ihrer Lunge. Alle sprangen auf und liefen zwischen den Röntgenbildern an der Wand und dem CT-Monitor hin und her. Hin und Her. Gemurmel. Hin und Her. Gestikulieren. Gemurmel. Hin und Her. Lautes Seufzen. Schließlich war alles vorüber, und der Lungenspezialist bat mich, in ein paar Minuten in sein Büro zu kommen.

Ich holte Katie, die das Ganze gut überstanden zu haben

schien, und wir gingen in das Büro. Er lächelte freundlich, und ich entspannte mich sofort. Schnell versicherte er mir, er glaube jetzt doch nicht mehr, dass es TB sei. Anscheinend hatte Katie eine Knochenwucherung am Schulterblatt, die man auf der Röntgenaufnahme hinter der Lunge gesehen hatte. Der Husten kam von einer gewöhnlichen Infektion.

Ich hätte ihn am liebsten geküsst, umarmte aber stattdessen Katie. Sie würde bald wieder gesund sein! *Danke, Gott.*

Der Arzt kramte in seinen Taschen herum und fischte die Röhrchen mit Katies Blutproben heraus. „Wenn es Ihnen recht ist, würde ich aber trotzdem gern die Blutuntersuchung machen lassen."

„Auf jeden Fall", erwiderte ich. Er steckte die Röhrchen wieder in seine Tasche.

„Die Frau im Krankenhauslabor ist eine gute Freundin von mir", fügte er hinzu, „und ich werde die Blutproben gleich selbst zu ihr bringen."

Er verschrieb Katie ein starkes Antibiotikum und ordnete eine Woche strenge Bettruhe an. Ich gab ihm meine Kreditkarte. Ich hatte keine Ahnung, was das Ganze kosten würde, und es war mir auch egal. Katie würde wieder gesund werden. Ich unterschrieb die Rechnung, ohne auch nur draufzuschauen.

Kapitel 32

Italienische Hunde

Inzwischen war es Abend geworden, und Katie und ich saßen nach dem CT-Erlebnis im Dunkeln im Bus 17 auf dem Weg nach Hause. Wir waren total erleichtert, dass sie keine Tuberkulose hatte. Ich saß da, lehnte den Kopf ans Polster und starrte die Werbeanzeigen an der Decke an, während Katie zum Fenster hinaussah und die Schaufenster betrachtete, während der Bus vorbeifuhr.

„Mama, ich erinnere mich, dass ich in diesem Stadtteil mal eine Tierhandlung mit Welpen im Schaufenster gesehen habe."

„Ach, wie süß."

„Wenn ich sie sehe, können wir dann dort aussteigen?"

„Warum sollen wir dort aussteigen?"

„Da ist sie!", schrie sie auf. „Lass uns nur kurz aussteigen! Bitte!"

„Na gut", antwortete ich und drückte auf den Halteknopf. Mit seinen vom Ruß geschwärzten Gebäuden und schmalen Straßen war es kein besonders schöner Stadtteil. Wir gingen ein paar Straßen zurück und fanden die winzige Tierhandlung. Sie hatten tatsächlich Welpen im Schaufenster.

Italiener lieben Hunde. So etwas hatte ich noch nie erlebt. Hunde durften überallhin. Die Leute nahmen sie mit in den Bus, in den Laden, ins Hotel und in schicke Restaurants. Im Grunde behandelte man sie wie Menschen und liebte und hätschelte sie wie Kinder. Daran mussten wir uns erst gewöhnen. Aber andererseits waren die Hunde der Italiener durch all die Aufmerksamkeit, die sie bekamen, sehr wohlerzogen. Sie belästigten einen nicht, bellten nur ganz selten und machten keinen Aufstand.

Wir hatten unsere Hündin Carmel Corn in Los Angeles gelassen, und wir vermissten sie alle. Wir hatten sie aus dem Tierheim geholt, und schon seit einigen Jahren hatte sie ihren Korb in der Garage und durfte auf dem ganzen Grundstück herumlaufen. Sie kam jeden Tag ins Haus, um uns zu „besuchen", aber sie lebte draußen. Wir mussten unseren Tagesplan nicht danach richten, wann sie Gassi gehen musste. Sie war absolut unabhängig. Und wir liebten sie.

Wir hatten sie eigentlich mitnehmen wollen, aber dann rief die Familie an, die unser Haus gekauft hatte, und fragte, ob sie sich um sie kümmern dürften, während wir weg waren. Tim und ich konnten kaum fassen, dass sie das tun wollten, und wir wussten, dass es für Carmel besser war, nicht für ein Jahr aus allem herausgerissen zu werden und durch die Quarantäne-Prozedur zu müssen. Also ließen wir sie dort und klebten Fotos von uns an die Wand über ihrem Körbchen, damit sie uns nicht vergaß.

Katie und Matt bettelten schon die ganze Zeit hier um einen Welpen. Ich wusste, dass sie sich einsam fühlten und noch nicht richtig eingelebt hatten, und ein Hund würde ihnen die Einsamkeit ein wenig nehmen. Aber ein Hund wäre auch eine große Verantwortung und würde uns in unserem ungebundenen, einfachen Lebensstil einen Strich durch die Rechnung machen. Da ich – wie jede Mutter – wusste, wer sich letzten Endes um den Hund kümmern würde, ganz egal, wie sehr der Rest der Familie auch beteuerte, mit ihm spazieren zu gehen, widerstand ich allem Betteln. Es gab keinen Hund.

Ich wollte Katie nach dem schwierigen Tag einen Gefallen tun und mit ihr ein paar Minuten lang die Welpen bewundern, bevor wir nach Hause gingen. Wir gingen in den Laden und spähten in den großen Käfig im Schaufenster. Es waren vier Welpen drin. Zwei waren weiße Shih Tzus und die anderen beiden waren schwarze Fellknäuel undefinierbarer Herkunft.

Wir winkten den Ladenbesitzer herbei, einen älteren Mann in einem abgetragenen, blau karierten Flanellhemd. Er kam mit einem wissenden Lächeln angeschlurft und griff mit sicherer Hand in den Käfig. Sekunden später legte er Katie ein winziges Fellknäuel in den Arm. Der Welpe hatte so schwarze Augen wie sein Fell und konnte damit so traurig dreinschauen wie Oliver Twist, der um mehr Suppe bat. Eine kleine rosa Zunge kam heraus und versuchte, Katie von oben bis unten abzulecken.

„Oh, *bitte*", bettelte Katie mit demselben traurigen Oliver-Twist-Blick.

„Was für eine Rasse ist das?", fragte ich.

Die Frau des Ladenbesitzers war aus dem hinteren Raum dazugekommen, und das Ehepaar stand nun um uns herum wie Großeltern, die stolz ihren Enkel präsentieren. Obwohl sie kein Englisch sprachen, konnte ich doch herausfinden, dass es ein *Barboncino* (ein Zwergpudel) war, der nur etwa fünf Kilo schwer werden würde. Diese Hunde haarten kaum und waren meist recht clever. Von einem Wurf mit sechs Welpen waren nur noch er und seine Schwester übrig.

Katie und ich standen nur da und starrten einander an. Bevor ich wusste, was ich tat, hatte ich schon meine Kreditkarte gezückt. Eigentlich war mir klar, dass ich das besser nicht tun sollte, aber ich wurde von einer überirdischen Macht gesteuert. Wieder einmal. Während der Mann die Abbuchung tätigte, einigten Katie und ich uns darauf, dass es einfach so sein sollte.

„Aus irgendeinem Grund wollte Gott im Himmel es so, dass ich, das Mädchen aus Kalifornien, in einen winzigen Laden in Genua ging und diesen wunderschönen Welpen fand", philosophierte Katie, drückte dabei den Welpen an sich und gab ihm einen dicken Kuss. „*Mi amore.* Mein Liebster", flüsterte sie, und ich genoss den ersten Moment, in dem sie wirklich glücklich war, seit wir im Juli hierhergekommen waren.

Ich wusste, dass wir nur versuchten, etwas vor uns selbst zu rechtfertigen, was wir eigentlich nicht hätten tun sollen. Etwas, das gegen jede Vernunft war. Aber andererseits: Warum sollten wir jetzt auf einmal vernünftig sein? Es war ja auch nicht gerade eine Vernunftentscheidung gewesen, hierherzukommen!

Wir suchten ein dunkelblaues Halsband aus, eine Leine und einen kleinen Sack Hundefutter. Katie steckte den Welpen in ihre Jacke, ganz dicht an ihr Herz. Wir verabschiedeten uns von dem Ladenbesitzer und seiner Frau, die froh waren, dass ihr Hundebaby in den Händen liebevoller Menschen gelandet war.

Nach einem kurzen Fußmarsch zur Bushaltestelle standen wir in der kalten Oktoberluft und überlegten uns, wie wir Matthew und Tim mit unserem neuen Familienmitglied überraschen sollten. Der Kopf des kleinen Welpen schaute eine Sekunde aus Katies Jacke heraus und verschwand dann wieder. Wir kicherten beide, und irgendwo tief in mir wusste ich, dass das eine gute Sache war. Wir würden Carmel Corn einen neuen Freund mit nach Hause bringen. Einen italienischen Freund. Der Hund würde sozusagen zweisprachig aufwachsen und uns immer an unser Abenteuer erinnern.

Wieder gab ich ein wenig von meiner Vorstellung davon auf, wie die Dinge sein sollten, und öffnete die Tür ein wenig weiter, auf der stand: „Vorsicht, unberechenbare Ereignisse!"

Kapitel 33

Bus fahren, Teil II

Ich stand allein an der Bushaltestelle und versuchte, meine schlechte Laune loszuwerden. An diesem Morgen war ich aus einem Traum aufgewacht, der an alten Wunden gerührt hatte, und ich wusste, dass jedes harmlose Wort von Tim zu einer Auseinandersetzung führen konnte. Also hatte ich beschlossen, an diesem Vormittag allein nach Genua zu fahren, um ein bisschen Dampf abzulassen und meine Gefühle zu verarbeiten.

Bevor wir Kinder hatten, waren wir ein Ehepaar, das hart arbeitete, aber auch das Leben genoss. Aber je mehr die Verantwortung wuchs, desto mehr fügten wir uns in Rollen, die sich unbewusst aus unseren jeweiligen Erfahrungen in den Familien ergaben, in denen wir aufgewachsen waren. Ehe wir es uns versahen, hatten wir zwei Kinder und einen riesigen Berg Schulden. Ich gab meinen Beruf als Lehrerin auf und blieb zu Hause, während Tim jeden Tag loszog, um unseren Lebensunterhalt zu verdienen.

Im Grunde hatten wir angefangen, Familie zu spielen, wie zwei Sechsjährige, die den Ernst der Sache noch nicht begreifen.

Wir hatten beide das Gefühl, dass der andere gar nicht wusste, wie schwer der eine es hatte. Ich verübelte es Tim, dass ich als diejenige, die zu Hause bei den Kindern blieb, nur noch die viele Arbeit hatte, aber das Leben nicht mehr genießen konnte. Doch nach außen spielte ich heile Welt für Tim, der in meinen Augen alle Freiheiten hatte, sobald er morgens aus dem Haus ging.

Tim hatte andererseits das Gefühl, dass ich ihn in seinem anspruchsvollen Beruf nicht genügend unterstützte und dass ich mich ja schließlich nicht jeden Tag in den Ellenbogen-Kampf auf der Straße und im Büro stürzen musste. Ich hatte ein gemütliches Leben in einem schönen Vorort. Mit welchem Recht konnte ich mich also beklagen?

Außerdem verstand ich nicht, dass Beziehungspflege in seinem Beruf beim Radiosender eine wichtige Rolle spielte. Er musste eben abends oft weggehen. Mit den Kunden zusammen etwas trinken oder essen zu gehen gehörte dazu, wenn man ein Geschäft abschließen wollte. *Ja, klar!*

Unser gegenseitiges Vertrauen verschwand wie eine Sanddüne im Wind. Letzten Endes wollte ich mehr Freiheit, und er wollte seine nicht aufgeben. Unentschieden. Ende des Spiels.

Jetzt, wo wir Schulden, Arbeit, lange Pendlerstrecken und das gemütliche Leben gestrichen hatten und die Kinder jeden Morgen zur Schule bringen mussten, wusste ich, dass ich meinen Groll eigentlich begraben konnte. Ich durfte nicht mehr zulassen, dass die Vergangenheit unsere Zukunft beeinflusste. Doch das war leichter gesagt als getan.

Ich dachte, ein flotter Marsch durch eine wunderbare Stadt an einem sonnigen Herbsttag wäre eine gute Methode, um mich innerlich wieder einzupendeln und nach vorne zu schauen.

Ich atmete tief durch, um mich locker zu machen, sah auf die Uhr und fragte mich, warum sonst niemand an der Bushaltestelle war. Normalerweise war diese Bushaltestelle ziemlich voll. *Hmm.* Ich schaute nach links und sah einen Bus kommen. Schnell holte ich meinen Block mit den Fahrscheinen heraus und ging zum Bordstein. Ich streckte die Hand aus, um dem Busfahrer zu signalisieren, dass ich einsteigen wollte, aber er bremste nicht ab, sondern rauschte vorbei und schaute dabei nicht einmal zu mir hin.

Blödmann.

Ich setzte mich wieder, denn es würde mindestens 10 oder 15 Minuten dauern, bis der nächste Bus kam. *Wie ärgerlich.* Ich schaute nach rechts und sah einen anderen Bus aus der entgegengesetzten Richtung kommen. An der Bushaltestelle auf der anderen Straßenseite stand niemand. Als der Bus mit Höchstgeschwindigkeit vorbeirauschte, merkte ich, dass niemand drinsaß. *Irgendetwas stimmt doch hier nicht.*

Die Sache mit den Bussen verwirrte mich. Ständig lernte ich etwas Neues dazu. Letzte Woche waren Katie und Matt im strömenden Regen aus dem Bus geworfen worden und mussten 35

Euro Strafe zahlen. Dabei hatten sie sogar Fahrkarten gehabt! Na schön, sie waren nicht entwertet. Aber Matt hatte mir unter Tränen erklärt, dass der übergewichtige Mann, der vor der Maschine stand, nicht zur Seite gegangen war, noch nicht einmal, als Katie ihn höflich darum bat.

Einige Menschen gingen vorbei und schauten mich misstrauisch an. Eine ältere Frau in einem schwarzen Mantel und mit einem weißen Schal um ihr widerspenstiges, braunes Haar kam auf mich zu und schleuderte mir einen Schwall von Sätzen entgegen. Ich verstand kein einziges Wort. Also nickte ich nur und bedankte mich. Sie stapfte sichtlich verärgert davon.

Schließlich kam ein anderer Bus in Sicht. Ich stand wieder auf und winkte, dass er anhalten solle. Aber wieder beschleunigte der Fahrer nur und ließ mich in einer Wolke von Abgasen stehen. *Noch so ein Blödmann.*

Ein älterer Herr auf der anderen Straßenseite in einem karierten Mantel und abgetragener grüner Cordhose bemerkte mich und humpelte auf mich zu wie ein Vater, der seiner Tochter etwas beibringen wollte. Schon bald stand er vor mir. *„Gli autobus"*, sagte er, *„sono sullo sciopero."*

„Oh", antwortete ich verständnislos und kam mir sehr dumm vor.

„Lei deve camminare."

Ich verstand die Worte „Bus", „Streik" und „laufen".

„Grazie", erwiderte ich mit einem müden Seufzen. *Er will mir also sagen, dass die Kerle streiken, indem sie zur Arbeit gehen und den ganzen Tag ihre Routen fahren, ohne jemanden einsteigen zu lassen? Das ist pure Grausamkeit. Warum bleiben sie nicht einfach zu Hause, wenn sie doch streiken? Wie soll ich da meinen alten Groll überwinden, wenn das hier noch dazukommt?*

Der freundliche Herr verabschiedete sich winkend, und ich beschloss, dann eben ins Zentrum von Nervi zu gehen. Grummelnd schlug ich meinen Jackenkragen hoch, um mich vor dem kalten Wind zu schützen, der vom Meer her blies, und ging los. Auf dem Weg in die Stadt rauschte noch ein Bus an mir vorbei. *Blödmann.*

Kapitel 34

Schulversammlung

An der Schule war irgendetwas sehr Wichtiges los. Katie redete die ganze Zeit nur noch davon, während Matthew natürlich nichts mitbekommen hatte. Alle Eltern waren verbindlich zu einer Schulversammlung in der Cafeteria eingeladen worden. Tim hatte beim Münzenwerfen gewonnen und durfte mit Matt zu Hause bleiben, während Katie und ich vorhatten, uns mit Veronica zu treffen, einer neuen Freundin, die ebenfalls zwei Kinder in dieser Schule hatte.

Die Schulpolitik stand vor einem Umbruch. Es kam zu einem Kräftemessen, und das lief anscheinend darauf hinaus, dass die Eltern mehr mitbestimmen wollten. Ich vermutete, dass Mrs B. darüber nicht besonders glücklich war.

„Mama, ich weiß nur, dass die anderen Schüler sagen, dass viele Familien die Oberstufe nicht mehr wollen. Sie kostet die Schule zu viel Geld und hat nicht genug Schüler, um sich selbst zu tragen“, erklärte Katie mir. „Meine ganze Klasse plant für heute Abend einen Sitzstreik, damit die Oberstufe weitergeführt wird.“

„Alle vier?“

Mrs B. unterstand einem größtenteils italienischen Schulrat. Sie war sehr von der gegenwärtigen Zielsetzung der Internationalen Schule überzeugt, die Oberstufe weiterzuführen. Der Schulrat war offensichtlich sehr einflussreich, und ich vermutete, dass es große Meinungsverschiedenheiten gab in Bezug auf die Gesamtausrichtung der Schule.

Da ich mein ganzes Erwachsenenleben lang immer sehr in Schulangelegenheiten engagiert gewesen war, hatte ich jetzt nicht die Absicht, mich mit hineinziehen zu lassen. Offiziell hatte ich ein Jahr Pause, nicht wahr? Die Schulen, die unsere Kinder in Los Angeles besucht hatten, verlangten von den Eltern 40 Stunden ehrenamtliche Mitarbeit als Teil der Schulgebühr. Nachdem ich also zuerst selbst unterrichtet hatte und mich dann über die Jahre mehr als 4.000 Stunden ehrenamtlich in der Schule eingesetzt hatte, hatte ich einfach genug. Die folgenden Worte wurden in unserer Familie für tabu erklärt: *Schülerzeitungslayout, Geschenkpapier, Kuchenbacken, Sponsorenlauf, Tupperware, Schulfest, Schulhofaufsicht, Berechtigungsschein, Spendenaufruf, Elternbeirat, Elternabend, Essensgeld-Umschlag, Modenschau, Begleitperson.*

Ich wollte nicht mehr wissen, wer wen nicht ausstehen konnte, wer wen für einen Angeber oder ein Großmaul hielt, wer einmal wessen bester Freund oder beste Freundin gewesen war, bis dies oder das geschehen war; wer mit seinen Kindern zu streng war oder wer erlaubte, dass sie bei Partys in einem Bierkasten an den Kronleuchtern schaukelten. Ich wollte es einfach gar nicht wissen.

In den letzten Tagen hatten die Kinder angefangen, seltsame Mitteilungen und geheime Briefe mit nach Hause zu bringen. Diese waren von durchtriebenen Mitgliedern auf beiden Seiten der Debatte verfasst worden, „um die Sache klarzustellen". Leider war keiner dieser Briefe auf Englisch geschrieben, daher war für uns gar nichts klargestellt. Ich hatte mir zusammengereimt, dass die Versammlung heute Abend eine Pflichtveranstaltung war, weil abgestimmt werden sollte, wer im neuen Schulrat sein und somit das Sagen bei den *wichtigen Entscheidungen* haben sollte.

Ich ging nur hin, um dafür zu sorgen, dass Katie auch weiterhin die Oberstufe besuchen konnte. Ich würde einfach nur meine Stimme abgeben; zwar hatte ich keine Ahnung, für wen, aber das würde ich dann schon herausfinden.

So gegen 18:30 Uhr holte Veronica uns mit ihrem Auto ab und wir zogen los.

„Das kann Stunden dauern", sagte Veronica, als sie auf die Küstenstraße abbog. „Thomas arbeitet schon seit Jahren in diesem Land. Er sagt, dass jede Diskussion, an der viele Italiener beteiligt sind, sich bis in die frühen Morgenstunden hinziehen kann."

„Bitte nicht! Er übertreibt doch bestimmt." Veronica und ich hatten schon insgeheim beschlossen, nach spätestens einer Stunde bei einem Glas Chianti in einem Weinlokal zu sitzen. „Wie lange kann so eine Abstimmung wohl dauern?"

Als wir am Meer entlang zur Schule fuhren, war der Himmel schon mit goldgelben und grauen Streifen durchsetzt. Fröhliches Lachen erfüllte das Auto, als wir uns gegenseitig die lustigsten Erlebnisse aus unseren ersten unbeholfenen Wochen an der Schule erzählten.

Ich sah Katie und Veronica von der Seite an. Ihre Haut leuchtete golden in der untergehenden Sonne, die vom Meer reflektiert wurde. Plötzlich wurde mir überdeutlich bewusst, wie sehr ich es genoss, hier eine Freundin gefunden zu haben. Es war ein Geschenk, jemanden zu haben, der auf der gleichen Wellenlänge lag, meine Tage bereicherte und meinen Horizont erweiterte.

Irgendjemand hatte mir Veronica während der ersten Woche in der Schule vorgestellt, als die wenigen von uns, die Englisch sprachen, fieberhaft nach Verbündeten gesucht hatten. Sie war eine hübsche, blonde Schwedin, deren kleine Statur durch ihren lebhaften Geist beinahe gesprengt zu werden drohte. Sie hatte früher ein Fitnessstudio geleitet und verdiente ihren Lebensunterhalt jetzt mit Seminaren über Körpersprache. Kurz nach uns war sie mit ihrem Mann Thomas und den beiden Kindern, der 12-jährigen Jennifer und dem 9-jährigen Emil, nach Genua gezogen. Sie hatten beschlossen, ihren Wohnsitz nach Italien zu verlegen, weil Thomas schon seit Jahren hier arbeitete und das Hin- und Herreisen ein geregeltes Familienleben unmöglich machte.

Veronica und Thomas hatten ganz zufällig eine traumhafte Villa in den Bergen entdeckt und freuten sich sehr darüber, jetzt hier Wurzeln schlagen zu können. Ihre Kinder dagegen gar nicht. Genau gesagt hassten sie ihre neue Schule.

„Es ist schrecklich", hatte Veronica mir eines Tages bei einer Tasse Kaffee geklagt. „Emil wacht jeden Morgen mit Bauchschmerzen auf und hat buchstäblich ‚Schiss'. Er bleibt so lange im Bad, dass wir beinahe zu spät kommen. Dann weint er den ganzen Weg zur Schule. Gestern Abend hat er sich in sein Zimmer eingeschlossen und immer wieder durch die Tür gerufen:

‚Wo ist meine echte Mutter? Du bist nicht meine echte Mutter. Meine echte Mutter würde mich niemals zwingen, in diese Schule zu gehen. Ich will meine echte Mutter, jetzt sofort!‘“ Dabei hatte Veronica ihre Hände um den Mund gelegt, als würde sie rufen.

Also verbrachte Veronica den ganzen Tag damit, mit einem Buch in der einen Hand und einem Taschentuch in der anderen im Schulhof auf einer Bank zu sitzen, sodass Emil immer wieder zu ihr kommen konnte. Tat sie das nicht, bekam er einen Nervenzusammenbruch.

Wir lachten darüber, aber in Wirklichkeit war es nicht lustig. „Wie geht es deiner Tochter?“

„Jennifer leidet still. Aber sie hat Glück, dass noch ein schwedisches Mädchen in ihrer Klasse ist, mit dem sie die Qualen gemeinsam erdulden kann.“

Pünktlich um 18:50 Uhr kamen wir an der Schule an. Die Versammlung sollte um 19:00 Uhr anfangen.

„Viel Glück“, sagte ich scherzhaft zu Katie, als sie ihre Sachen nahm, um ihren Sitzstreik durchzuziehen. „Pass auf, dass du nicht verhaftet wirst.“

„Sehr witzig.“

„Wir treffen uns hinterher in dem Restaurant auf der anderen Straßenseite.“

Katie rannte zu ihren Freunden, um ihre Protestaktion zu organisieren, während ich Veronica über den Schulhof in die Cafeteria folgte. Die war gerammelt voll, und die Atmosphäre war so angespannt, dass wir uns richtig durchkämpfen mussten, um einen Platz zu finden. Mrs B. und der Schulrat saßen mit verbissenem Gesichtsausdruck vorne an einem Tisch. Alles wirkte sehr offiziell. Die Leute trugen Businesskleidung.

Ich verbrachte viel Zeit damit, die italienischen Mütter und ihre schicken Handtaschen zu begutachten. Ich fragte mich, ob ich vielleicht auch eine so schöne Haut bekommen würde wie sie, wenn ich mehr Olivenöl essen würde.

Einige Schüler der Oberstufe kamen in einer Reihe hereinmarschiert und setzten sich in den hinteren Teil des Raumes. Ich entdeckte Katie und nickte ihr zu, dabei fragte ich mich, ob außer mir noch jemand wusste, dass das ein Sitzstreik war.

Jemand Unbekanntes steckte mir einen zusammengefalteten Zettel zu. Ich wurde angewiesen, ihn niemandem zu zeigen. Was mich erwartete, wenn ich das doch tat, wusste ich nicht, aber der Blick der Frau, die ihn mir gegeben hatte, verriet mir, dass damit nicht zu spaßen war. Ich faltete den Zettel auseinander und sah die fünf Namen der Personen, für die ich stimmen sollte – diejenigen, die die Oberstufe erhalten wollten. Ich merkte mir die Namen, sah mich verstohlen um und steckte Veronica den Zettel gekonnt zu. Wie dramatisch! Wir amüsierten uns köstlich.

Schließlich begann die Versammlung. Mrs B. und der Vorsitzende des Schulrats hielten jeder erst mal eine Begrüßungsrede. Dann fingen die Teilnehmer an, sich zu Wort zu melden. Einer nach dem anderen standen sie auf und hielten kurze, hitzige Reden auf Italienisch, wobei sie wild mit den Händen herumfuchtelten und die geballten Fäuste erhoben. Die Zuhörer reagierten ebenfalls sehr emotional. Es gab wütendes Gemurmel und Kopfnicken. Ich wünschte, ich hätte verstanden, was sie sagten. Insgesamt standen ein Dutzend Personen auf und sagten etwas. Plötzlich entstand eine lange Pause und ich lehnte mich zu einer Italienerin neben mir hinüber.

„Stimmen wir jetzt ab?“, fragte ich sie.

Sie sah mich belustigt an. „Nein, noch nicht.“

„Wovon haben sie gesprochen?“

„Das war nur eine Diskussion darüber, ob die Punkte fünf und sechs auf der Tagesordnung getauscht werden sollen.“

„Und dafür haben wir eine ganze Stunde gebraucht?“

Sie nickte und zuckte mit den Schultern, als sei das vollkommen normal. Ich wagte nicht, Veronica anzusehen, weil ich wusste, dass wir dann loslachen würden. Und das wäre gar nicht gut gewesen, weil es diesen Leuten todernst mit der Sache war.

Dann kam das nächste ernste Thema zur Sprache: Sollten alle warten bis zum Ende der Versammlung, bis sie ihre Stimme abgaben, oder konnten sie ihren Wahlzettel auch früher abgeben, falls sie aus irgendeinem Grund gehen mussten *(weil sie zum Beispiel in das Weinlokal auf der anderen Straßenseite gehen wollten)*? Etwa 8 Teilnehmer standen auf und hielten einen kleinen Vortrag über das Thema. Weitere 40 Minuten vergingen, bis wir alle darüber abstimmten. Zum Glück fiel die Abstimmung zu unseren Gunsten aus. Wir wurden von Minute zu Minute durstiger.

Endlich ging die eigentliche Versammlung los. Verschiedene Schulratsmitglieder und diejenigen, die zur Wahl standen, hielten ihre Reden. Ich sah fassungslos, dass die Uhr schon nach 21:15 Uhr anzeigte. Die Leute um uns herum waren sehr aufgeregt, reagierten äußerst ungehalten auf einige der Redner und applaudierten anderen.

Mit der Energie in diesem Raum könnte man ganz New York nachts erleuchten, dachte ich. Veronica war fasziniert und machte sich wie wild Notizen für ihr nächstes Seminar über Körpersprache. Katie, Basketball-Alex und zwei weitere Schüler schwenkten hinten ihre selbst gemachten „Rettet unsere Schule"-Schilder.

Plötzlich stürmte ein Mann so erregt auf die Bühne, dass ich ihm wie gebannt zusah. Er wirkte völlig zerzaust – seine braunen Haare waren etwas zu lang, sein blaues Jackett spannte und seine breit gestreifte Krawatte war gelockert und hing schief –, hielt einen großen Stapel Handzettel hoch und knallte sie mit einem Schwall hitziger Worte auf den Tisch. Eine dicke, blaue Ader pulsierte an seiner Schläfe.

Was war wohl so schlimm?

Während er schimpfte wie ein Rohrspatz, sah Veronica zu mir herüber und flüsterte: „Ich habe dir doch gesagt, dass das hier locker bis zwei Uhr morgens gehen kann."

„Oder wir gehen jetzt", sagte ich und nickte in Richtung Parkplatz.

„Auf drei", flüsterte sie. Während Veronica leise zählte, machte ich Katie ein Zeichen, dass wir gehen wollten.

Wir standen auf, gingen nach vorne, den Blick immer geradeaus, als es plötzlich auffällig still wurde. Die beiden blonden Frauen hatten den Schleudersitz betätigt und schossen jetzt auf den Ausgang zu. Wir gaben Mrs B. unsere Stimmzettel und machten, dass wir hinauskamen, wo wir in haltloses Kichern ausbrachen.

Wenige Minuten später saßen wir in einem gemütlichen Restaurant am Tisch, jede mit einem Weinglas vor sich.

Ich hob mein Glas und stieß mit ihr an. „Auf unseren ersten und letzten Elternabend hier in Italien."

„Auf dass die Abstimmung zu unseren Gunsten ausfällt und wir unseren Kindern keinen Hausunterricht erteilen müssen", erwiderte sie.

Wir stießen an und wünschten uns in typisch italienischer Manier „Cin, cin".

Zwei Stunden und zwei Gläser Wein später kam Katie mit weit aufgerissenen Augen und ganz außer Atem zur Tür hereingeplatzt. „Sie haben endlich abgestimmt."

„Und?", antworteten Veronica und ich einstimmig.

„Sie haben beschlossen, über die Frage bei der nächsten Schulratssitzung noch einmal zu beraten."

Kapitel 35

Italienisch für Anfänger

Um 11:00 Uhr klingelte es an der Haustür, wie jeden Dienstag- und Freitagmorgen. Giglio und Pierangela waren immer auf die Minute pünktlich. Tim drückte den Türöffner und wir hörten den Aufzug, als er im 7. Stock anhielt.

Es klopfte an der Tür, und als ich öffnete, standen sie lächelnd davor. „Permesso", sagte Giglio. Es gehörte sich hier, dass man darum bat, hereinkommen zu dürfen.

„Buon giorno, Giglio. Buon giorno, Pierangela. Come stai?", sagte ich.

Giglio, der in seinem Mantel mit Fischgrätenmuster sehr schnittig aussah, kam mit einer Zeitung unter dem Arm herein. Pierangela sah in ihrem figurbetonten, ockerfarbenen Rock mit der weißen Bluse und dem Seidenschal in der gleichen Farbe und ihrer Louis-Vuitton-Tasche äußerst elegant aus.

„Bene, bene", sagte Giglio. „E tu?"

„Molto bene", erwiderte ich, während ich Giglio den Mantel abnahm und in den Schrank hängte.

„Susans Italienisch ist besser als deines", meinte er lachend zu Tim.

„Wenn man davon absieht, dass das die einzigen sechs Worte sind, die sie kann."

„Dann sollten wir besser gleich loslegen", sagte Giglio, und wir setzten uns um den Esszimmertisch.

Tim und ich schauten uns an. Wir hatten nicht genug gelernt, und das wussten wir. Giglio war ein strenger Lehrer und fragte sich, wo unser Problem lag. Wir nahmen nun schon drei Stunden lang den gleichen Stoff durch.

„Pierangela", sagte er und warf beide Hände in die Luft, „wo ist es?"

Sie blätterte die Mappe durch, die sie mitgebracht hatte, und holte ein übergroßes, weißes Blatt Papier heraus. Sie faltete es vorsichtig auf, und es entpuppte sich als der Spickzettel schlechthin. Sie hatte sorgfältig von Hand eine ganze Seite italienische Grammatik aufgeschrieben. Noch nie im Leben hatte ich so viele Verb-Endungen und Zeiten gesehen. Die Worte verschwammen vor meinen Augen.

Tim fing an vorzulesen, was auf dem Blatt stand. „Erste Person Singular -o, zweite Person Singular -i, dritte Person Singular -a, erste Per…“

„Susan, du musst mitlesen“, ermahnte mich Giglio. „Versuchen wir es noch einmal. Du bist heute gar nicht bei der Sache.“ Er schnippte mit den Fingern.

Er hatte recht. In den letzten zwei Tagen war ich wie in einen grauen Nebel gehüllt herumgelaufen. Er war über mich gekommen, als ich am Sonntagabend in der Küche gestanden und abgespült hatte. Für einen Augenblick hatte das Schattenspiel der untergehenden Sonne die Bäume vor dem Fenster genauso aussehen lassen wie die großen, feinblättrigen Birken vor meinem Küchenfenster in Kalifornien. Bei dem Gedanken daran, dass jetzt eine andere Frau dort stand und auf die Bäume schaute, hatte mein Herz gestockt. Dann kam eine Biene hereingeflogen, stach mich in meine seifige Hand und löste damit einen Strom von Tränen aus, mit dem ich nicht gerechnet hatte.

Weil ich normalerweise bei einem Stich nicht so einen Aufstand machte, sahen Tim, Katie und Matt mich mit fragenden Blicken an, auf die ich nicht antworten wollte. Einer nach dem anderen gingen sie aus der Küche, und ich weinte immer weiter, während ich jeden einzelnen Teller so lange abtrocknete, bis das Handtuch darauf quietschte.

„Entschuldigung. Jetzt bin ich wieder ganz da. Machen wir weiter.“ Ich setzte mich aufrecht hin und konzentrierte mich.

„Camminare, gehen …“

Pierangela lächelte und nickte, als ich die richtigen Endungen dazu sagte. Tim fiel mit ein, und langsam, ganz allmählich fingen wir an, die Worte einstimmig richtig auszusprechen.

Giglio riss vor Freude die Hände hoch. „Mamma mia. Es gibt noch Hoffnung."

„Wirklich?", fragte ich ihn. „Gibt es wirklich noch Hoffnung?"

„Es gibt immer Hoffnung, in jeder Sprache." Er wusste nicht, dass er damit meine tiefsten Ängste beschwichtigte.

Pierangela sah mich mit einem mütterlichen Ausdruck an. Ich sah schnell weg, damit sie nicht in mein tiefstes Innerstes blicken konnte. Ich hätte sie am liebsten gefragt, ob es das wirklich wert war – es einfach ein Leben lang miteinander auszuhalten. Waren sie glücklich? Ging es wirklich nur darum, jeden Tag den Haushalt zu erledigen, während man im Herzen am Fenster stand und zum Horizont schaute?

Als ich an jenem Tag an der Spüle stand, wurde mir klar, dass ich trauerte, weil mein amerikanischer Traum einen langsamen Tod gestorben war. Diesen Traum hatte ich immer für meine Bestimmung gehalten: die perfekte Familie. Das tolle Haus. Der ideale Urlaub. Eine Arbeit, die mich erfüllt. Jetzt hatte ich mühsam angefangen, ein neues Modell von einem Traum zu entwerfen. Noch hatte ich ein weißes Blatt vor mir, und vor lauter Angst, dass ich einen riesigen Fehler gemacht haben könnte, war ich wie gelähmt.

In einem jener seltenen Augenblicke, in denen ich die Dinge klar erkannte, sah ich mich selbst, wie ich wirklich war: eine verängstigte Frau mit nichts als einem Schrank voll Kleider und einer sehr zerbrechlichen Familie, die nicht so recht wusste, was sie tat.

Tim und ich brachten unsere Beziehung langsam, aber sicher wieder in Ordnung und fingen tatsächlich an, die einfachen Dinge im Leben gemeinsam zu genießen. Aber tief in mir drin blockierte immer noch etwas. Es fiel mir schwer, mich von meinen vertrauten Freunden namens „Wut" und „Distanz" zu trennen. Jahrelang hatten diese beiden schlechten Ratgeber mich dazu angehalten, Probleme immer und immer wieder aufzuwärmen, bis ich schließlich festsaß wie ein Rad, das im Schlamm durchgedreht ist und sich so tief eingegraben hat, dass es niemals wieder allein herauskommt. Doch bei der Vorstellung, ohne diese beiden

Schmeichler leben zu müssen, fühlte ich mich sehr verletzlich und einsam.

Ich konzentrierte mich wieder auf die etwas einfachere Aufgabe direkt vor mir – italienische Verben konjugieren –, und die Stunde verging wie im Flug. Schon bald klingelte Pierangelas Telefon.

„Sie schon wieder“, seufzte Giglio gespielt spöttisch.

Ihre Tochter Paola wollte wissen, was es zum Mittagessen geben würde. Sie kam mit den beiden Mädchen gleich herüber. Pierangela legte lächelnd wieder auf. Es war ein vertrautes Signal, das das Ende unserer Unterrichtsstunde ankündigte.

„Ihr müsst diese Verben bis zum nächsten Mal auswendig lernen, damit wir weitermachen können.“

„Gut, versprochen.“ Tim und ich nickten beide pflichtbewusst.

„Wenn ihr lernen wollt, euch hier zu verständigen, ist das eine Menge Arbeit.“

Das wissen wir.

Tim half Giglio in die Jacke, und wir verabschiedeten uns mit dem inzwischen wohlvertrauten Kuss auf beide Wangen. *„Grazie, ciao, arrivederci …“*, und weg waren sie.

Ich machte die Tür zu und atmete erleichtert auf. „Uff. Wieder eine Stunde hinter uns gebracht.“

Wir mussten über uns selber lachen.

Dann bereitete Tim das Mittagessen zu und ich suchte mir irgendeine andere Beschäftigung.

Kapitel 36

Halloween

Als wir aufwachten, goss es in Strömen. Ich war mir sicher, dass das eine Strafe Gottes war. Zwar wusste ich nicht, wofür er uns bestrafen wollte, aber er hatte auf jeden Fall einen sehr unpassenden Tag dafür gewählt: Halloween.

„Wahrscheinlich wird alles abgeblasen", murrte Matt zwischen zwei Löffeln Cornflakes.

„Das ist zu befürchten, Schatz."

„Und was machen wir dann?" Alle gespenstischen Veranstaltungen, die die Schule geplant hatte, sollten im Freien stattfinden. Wir hatten uns alle schon seit Wochen darauf gefreut. Aber das Wetter schien uns einen Strich durch die Rechnung machen zu wollen.

Halloween war eines unserer Lieblingsfeste als Familie. Es gab für uns nichts Schöneres als das kindliche Vergnügen, das Haus mit Furcht einflößenden Gespenstern und Ungeheuern zu dekorieren. Künstliche Spinnennetze und blutige Gliedmaßen, die aus irgendwelchen Schubladen hingen, waren ein Muss. Und es gab immer ganze Schüsseln voller schwarzer und orangefarbener M&Ms und *Candy Corn,* sonst fehlte etwas.

In Italien feierte man kein Halloween. Man kannte es als amerikanische Tradition, hatte es aber nicht wirklich übernommen. Ich hatte es aufgegeben zu erklären, was daran so toll war, denn ich merkte, wie die Leute, noch während ich redete, beschlossen, sich lieber nicht mit mir anzufreunden.

Die wenigen Kürbisse, die es hier zu kaufen gab, wurden tatsächlich als Gemüse angeboten. Es gab aber Anzeichen dafür, dass diese Feierlichkeit sich doch allmählich in das Bewusstsein der Italiener einschlich, denn in einigen Läden gab es tatsächlich ein oder zwei Gruselkostüme oder Masken für Ausländer wie uns.

Aber da diese Sachen halsabschneiderische Preise hatten, beschlossen wir, dass wir dieses Jahr ohne die schrecklich-schöne Dekoration auskommen würden, vor allem, da sich die Schule mächtig ins Zeug gelegt hatte, um den Schülern eine echte Halloween-Feier zu bieten.

Aber da sie jetzt abgesagt worden war …

„Wir können Halloween nicht einfach ausfallen lassen", sagte Katie, als sie sich mit Toast und Orangensaft zu uns setzte.

„Sollen wir denn hier in der Wohnung verkleidet herumlaufen, uns in unsere Zimmer einschließen und dann durch die Tür ‚Süßes oder Saures' rufen?", meinte Tim, der hereinkam und neben Matthew stand.

„Wie wär's, wenn ihr einfach mal in die Schule geht, und Papa und ich denken uns inzwischen was aus?"

„Bis wir dort sind, sind wir klatschnass."

„Können wir nicht mit dem Taxi fahren?"

„Regenmäntel und Regenschirme sind wesentlich billiger. Pack dir eine zweite Jeans ein, dann kannst du dich dort umziehen."

„Das ist doch dämlich."

Als sie gegangen waren, rief ich Veronica an, die genervt war, weil sie 50 Euro für die Kostüme ihrer Kinder ausgegeben hatte und jetzt feststellen musste, dass alles umsonst gewesen war. Wir beratschlagten uns zu dritt und beschlossen, dass wir dann eben unsere eigene Halloweenparty feiern mussten. Veronica versprach, einen Kürbis zum Aushöhlen und eine Flasche Wein zu besorgen. Ich sagte, wir würden uns um die Dekoration kümmern und ein paar Gespensterfilme besorgen.

Tim und ich und Zucca – wir hatten den Welpen Zucca genannt, was so viel heißt wie Kürbis, weil wir ihn kurz vor Halloween gekauft hatten – gingen in den Regen hinaus zur *Cartoleria*, dem Schreibwarenladen. Drinnen schüttelten wir die Regentropfen ab und durchsuchten dann den Laden nach allem, was schwarz und orange war.

Tim fand eine Henkersmaske. Ich schnappte mir Konfetti aus orangen Kürbissen und schwarzen Katzen. Tim stöberte ein paar Glasaugen auf.

„Wie wäre es damit?"
„Was kosten die?"
„Sieben Euro das Stück."
Wir beschlossen, dass wir sie nicht unbedingt brauchten.

Auf dem Heimweg gingen wir noch in den Lebensmittelladen. Wir suchten in allen Regalen, konnten aber nirgends passende Süßigkeiten oder kandierte Äpfel oder Kerzen in Form von Fingern finden. Also gaben wir uns schließlich mit ein paar Tüten M&Ms zufrieden und nahmen uns beide vor, dafür zu sorgen, dass Matthew sie mit den anderen teilte, anstatt sie zu verstecken, wie er es sonst immer getan hatte.

Am späten Nachmittag, während die sintflutartigen Regenfälle weiter anhielten, als würde Noah auf Besuch kommen, klingelten unsere fünf Gäste: Veronica, ihre beiden Kinder und die zwei Hunde. Sie waren schlecht gelaunt, klatschnass und überhaupt nicht in der Stimmung, so zu tun, als erschrecke sie irgendetwas.

Nachdem sie sich umgezogen hatten, beschlossen wir, uns beim ersten Gruselfilm zu entspannen. Tim schaltete den DVD-Player an und die Kinder machten es sich bequem. Matthew reichte die M&Ms herum, und Veronica und ich gingen in die Küche, um den Kürbis zu schnitzen.

Ich merkte gleich, dass sie sehr geschickt mit dem großen Messer umgehen konnte, was mich an die Henkersmaske erinnerte, und so hielt ich mich zurück und überließ ihr das Ganze. Ich stand mit meinem Glas Grauburgunder da und gab ihr ein paar Tipps, und schon bald hatten wir den perfekten Kürbiskopf, der nicht italienisch oder schwedisch aussah, sondern einfach nur amerikanisch. Innerlich war ich jetzt etwas entspannter.

Veronica trug den Kürbiskopf stolz ins Wohnzimmer und stellte ihn auf den Couchtisch, den Tim mit Teelichtern und dem Kürbis- und schwarze-Katzen-Konfetti dekoriert hatte. Der Raum wurde von den Kerzen, dem Video und dem grauen Tageslicht von draußen gespenstisch illuminiert.

Ein plötzliches Donnerkrachen und ein greller Blitz ließen uns alle zusammenzucken und vor Schreck aufschreien. Ein perfekter Halloween-Moment!

„Das war klasse!", rief Matt.

Es klingelte an der Tür, und draußen stand Cinzia, eine Frau aus der Nachbarschaft, mit ihrem zweijährigen Sohn Nicola, der ein Clownskostüm trug. Dann kam Thomas mit Tüten voller Lebensmittel. Die Stimmung kam allmählich in Schwung, während es draußen weiter stürmte. Als es dunkel wurde, leuchteten die Kerzen und der Kürbiskopf immer heller und warfen gespenstische Schatten an die Wände. Tim und ich lächelten uns quer durchs Zimmer zu. Halloween wurde doch noch ein schönes Fest.

Wir hatten alles, was wir brauchten: einen Kürbiskopf, Kerzenschein, Süßigkeiten und Freunde, mit denen wir das eine oder andere Mal im Chor aufschreien konnten. Und Gott gab noch den Donner und den Blitz dazu.

„Wo ist die letzte Tüte M&Ms?", hörte ich jemand fragen.

„Matthew?", sagten Tim, Katie und ich einstimmig und sahen zu Matt, der frech grinste und mit den Achseln zuckte.

Kapitel 37

Haarige Angelegenheiten

In Italien ist Haarefärben nicht das Gleiche wie in Kalifornien. In Los Angeles konnte man oft kaum zwischen natürlichem Farbton und gefärbten Haaren unterscheiden. In Italien färbt man die Haare in groben Strähnen und mit Farben, die von Weiß bis Orange variieren. Färbt man damit dunkelbraune oder schwarze Haare, dann bekommt man hinterher eine milde, weibliche Form von, sagen wir … dem Kellogg's-Tiger.

In den letzten Wochen habe ich Leute mit dieser Tiger-Färbung immer wieder höflich gefragt, zu welchem Friseur sie gehen. Auf diese Art hatte ich nach und nach alle Friseure von meiner Liste gestrichen, die sie genannt hatten. So konnte ich die Auswahl auf ein paar wenige einschränken, tippte schließlich blind auf einen davon und machte einen Termin mit Maurizio aus. Ein junger Mann, mittelgroß und mittelkräftig gebaut, mit einem schwarzen, lockigen Haarschopf, rief mich von seinem Frisierstuhl aus zu sich.

„Susan?"

„Maurizio?"

„*Sì, sì*. Kommen Sie."

Er klang, als würden wir uns schon ewig kennen. Ich setzte mich in den schwarzen Ledersessel und er legte mir einen schwarzen Plastikumhang um. Dann drehte er den Stuhl, sodass ich in den Spiegel sah. Er stand hinter mir, nahm große Strähnen meines Haars in die Finger und untersuchte sie. Ich schlug die Zeitschrift auf und zeigte auf das Bild eines hübschen kleinen Models.

„*Non parlo italiano*", sagte ich.

„Kein Problem", beruhigte er mich und warf, einen genaueren Blick auf das Foto. „Ich spreche ein bisschen Englisch."

„Ich will so aussehen wie sie.“ Ich lachte. Er reagierte nicht auf meinen Witz, also ließ ich es bleiben. „Ich möchte zwei Blondtöne, so wie dieses Mädchen. Strähnen und dann einen guten Haarschnitt.“

Er rieb sich gedankenverloren das Kinn, zog eine Augenbraue hoch und betrachtete mich dabei von allen Seiten.

„Hmm … ja, feine Strähnen“, sagte er. „Okay.“

„Es soll natürlich aussehen. So, als wäre ich so geboren. Keine dicken Strähnen.“

„*Naturale, sì*. Ich verstehe.“

Unsere Blicke trafen sich im Spiegel und er nickte. Ich war zuversichtlich, dass er mein Anliegen verstanden hatte. Nachdem er einige Farben gemischt und auf einem Silbertablett neben mir angeordnet hatte, machte er sich an die Arbeit. Er ließ sich Zeit mit den einzelnen Strähnen und schmierte erst eine und dann die nächste Farbe darauf.

Wir plauderten, so gut wir es mit unseren begrenzten Verständigungsmöglichkeiten konnten, und etwa eine Stunde später war mein ganzer Kopf voller Folie. Er geleitete mich zu einem anderen Stuhl und gab mir einige Zeitschriften.

Ich nahm meine Handtasche und zog das Buch *Italiens ungelöste Probleme* heraus, das Giglio geschrieben hatte. Er erwartete, dass ich es las, also hatte ich es mitgenommen, da ich wusste, dass ich Zeit zum Lesen haben würde, während ich wartete, bis die Farbe eingewirkt war. Allerdings befürchtete ich, dass die anderen Kunden hier beim Friseur Anstoß nehmen könnten am Titel, und so versteckte ich das Buch in einer der Zeitschriften und fing an zu lesen.

Ich hatte nicht die leiseste Ahnung von Italiens Regierungspolitik oder seinen ungelösten Problemen. Und ich wollte eigentlich auch nichts darüber wissen. Aber ich wollte meinem neuen Freund einen Gefallen tun und ihm das nächste Mal, wenn wir uns trafen, sagen, was ich von seinem Buch hielt.

Maurizio kam immer wieder herüber, um nach der Farbe zu sehen. Ich sah jedes Mal auf, lächelte ihn an und sagte: „Natürlich!“

Und er erwiderte jedes Mal: „Keine Angst!"

„Der Nacken ist fertig", verkündete er schließlich. „Kommen Sie mit zum Waschbecken."

Ich ging hinüber, setzte mich und legte den Kopf zurück, damit er meine Haare auswaschen konnte. Während er einige der Folienstücke abnahm, schielte er auf die Zeitschrift in meinem Schoß. Da ich den Kopf nach hinten übers Waschbecken gelegt hatte, hatte ich nicht bemerkt, dass das Buch mit seinem leuchtend roten und grünen Einband aus der Zeitschrift gerutscht war.

„Was lesen Sie da?", fragte er beiläufig, als ich mich wieder aufrichtete. Oh nein! Ich sah hinunter auf meinen Schoß und stellte fest, dass die Zeitschrift auf den Boden gefallen war und das Buch offen dalag, mit meinem Finger zwischen den Seiten.

„Das ist nur ein Buch, das mein Nachbar geschrieben hat." Ich versuchte, es herunterzuspielen, als sei es uninteressant, aber er griff danach.

„Italiens ungelöste Probleme", verkündete er dem ganzen Friseursalon. Die Leute drehten sich nach mir um. Er machte irgendeine höhnische Bemerkung auf Italienisch und gab mir das Buch zurück. Dann machte er auf dem Absatz kehrt und ging wieder zu seinen anderen Kunden.

Klasse. Jetzt denkt er, ich sei eine von diesen unmöglichen, besserwisserischen Amerikanern, die glauben, sie müssten sich in die Probleme aller Länder einmischen. Ich spürte, wie mir die Hitze den Nacken hoch und in die Wangen stieg und rutschte ein wenig tiefer in meinem Stuhl.

Warum musste ich dieses dumme Buch auch mitnehmen? Um das Gesicht zu wahren, holte ich tief Luft, schlug das Buch auf und las weiter, obwohl die Worte auf der Seite verschwammen. Ich war mir der anderen Frauen, die in meine Richtung schauten, nur allzu bewusst.

Ich tat weiter so, als lese ich, leckte mir überdeutlich die Fingerspitzen und schlug die Seiten um. Ab und zu stieß ich ein paar Seufzer und *Hmms* aus, um besonders nachdenklich zu wirken.

„Amerika hat viel mehr ungelöste Probleme als ihr hier", erklärte ich allen, die zuhörten. „Dieses Land ist doch wirklich wunderbar. Italien ist großartig. Euer Essen ist überirdisch gut! Mal ganz im Ernst, wir sind sogar aus Kalifornien hierhergezogen wegen all der ungelösten Probleme, die wir hatten."

Niemand reagierte. Ich machte ihnen keinen Vorwurf.

Die Zeit verging. Maurizio sah nur ein einziges Mal nach mir, ohne dabei einen Ton von sich zu geben. Er bediente alle anderen Kunden, und ich fragte mich schon, ob er mich absichtlich ignorierte. Das war das Problem mit den Sprachbarrieren. Sie waren der Nährboden für alle möglichen Wahnvorstellungen. Ich verstand nie, was wirklich los war.

Mehrmals sagte ich mir selbst, ich solle aufhören, mir alles Mögliche einzubilden. Strähnchen dauerten nun mal immer lange. Warum sollte es Maurizio interessieren, was ich für ein Buch las? Noch nie war es so anstrengend gewesen, mir die Haare machen zu lassen.

Endlich kam er zurück, und dann war er ganz bei der Sache, mit gespitzten Lippen und geschickten Fingern. Er nahm mir schweigend die restliche Folie ab und wusch mir mit gekrümmten Fingern die Haare, bis mir die Kopfhaut brannte. Ich ging hinüber, setzte mich auf den Frisierstuhl und erklärte ihm, wie ich die Haare geschnitten haben wollte.

Er drehte mich herum, sodass ich mit dem Rücken zum Spiegel saß. Ich fand das seltsam, aber ich konnte es mir nicht mehr leisten, irgendetwas zu sagen. Maurizio machte sich schwungvoll an die Arbeit und schnitt mir die Haare nur mit einer Effilierklinge. Er ließ sich sehr viel Zeit und behandelte jede einzelne Strähne, als sei ich Rapunzel persönlich, die gerade zum ersten Mal in ihrem Leben zum Friseur geht.

Dann föhnte er mir die Haare und erklärte, dass er nun fertig sei. Ich hatte Angst. Triumphierend wirbelte er den Stuhl herum, sodass ich in den Spiegel sehen konnte.

„Wie finden Sie das?", fragte er.

Ich betrachtete mein getigertes Haar, und mir wurde schlecht. Tapfer antwortete ich wie der Kellogg's-Tiger: *„Grrrrrroßartig!"*

Kapitel 38

Vespa-Abenteuer

Motorrollerfahrer in Italien erlebte ich nicht unbedingt als das, was ich als Weltklasse-Fahrer bezeichnen würde. Sie waren reichlich rücksichtslos und im Grunde wahnsinnig. Es schien, als dürften sie überall fahren, sich zwischen allen beweglichen und starren Objekten hindurchquetschen und sich mit jeder beliebigen Geschwindigkeit fortbewegen. Sie waren so lästig wie überdimensionale Mücken, die durch die Menschenmengen schwirrten.

Aber da die Straßen an der italienischen Riviera so eng, die Parkplätze begrenzt und das Benzin so teuer war, waren sie auch sehr sinnvoll. Hier besaß praktisch jeder einen dieser kleinen Motorroller. Trotzdem war ich nicht sehr angetan von der Idee, als Tim Thomas zwei Vespas abkaufte, einen glänzenden, schwarzen Zweisitzer und ein kleineres, cremefarbenes Modell.

„Ich verspreche dir, dass das jede Menge Spaß machen wird", sagte Tim.

„Mehr Spaß als was?"

„Du bist doch schon Motorrad gefahren."

„Aber wir haben doch gar keinen Führerschein dafür."

„Das geht schon in Ordnung."

„Tim! Das Riskanteste, was ich in den letzten Jahren getan habe, war, die Auffahrt hochzufahren, ohne mich anzuschnallen."

Er beachtete meinen Einwand nicht und streckte mir einen schwarzen Helm hin. „Der müsste dir passen."

„Der sieht zu groß aus."

„Susan!"

„Was?"

„Was sollen all die Ausreden?"

„Wir haben nicht einmal eine Versicherung für die Dinger. Und wenn ich einen Unfall baue?"

„Ich spreche nicht nur von den Vespas. Du warst in den letzten Tagen sehr still, so, als wärst du gar nicht richtig da."

Die leeren, weißen Wände der Garage, oder „Box", wie man sie hier nannte, kamen auf seltsame Weise immer näher, wie in einer Geisterbahn. Ich suchte nach einem Fluchtweg.

„Hey", sagte Tim mit sanfter Stimme. „Guck mich an."

Ich schaute in seine Augen, aber sein Blick war so durchdringend, dass ich wegsehen musste.

„Warum fällt dir das so schwer? Du kannst mir nur in die Augen schauen, wenn wir Witze machen oder die Kinder dabei sind."

„Ich weiß nicht. Früher ist mir das nie schwergefallen." Ich klemmte mir den Helm unter den Arm und zwang mich, ihm in die Augen zu sehen.

„Du entfernst dich wieder von mir."

„Ich, äh …"

„Die letzten paar Wochen waren unglaublich. Wir haben verrückte Sachen zusammen gemacht, so wie früher. Es war, als wären wir wieder ein Liebespaar. Und genau deshalb sind wir doch hierhergekommen, oder? Macht dir unser Abenteuer denn nicht auch Spaß? Oder verstehe ich das alles ganz falsch?"

„Doch, mir macht es Spaß. Aber du kennst mich doch. Ich mache mir immer viel zu viele Gedanken um alles." Ich hatte plötzlich einen Knoten im Hals. „Was ist, wenn dieses Experiment schiefgeht? Was ist, wenn wir uns nur etwas vormachen? Was ist, wenn wir unsere ganzen Ersparnisse aufbrauchen, um in einem Land herumzuhängen, das offensichtlich jede Menge ungelöste Probleme hat, und am Ende sind wir pleite? Wo sollen wir dann leben? Was wird aus unseren Kindern? Schau dir doch nur mal meine Frisur an! Sie ist das beste Beispiel dafür, was passiert, wenn ich mich selbst dazu überrede, jemandem zu vertrauen … und es dann hinterher bereue."

„Wenn das hier funktionieren soll, wenn *wir* funktionieren sollen, dann musst du ein bisschen mehr loslassen. Hör auf, von allem so viel zu erwarten, und lass das Leben sich ereignen. Wenn sich etwas in unserem Leben verändern soll, dann müssen *wir* uns verändern. Steig einfach auf den Roller und fahr los. So einfach ist das."

„Warum fühlt es sich dann nicht einfach an?" Mir lief eine Träne über die rechte Wange.

Er wischte sie mit seinem Daumen sanft ab. „Ich habe genauso viel aufgegeben wie du, um hierherzukommen. Und ich habe nicht die leiseste Ahnung, wie dieses Jahr enden wird. Aber im Moment genieße ich es einfach, und ich weiß, du auch. Und wenn wir uns nach all dem Mist, den wir hinter uns haben, und all den hässlichen Dingen, die wir im Laufe der Jahre zueinander gesagt haben, noch so amüsieren können, dann zeigt das doch, dass es gar nicht so hoffnungslos ist mit uns beiden. Das kannst du nicht leugnen."

Da hat er recht.

Tim drehte sich um und zeigte auf die Vespas. „Willst du die Kleinere nehmen oder willst du bei mir mitfahren?"

Einen Moment lang betrachtete ich die beiden Motorroller, und da wurde mir klar, dass Tim und ich die meiste Zeit in unserem Leben getrennt unterwegs gewesen waren. Es wäre so einfach für mich gewesen, auf den cremefarbenen Roller zu steigen, der genau meine Größe hatte, und unterhalb der Geschwindigkeitsbegrenzung herumzuzuckeln, die Augen fest auf die Straße gerichtet, um ja jedem Schlagloch auszuweichen. Er würde den schwarzen Roller so waghalsig fahren, wie er wollte, um die Kurven rasen und sich nicht um die Verkehrsregeln scheren. Dann würden wir nach Hause kommen und so tun, als hätten wir zusammen jede Menge Spaß gehabt, obwohl unsere Erlebnisse in Wirklichkeit so verschieden waren wie Tag und Nacht.

Tim hatte recht: Wenn wir wollten, dass sich in unserer Beziehung etwas änderte, mussten wir uns ändern. Ich würde ihm vertrauen müssen, dass er sicher fuhr, und er würde seine Entscheidungen auch zu meinem Wohl treffen müssen.

Ich drehte mich zu Tim und schaute ihm geradewegs in die Augen, um zu sehen, ob er als Erster den Blick abwenden würde. Als er es nicht tat, sagte ich: „Ich fahre bei dir mit, wenn du versprichst, mir keinen Schaden zuzufügen."

„Versprochen."

Nervös setzte ich den Helm auf, machte den Kinnriemen zu und stieg auf. Und schon fuhren wir die kurvige, gewundene Gasse entlang.

Tim lachte und rief mir über das Motorengeräusch hinweg zu: „Hey! Drück mir nicht die Luft ab."

Als wir um eine scharfe Kurve bogen, lehnte ich mich ganz nach rechts, während er sich ganz nach links lehnte. Wie eine kaputte Schere sausten wir durchs Leben.

Wir bogen auf die Hauptstraße am Meer ein. Die letzten Lichtstrahlen des Sonnenuntergangs waren noch am Horizont zu sehen wie rote Fäden über dem grauen Meer. Ich kuschelte mich eng an Tim, um mich vor dem kalten Novemberwind zu schützen, der uns entgegenblies. Wir waren so nah beieinander, dass unsere Helme jedes Mal, wenn er beschleunigte, aneinanderstießen und ich nervös auflachte.

Unbewusst atmete ich tief durch und fing an, mich zu entspannen. Es machte tatsächlich Spaß! Es war sogar berauschend. Nach einigen Kilometern löste ich mich etwas von Tim und schaute um ihn herum nach vorne. Die ersten Sterne tauchten am Himmel auf. An der Küste über Portofino ging der Mond auf. Sogar die Kälte fühlte sich gut an. Ich musste an meine Freundin Grace denken, die mir beim Abschied gesagt hatte: „Ich beneide dich. Du wirst dich jeden Tag so lebendig fühlen."

Wir sausten ohne jedes Ziel dahin. *Ja, Grace, ich fühle mich lebendig.* Und es war ein gutes Gefühl. Mitten in all diesem Wahnsinn hatten Tim und ich gemerkt, dass alles besser war, wenn im Leben der Weg das Ziel war. Festgelegte Ziele hatten sich als falsche Richtung erwiesen und uns an ein unglückliches Leben mit fader Routine gefesselt, aus dem dann Langeweile und Schuldgefühle entstanden, weil wir so viel hatten und doch so wenig erfüllt waren.

Zufrieden fuhren wir weiter, in die wachsende Dunkelheit hinein, und lehnten uns in dieselbe Richtung, als wir um die unerwarteten Biegungen und Kurven dieser italienischen Straßen fuhren. Bei jeder kaputten Schere kann eine geschickte Hand die

Scherenblätter dazu bringen, wieder zusammenzuarbeiten und gerade zu schneiden. Man kann die Niete zwischen den Scherenblättern anziehen und die Blätter schleifen, bis die Schere so gut wie neu ist.

Ich hatte eine Ahnung, wessen Hand es war, die uns reparierte. Und ich sah zum Himmel hoch und schickte einen stillen Dank hinauf.

Kapitel 39

Acqui-Therme

Wir standen mit Veronica, Thomas und Emil auf der weitläufigen Veranda eines Wochenendhauses mit einem eigenen Weinberg, hoch oben auf einem Hügel über Alessandria.

Wir waren auf dem Rückweg von einem kühlen Novembertag im Piemont, einer Weingegend nördlich von Genua, kurz vor Sonnenuntergang hier angekommen. Wie eine Decke aus lauter grünen Flicken auf einem ungemachten Bett sahen die Weinberge mit ihren unterschiedlichen Grüntönen, je nach Rebsorte, auf den Hügeln aus.

Der Eigentümer, Veronicas Freund Björn, ein hochgewachsener, gut aussehender, blonder Schwede, hatte uns soeben stolz alles gezeigt. Er hatte das Haus als heruntergekommene Ruine gekauft und mit seinen eigenen Händen wieder instandgesetzt. Über die Jahre hatte er einige Anbauten hinzugefügt, sodass es heute ein ruhig gelegener, stiller Zufluchtsort für Firmengruppen oder Menschen war, die am Wochenende der Stadt entfliehen wollten. Er nannte es *La Madonna.*

Eine Frau mit kinnlangen, ebenfalls blonden Haaren und durchdringend blauen Augen kam zu uns heraus.

„Annika!“ Veronica eilte auf sie zu und umarmte sie. Dann stellte sie uns vor. Annika war Yoga-Lehrerin, die immer wieder Gruppen aus Schweden zu Wellness-Reisen hierher brachte. Die Gruppe war gestern wieder nach Hause geflogen, aber Annika hatte beschlossen, noch ein paar Tage hierzubleiben, um auszuspannen. Als Annika Veronica eingeladen hatte, sie zu besuchen, hatte Veronica ihrerseits uns gefragt, ob wir mitkommen wollten.

„Annika“, sagte ich, „ich habe gehört, Sie hatten eine ziemlich große Gruppe hier diese Woche.“

„Ja. Viele Frauen, viele Bedürfnisse.“ Sie legte ihre Hand auf

Veronicas Arm. „Ich hoffe, dass Veronica das nächste Mal auch dabei sein wird. Ich hätte so gern, dass sie ihr Seminar über Körpersprache hält. Es ist großartig."

„Ich bitte dich", murmelte Veronica, aber ihr Lächeln verriet mir, dass sie sich über das Kompliment freute.

„Ihr müsst unbedingt noch ein Glas Wein mit uns trinken, bevor ihr fahrt", beharrte Björn mit einem Augenzwinkern. „Wenn ich es mir recht überlege, warum wollt ihr überhaupt fahren? Wenn ihr wollt, kann ich ein paar Freunde in der Stadt anrufen und Zimmer für euch finden. Ich würde euch ja anbieten, hier zu schlafen, aber in etwa einer Stunde kommt die nächste Gruppe."

Wir sahen einander an und zuckten mit den Schultern.

„Es ist Samstag."

„Wir können noch Zahnbürsten kaufen."

„Jennifer ist bei einer Freundin. Ich kann ihre Mutter anrufen und fragen, ob sie dort übernachten kann." Veronica holte ihr Handy heraus.

„Dann ist es beschlossene Sache." Björn schlenderte über die Terrasse und verschwand im Haus.

Katie zog ihre Kamera heraus, um ein paar Bilder vom Sonnenuntergang zu machen, und Tim nahm meine Hand und zog mich zum anderen Ende der Terrasse, wo eine Hängematte auf müde Reisende wartete.

„Ich glaube nicht, dass die Hängematte uns beide aushält", sagte ich.

„Ich will nur einen Moment mit dir hier stehen. Es ist so friedlich." So standen wir Arm in Arm in der Stille, während es langsam dunkel wurde.

Eine gläserne Seitentür ging auf und vor uns stand aufrecht und majestätisch wie eine Balletttänzerin eine Frau in schwarzen Leggins und einem schwarzen Wickelshirt. Sie hatte ein dunkles Tuch fest um ihren Kopf gebunden, das ihr strahlendes Lächeln und ihre schwarzen, mandelförmigen Augen betonte. Sie wirkte wie eine Prinzessin aus Tausendundeiner Nacht und hatte etwas an sich, das mich extrem neugierig machte zu erfahren, wer sie war und was sie hierher verschlagen hatte. Aber sie strahlte auch etwas aus, das mir zu spüren gab, dass ich sie nicht fragen durfte.

„Folgen Sie mir“, sagte sie und drehte sich auf den Absätzen ihrer schwarzen Slipper um, um wieder nach drinnen zu gehen. Wir folgten ihr alle in eine Küche, wo zwei Köche mit Schneiden und Dünsten beschäftigt waren. Die geheimnisvolle Frau zündete eine Kerze an und öffnete eine versteckte Tür neben der Vorratskammer.

Sie winkte uns, ihr zu folgen, während sie einen Schritt nach unten ging. Die Kerzenflamme flackerte und warf Schatten auf die Wände des alten Treppenhauses. Ich kam mir vor wie bei den „Fünf Freunden“, wenn sie einem Rätsel auf der Spur waren. Wir folgten Thomas, Veronica und Emil die einfache Treppe hinunter in einen in den Felsen gehauenen Keller, der Hunderte von Jahren alt sein musste.

Es war der Wein- und Gemüsekeller der renovierten Villa. Er bestand aus einem großen Hauptkeller und einem kleineren Nebenraum am Ende eines kurzen Ganges, den Matthew und Emil sofort beschlagnahmten. Die marokkanische Prinzessin drückte auf einen Lichtschalter, und im gegenüberliegenden Winkel leuchtete eine schwache Glühbirne auf. Sie wies uns an, uns um einen schweren runden Eichentisch am Fuß der Treppe zu setzen, und zündete drei Bienenwachskerzen in einem silbernen Leuchter an, den sie aus einem Regal holte. Sie stellte ihn ein wenig neben die Mitte des Tisches.

Die raue, von Hand behauene Wand fühlte sich kühl an, und ich stellte mir vor, wie ein Bauer mit seinem Sohn mit Hammer und Meißel daran gearbeitet hatte, um den Keller noch rechtzeitig für die Wintervorräte fertig zu bekommen.

„Schau mal, dort drüben.“ Tim zeigte auf eine Wand, an der Weinregale standen. Auf einigen der Flaschen hatte sich mit den Jahren eine dicke Staubschicht angesammelt.

„Manche davon sind schon über hundert Jahre alt. Man kann sie natürlich nicht mehr trinken“, sagte Annika, als sie mit einem Tablett mit Kristallweingläsern in der einen Hand und einer Flasche Wein in der anderen die Treppe hinunterkam.

Veronica nahm ihr das Tablett ab und stellte es auf den Tisch. Annika schenkte Weißwein in die Gläser, während die marokkanische Prinzessin wieder nach oben ging, um ein paar Snacks zu organisieren. Wir anderen saßen einfach nur selig da und genossen die Magie des Augenblicks.

Tim hob sein Glas. „Auf Annika, weil sie uns heute Abend eingeladen hat." Wir stießen vorsichtig miteinander an und brachten noch verschiedene alberne Toasts über unseren gemeinsamen Tag an.

Und so saßen wir um einen runden Tisch in einem alten Keller und lachten und neckten einander, während Matthew und Emil ein paar Meter weiter fröhlich spielten, sie seien in einem mittelalterlichen Verlies gefangen. Wir waren eine Gruppe schnell gefundener Freunde, die sich vor ein paar Wochen noch nicht einmal gekannt hatten.

Veronica schenkte ein kleines Glas Champagner ein und reichte es Katie, die mich fragend ansah.

„Komm schon, Mama", neckte mich Veronica. „Für europäische Verhältnisse ist sie alt genug dafür."

„Na gut, aber nur ein Glas."

Als Katie das Glas nahm, hörten wir über uns einen undefinierbaren Lärm.

„Was war denn das?", fragte Katie und sah zur Decke.

„Die nächste Gruppe ist angekommen", erklärte Annika. „Schwedische Kardiologen. Sie sitzen jetzt wahrscheinlich im Speisesaal und verzehren ein Feinschmeckermenü."

Plötzlich flog die Tür am oberen Ende der Treppe mit einem Knall auf und Björn kam herunter, in der einen Hand eine Gitarre und in der anderen ein Liederbuch.

„Wollt ihr ein paar Lieder hören?"

„Klar!"

Wir feuerten ihn an, als sei er Bob Dylan persönlich. Er schlug sein Liederbuch auf und schmetterte „Hey, Jude" und „Rocky Raccoon", gefolgt von „50 Ways to Leave Your Lover" von Paul Simon. Ehe ich mich versah, sang ich „Look for America" als Solo, während er mich auf der Gitarre begleitete. Ich hatte noch nie in meinem Leben ein Solo gesungen … und das nicht ohne Grund. Aber der Wein hatte mich mutig gemacht.

Wir wurden unterbrochen, als einer der Ärzte leise die Treppe heruntergeschlurft kam. Er war schmächtig und blond und stand in Freizeithose und einem Button-down-Hemd vor uns.

Tim lud ihn ein, sich einen Stuhl zu nehmen, und rutschte selbst ein Stück zur Seite. Annika schenkte noch ein Glas Wein ein und stellte es vor ihn hin.

Er machte sofort mit, als wir alle anfingen, zu Björns nächster Darbietung zu schunkeln: „Moondance" von Van Morrison. Schon bald rief er ebenfalls seine Liedvorschläge in die Runde.

Nach einiger Zeit stand er auf und räusperte sich. „Ich möchte ein Lied für euch singen", sagte er in gebrochenem Englisch.

Björn hielt ihm die Gitarre hin, aber er schüttelte den Kopf.

„Ich werde a capella singen." Er räusperte sich noch einmal. „Es ist ein hawaiianisches Liebeslied."

Er fing an und sang tief und lieblich und mit klarer Stimme. Ich betrachtete seine feinen Züge und überlegte, dass er ein Mann war, der Leben und Tod in seinen Händen gehalten hatte. Ein Blick in den Gang zeigte mir, wie Matthew und Emil in ihrem Teil des Kellers ganz darin aufgingen, die Gefangenen des Königs zu spielen. Plötzlich konnte ich uns aus verschiedenen Blickwinkeln sehen und merkte, dass unsere neue Art, das Unerwartete zu leben, für meine müde, ausgedörrte Seele wie ein Jungbrunnen war. Wie wenn Wassertropfen auf trockene Erde fallen, so fühlte ich, wie ich allmählich wieder zum Leben erwachte. Genau danach hatte ich, ohne es zu wissen, die ganze Zeit gesucht: Menschen von der anderen Seite der Welt kennenzulernen, die einfach nur einen gemeinsamen Abend bei einem Glas Wein und ein paar Liedern verbrachten, hatte so etwas Verzauberndes, Geheimnisvolles, Zufälliges, Berauschendes.

In diesem Augenblick wurde mir klar, dass ich Tim die Schuld dafür gegeben hatte, dass ich diesen Teil meiner Seele verloren hatte. Ich hatte geglaubt, es sei seine Schuld, dass ich das Leben nicht mehr genießen konnte. Aber es war ganz und gar nicht seine Schuld. Es war mein eigenes Problem, dass ich auf meiner

To-do-Liste keine Abenteuer und keine Spontaneität mehr stehen hatte.

Ich sah mich im Raum um und hatte das Gefühl, dass es Gott höchstpersönlich war, der mir diese Erkenntnis geschenkt hatte. Die Luft um mich herum war von etwas erfüllt, das sich wie ein Gebet anfühlte. Wieder gingen mir Teile aus Matthäus 6,25-34 durch den Kopf: *Wenn ihr für ihn lebt … wird er euch jeden Tag geben, was ihr braucht …*

Gott, du hast gewusst, was ich brauche, bevor ich es gewusst habe. Ich fange an zu verstehen, welche Kraft deine Worte haben. Ich versuche, dir zu folgen. Das war übrigens nicht gerade leicht.

Und dann war das Gefühl auch schon wieder weg und das Lied endete unter Jubel und Klatschen. Ich griff nach Tims Hand und zog ihn an mich. „Ich liebe diesen Abend, und ich liebe dich."

„Ich liebe dich auch." Und dann küssten wir uns im flackernden Schein der Kerzen, was Katie sehr peinlich war. Uns nicht.

Ich habe einmal gehört, dass wir am Ende unseres Lebens nur zwei Fragen beantworten müssen: Habe ich mein Leben wirklich gelebt? Habe ich wirklich geliebt?

Ich hatte das Gefühl, dass wir endlich anfingen, wirklich zu leben. Und die Liebe? Nun, daran arbeiteten wir noch – aber es gab Hoffnung.

Kapitel 40

Bus fahren, Teil III

Die Busfahrer streikten mal wieder. Anscheinend konnten die Probleme beim letzten Streik nicht behoben werden. Plötzlich war mir klar, warum die Fahrkarten für die Busse und die Züge die gleichen waren: Es bestand jeden Tag die 50-prozentige Wahrscheinlichkeit, dass eines der beiden Transportmittel ausfällt.

Kapitel 41

Die Geburtstagsparty

Ich hörte den Schlüssel im Türschloss und rempelte Tim an. „Sie ist da. Tu so, als würdest du schlafen."

„Ich *habe* geschlafen!"

„Entschuldigung."

Ich drehte mich auf den Rücken und zog das dicke weiße Federbett mit der roten Borte bis unters Kinn. Es war schon ziemlich spät. Katie war allein weggegangen. Es war nicht leicht für mich gewesen, sie gehen zu lassen. Vor etwa einer Woche, beim Abendessen, hatte sie damit angefangen.

„Ich bin zu einer Party eingeladen!"

„Toll. Wer feiert?"

„Zwei Mädchen aus der elften Klasse feiern zusammen ihren Geburtstag. Die ganze Oberstufe ist eingeladen."

„Die ganze Oberstufe?"

„Das sind doch nur vierundzwanzig Leute, Mama", warf Matt ein, um die Unterhaltung ein wenig zu beleben.

„Bei wem wird gefeiert?", fragte ich.

„Wir feiern in einem Restaurant in Genua."

Tim und ich warfen uns über unsere Gläser hinweg vielsagende Blicke zu, während Katie unsere Gesichter genau studierte.

„Darf ich hingehen? Bitte, bitte, bitte, darf ich hingehen?"

„Wie kommst du dorthin?", fragte Tim.

„Mit dem Bus."

„Abends?"

„Er hält genau vor dem Restaurant. Alle fahren abends mit dem Bus."

„Du wirst nicht allein mit dem Bus fahren."

Bei Tageslicht waren die öffentlichen Verkehrsmittel in Ordnung, aber weder Tim noch ich wollten unsere 15-jährige Tochter in die finstere Nacht hinausschicken. Allein. Mit dem Bus. Mitten in die Großstadt.

„Die anderen laden mich immer wieder ein, aber ich gehe nie hin. Sie denken schon, ich will nichts mit ihnen zu tun haben."

„Ich weiß", sagte ich. „Wir können dich mit dem Taxi hinbringen."

Katie schloss die Augen und stieß die Luft aus.

„Kennst du irgendjemand in der Nähe, mit dem du zusammen fahren kannst?", fragte Tim.

„Nein."

„Hast du irgendwelche Freunde, die dort in der Nähe wohnen, bei denen du übernachten könntest?"

„Nein."

„Katie, selbst wenn es für dich sicher wäre, den Bus zu nehmen, was schon ziemlich heftig für eine Fünfzehnjährige ist, dann müsstest du immer noch mitten in der Nacht ganz unten am Hügel aussteigen und allein hochlaufen."

„Ihr könnt mich ja vom Bus abholen."

„Wir überlegen es uns."

Ich wusste, dass Katie recht hatte. Sie war schließlich ein Teenager. In Wirklichkeit hatte die ganze Sache gar nichts damit zu tun, dass wir im Ausland lebten, sondern es war eine Frage des Loslassens.

Wenn wir ein Auto gehabt hätten, hätten wir die Sache immer noch in der Hand gehabt. Wir hätten sie in die Nähe des Restaurants gebracht und gewartet, bis sie sicher drinnen gewesen wäre. Und dann hätten wir sie wieder abholen können, sobald die Feier vorüber war. Damit hätten herumstreunende Kindesmisshandler, Exhibitionisten, Zuhälter, Entführer, Drogenhändler, obdachlose Psychopathen, Diebe oder Mörder keine Gelegenheit gehabt, sie sich zu schnappen. Natürlich hätte es dann auch keine Gelegenheit für irgendwelche netten, zufälligen, zwischenmenschlichen Begegnungen gegeben, aber das war ja egal. Oder?

Es waren ein paar sehr angespannte Tage, in denen wir uns gegenseitig anstarrten und abwarteten. Unsere ausstehende Antwort hing bedrohlich über uns. Katie wartete geduldig und freundlich darauf, dass wir endlich nachgeben und Ja sagen würden. Und ehrlich gesagt wussten wir beide, dass wir es tun würden, aber das Hinauszögern unserer Antwort gab uns noch ein wenig Zeit, uns der Illusion hinzugeben, wir könnten unsere Tochter immer beschützen. Und auch der viel größeren Illusion, dass sie das tatsächlich wollte.

Um fünf vor zwölf traf uns eine glückliche Fügung. Marissa, die Mutter von Basketball-Alex, war gern bereit, Katie im Auto mitzunehmen.

Und so fand Katie an diesem Abend, nachdem sie in ihren beiden Kleiderschränken endlos lange gesucht hatte, doch noch das richtige T-Shirt und die richtige Jeans, und ich brachte sie hinunter zum Auto, in dem Basketball-Alex und Marissa bereits warteten.

Marissas lebhafte Persönlichkeit stand im krassen Gegensatz zu der grüblerischen Art ihres Sohnes. Alex nickte nur kaum merklich, als Katie auf den Rücksitz stieg, und schon fuhren sie davon, während ich noch winkte, lange nachdem sie um die nächste Ecke gebogen waren.

Und nun war sie also zurück.

„Sie kommt." Schnell taten wir beide so, als schliefen wir tief und fest.

Wir hörten Katies Schritte, die leise in unser Zimmer kamen. Dann ein lautes Flüstern: „Ich weiß doch, dass ihr wach seid!"

„Na gut."

Wir mussten alle lachen, und sie setzte sich ans Fußende unseres Bettes.

„Wie war's?"

„Es war supertoll. Wir haben alle zwanzig um diesen großen Tisch gesessen. Und alle haben sich so gut verstanden. Zum ersten Mal hatte ich das Gefühl, sagen zu können: ‚Ich möchte nirgends anders sein als hier.'"

„Das ist wunderbar."

„Und dann ist etwas Großartiges passiert. Nach dem Abendessen sind wir alle noch in eine Café-Bar am Ende der Straße gegangen. Als es immer später wurde, haben wir beschlossen, dass es jetzt Zeit ist, ‚Happy Birthday' zu singen. Ich habe gelernt, dass Italiener nicht so viel von Geburtstagstorten halten, und stattdessen – aber erschreckt jetzt bitte nicht – haben sie uns eine Runde Drinks ausgegeben. Wir haben alle angefangen zu singen, mussten aber nach fünf Sekunden schon loslachen, weil die eine Hälfte Englisch gesungen hat und die andere Italienisch. Wir haben uns dann geeinigt, dass wir zuerst Italienisch und dann Englisch singen. Und weil eins der Mädchen, die Geburtstag gefeiert haben – Malin –, Schwedin ist, ist ihr Bruder Frederik aufgestanden und hat in seiner Muttersprache gesungen. Dann ist Stav aufgestanden und hat Hebräisch gesungen. Dann kam Angelo mit Koreanisch und Rami mit Libanesisch. Dann hat Neha auf Indisch und Eugi auf Französisch und Spanisch und Philip auf Dänisch gesungen. Es war unglaublich. Ich habe gemerkt, wie großartig diese Leute sind und wie gut ich es habe, dass ich hier sein darf."

Man stelle sich einmal vor, wir hätten sie nicht gehen lassen!

Kapitel 42

Hardcore-Ehetherapie, Teil II

Tim stand neben der Dusche und nahm das Seifenstück, das an der Badewanne lag. Ich putzte mir die Zähne. Er blickte auf die Seife. Er sah zu mir. Er blickte wieder auf die Seife und legte sie auf das Fensterbrett ganz oben unter der Decke. Dann schaute er wieder zu mir, um sicherzugehen, dass ich es gesehen hatte.

„Leg die Seife ab jetzt immer hier oben hin. Dann spritzt das Wasser nicht drauf und sie hält länger. Wir müssen auf jeden Cent achten", erklärte er, als sei er ein Finanzberater, der Tipps gibt, wie man die Wirtschaftskrise übersteht.

Zum Glück hatte ich den Mund voller Zahnpasta, sonst hätte ich noch einen ganz anderen Vorschlag gemacht, wo er die Seife hintun konnte.

Wir befanden uns jetzt offiziell in der zweiten Phase unseres neuen Lebens. Wir waren schon ziemlich gut darin, Zeit miteinander zu verbringen, aber auf dem Gebiet der effektiven Kommunikation beim Zeit-miteinander-Verbringen hatten wir noch ein gutes Stück Arbeit vor uns. Aber wir machten Fortschritte.

Inzwischen hatten wir eine Routine entwickelt, mit der wir uns beide wohlfühlten. Jeden Morgen zusammen Kaffee trinken, die Kinder in die Schule bringen, Fitnessstudio, Markt, Mittagessen, Sex, Nickerchen, Lesen, Nickerchen, Wäsche, noch mal Sex, Nickerchen, Kinder kommen aus der Schule, Hausaufgaben, Abendessen, ins Bett gehen. Und hin und wieder fügten wir noch ein bisschen Bummeln oder ein Essen im Restaurant ein.

Wir ergänzten uns erstaunlich gut. Tim konnte gut organisieren, Regeln und Listen erstellen und dafür sorgen, dass das tägliche Leben in geregelten Bahnen verlief. Er konnte gut der Chef sein. Ich war gut im Nicken und so tun, als seien mir all die Kleinigkeiten, die ihm wichtig waren (wie zum Beispiel nasse Seife), auch wichtig. Meistens stimmte ich seiner Logik leichten Herzens zu, da ja nichts falsch daran war. Aber ich hatte mehr das große Ganze im Blick. Oft ließ ich die Einzelheiten einfach geschehen.

Ich bin mehr der Typ, der spart, indem ich mir keine ausgefallenen Prada-Schuhe oder Accessoires kaufe, statt die erste Vorsitzende des Seifenrettungsvereins zu werden.

Ich spülte mir den Mund aus und legte meine Zahnbürste weg. Umständlich streifte ich alle überschüssige Zahnpasta wieder in die Tube und schraubte sie zu. Ich schüttelte das Wasser aus meiner Zahnbürste und legte sie auf das Fensterbrett, damit sie trocknete.

Tim fand das offensichtlich gar nicht lustig. „Ich will doch nur verantwortlich mit unserem Geld umgehen."

„Ich weiß. Ich wollte dich bloß ein bisschen necken."

„Wir verdienen nichts. Unser ganzes Geld schwindet dahin. Das ist einfach ein unheimliches Gefühl."

„Das ist doch aber nichts Neues, Tim. Wir wussten doch, worauf wir uns einlassen. Ich war noch nie verschwenderisch, und es gibt keinen Grund, warum ich jetzt damit anfangen sollte. Aber ich werde mir keine Sorgen darum machen, ob die Seife an einem heißen Tag schwitzt. Seife können wir uns gerade noch leisten."

„Es war nur ein einfacher Vorschlag. Warum regst du dich darüber so auf?"

„Ich? Du warst doch derjenige, der sich aufgeregt hat, weil ich dich ein bisschen geneckt habe."

Tim fing energisch an, sich abzutrocknen. Ich ging hinaus. Keiner von uns beiden war wirklich sauer. Es war nur ein bisschen frustrierend. Vor meinem inneren Auge sah ich, wie wir uns gegenseitig aufzogen wie ein sympathisches Ehepaar in einer Komödie. Dort können Männer und Frauen sich streiten und blöde Bemerkungen machen, ohne dass es irgendwelche Nachwirkungen hat. In Wirklichkeit können das alle machen – außer Ehepaaren. Freundinnen machen es. Männer machen das ständig untereinander. Kollegen machen es. Aber Ehepaare? Oh nein. Niemals. Nein, nein. Und ich wollte wissen, warum nicht. Warum konnten wir uns nicht so necken, dass es im Spaß endete?

Als wir noch nicht verheiratet waren, lachten und amüsierten wir uns immer, wenn wir uns gegenseitig aufzogen. Als wir dann verheiratet waren, war das auf einmal ganz anders.

Ich glaube, es geht darum, wer das Sagen hat. Geht es letzten Endes nicht immer darum?

Im zweiten Teil unserer Hardcore-Ehetherapie waren wir gezwungen, unserem eigenen Kräftespiel zuzusehen wie Fischen in einem Aquarium. Mir wurde klar, dass mein Nicken und meine vorgetäuschte Zustimmung manchmal nur schlecht getarntes passiv-aggressives Verhalten war, denn ich wusste schon beim Nicken, dass ich das, was er gerade gesagt oder worum er mich gerade gebeten hatte, sofort wieder vergessen würde. Ich würde es einfach nicht machen.

Das war nicht böse gemeint. Ich war nur einfach nicht überzeugt von dem, was er sagte. Ich wusste ganz genau, dass ich die Seife nicht immer dort oben hinlegen würde, wo er sie haben wollte. Für mich war es einfach nur Seife. Aber für ihn war es nicht einfach nur Seife. Für ihn war es eine gute Idee.

Und jeder will ein bisschen Anerkennung für eine gute Idee.

Also lernte ich, seine guten Ideen anzunehmen. Denn darum ging es letztlich, wenn man einander unterstützen will: Ich unterstütze deine guten Ideen und du unterstützt meine. Auch wenn es etwas so Unwichtiges ist wie die Frage, wo man die Seife hinlegt.

Ich ging zurück ins Badezimmer und stellte mich so überzeugend wie möglich mit den Händen in den Hüften hin.

„Was ist?“, fragte Tim.

„Du hast recht. Ich sollte mehr auf dich eingehen, wenn du eine gute Idee hast. Ich werde die Seife dort oben hinlegen.“

„Danke.“

„Ich habe auch eine gute Idee.“

Schweigen.

„Willst du sie nicht hören?“

„Äh … also, was?“

„Wir könnten uns von dem Geld, das wir bei der Seife sparen, Eintrittskarten für die Museen kaufen, von denen ich dir erzählt habe. Wäre das nicht toll?“

Kapitel 43

Thanksgiving

„Hier, nimm dieses Messer. Das ist schärfer."

„Mama, wo sind die Topflappen?"

„Meinst du, die Schale hier ist groß genug für die ganzen Kartoffeln?"

„Nein, schneide ihn so, gegen die Faser."

„Du hast gerade mit dem Daumen die Kruste eingedrückt. Pass auf!"

„Du hast die Eiswürfel auf den Boden fallen lassen."

„Matt, schaff die Hunde raus!"

Thomas tranchierte gerade seinen ersten Truthahn, Veronica schüttete die Süßkartoffeln in die Schüssel, Tim füllte die Wasserkrüge, und ich versuchte, Soße zuzubereiten. Katie, Jennifer und Bettina, die Schwester von Basketball-Alex, stellten die Formen mit selbst gemachtem Apfelauflauf in den Ofen. Matt rannte mit den drei Hunden durch die Wohnung, von denen zwei Emil gehörten, und Emil schlich sich an Tim heran und zeigte ihm den „Stinkefinger". Das hatte er an der Internationalen Schule gelernt. Alle riefen durcheinander, aber es war ein fröhliches Durcheinander.

Es war ein gewöhnlicher Donnerstag *(giovedì),* und draußen lief alles wie an einem gewöhnlichen Donnerstag. Außer uns neun wusste vermutlich niemand, dass Thanksgiving war. Aber wir waren schon früh aufgestanden und hatten gekocht.

Die Vorbereitungen für unsere Feier hatten schon vor Wochen angefangen, als ich meine Freundin Lynne aus Boston, die uns besucht hatte und inzwischen schon wieder zurückgeflogen war, gebeten hatte, mir ein paar typische Zutaten für Thanksgiving mitzubringen, die ich hier nicht bekommen konnte.

„Was soll ich dir mitbringen?", hatte sie ins Telefon gerufen.

„Süßkartoffeln, braunen Zucker, Marshmallows, Truthahnfüllung und Truthahn-Servietten. Das kann ich hier nicht kaufen."

„In meinem Koffer?"

„Ja!"

Tim machte einen Metzger ausfindig, Aldo, der jedes Jahr einmal zu einer Truthahn-Farm in die Berge fuhr, um für ein paar verrückte Ausländer Truthähne zu kaufen. Er nahm unsere Bestellung auf, und wir bekamen einen Truthahn, der noch vor wenigen Tagen frei herumgelaufen war.

Gegen vier Uhr kamen unsere Gäste. Keiner von ihnen hatte schon einmal ein richtiges Thanksgiving-Fest erlebt.

Veronica fragte als Erste: „Was feiert ihr überhaupt an Thanksgiving?"

„Nun, es ist ein besonderer Tag, an dem wir für alles Gute danken, das wir haben."

„War da nicht auch irgendwas mit Indianern?"

„Na ja, das erste Thanksgiving war ein Festmahl, das sich die Indianer und die ersten Siedler in Amerika miteinander teilten. Du weißt schon, Plymouth, Squanto, die Pilgerväter."

„Hat es was mit Curry zu tun?"

„Nein. Das ist indisch."

„Wer waren diese … wie hast du sie genannt? Pilgerväter?"

„Hier, Veronica, trink erst mal ein Glas Wein. Darüber reden wir später."

In den nächsten Stunden lachten wir und spielten Karten. Hin und wieder ertappten Tim und ich Emil dabei, wie er Tim mal wieder den Stinkefinger zeigte. Er machte das sehr langsam und bedächtig. Zuerst ballte er die Hand zur Faust. Dann streckte er den Daumen raus. Dann drückte er den Daumen wie einen Hebel mit der anderen Hand runter und fuhr den Mittelfinger aus.

Das einzig Seltsame daran war, dass er dabei nicht lachte. Er starrte Tim herausfordernd an. All das geschah natürlich nur, wenn Veronica und Thomas es nicht sahen.

Und dann war das Essen fertig.

„Hört mal alle her! Jeder nimmt sich was, trägt es zum Tisch und setzt sich hin."

Wir stellten alle Platten und Schüsseln auf den Tisch, den Katie und Matt mit gelbem und braunem Sackleinen vom Markt und schönen bunten Blättern von den Bäumen draußen dekoriert hatten. Als alle am Tisch saßen, sah es toll aus.

„Das ist wunderschön", sagte Veronica.

„Das Essen riecht gut", fügte Bettina hinzu. „Alex wird es bereuen, dass er nicht mitgekommen ist."

„Danke, dass wir mit euch Thanksgiving feiern dürfen", sagte Thomas mit einem warmen, ernsten Ausdruck in den Augen.

„Ich glaube, wir alle sind froh, hier zu sein", fügte Tim hinzu, während Matthew die Kerzen anzündete.

Katie hatte einige indianische Segenssprüche und allgemeine Zitate zum Thema Dankbarkeit aus dem Internet ausgedruckt und einzeln auf Tonpapier geklebt. Jeder sollte dann der Reihe nach den Spruch an seinem Platz vorlesen. Katie fing mit einem Zitat von Benjamin Franklin an, und dann las Jennifer mit ihrem niedlichen schwedischen Akzent etwas von Mutter Teresa vor. Bettina trug ein Gedicht vor und Matt einige Bibelverse. Als Emil an der Reihe war, brach er in Tränen aus bei der Vorstellung, dass er etwas auf Englisch entziffern und laut vorlesen sollte.

„Das macht nichts, Emil, du musst das nicht machen", sagte Tim beruhigend.

Emil verbarg das Gesicht im Schoß seiner Mutter, während der Nächste weitermachte. Zuletzt wies Tim uns an, uns alle an den Händen zu fassen, und las ein altes Gebet der Pueblo-Indianer vor:

Halte fest, was du Gutes hast,
auch wenn es nur eine Handvoll Erde ist.
Halte fest an deinem Glauben,
auch wenn du damit ganz alleine stehst.
Halte fest an dem, was du tun musst,
auch wenn es ein langer Weg ist, den du gehen musst.
Halte fest an deinem Leben,
auch wenn es leichter wäre loszulassen.
Halte meine Hand fest,
auch wenn ich eines Tages nicht mehr bei dir bin.

Während Tim las, schloss ich die Augen und stellte mir vor, wie ich tausend Luftballons voll Dankbarkeit zum Himmel aufsteigen ließ, und ich bat Gott, uns alle zu segnen und für uns zu sorgen.

Dann öffnete ich die Augen wieder, lehnte mich zurück und genoss diesen malerischen Moment: ein reich gedeckter Tisch, eine liebevolle Familie und Freunde, Tim, der stolz das Tischgebet sprach … und Emil, der uns allen heimlich den Stinkefinger zeigte.

Kapitel 44

Zug fahren, Teil 1

Wir standen alle vier am Bahnsteig und warteten auf den Zug nach Rom. Jack und Ronit, unsere Freunde aus Paris, waren anlässlich von Ronits Geburtstag nach Rom gefahren, und wir wollten sie überraschen.

„Mama, ich muss auf die Toilette", sagte Matthew und schaute auf die Uhr.

„Hat das nicht noch Zeit?"

„Beeil dich", sagte Tim. „Der Zug kommt jeden Augenblick."

Matt schaute uns an. Wir schauten ihn an. Wir verzogen alle mitleidig das Gesicht, und er verschwand hinter dem Gebäude. In den meisten Bahnhöfen hier gehörten die Toiletten zu den unangenehmsten menschlichen Erfahrungen überhaupt.

Das letzte Mal, als ich hier auf der Damentoilette war, brauchte ich einen ganzen Tag, um darüber hinwegzukommen. Die Toilette war klein und quadratisch und hatte im ehemals weißen Porzellan-Fußboden ein kleines Loch, das mich aus der Mitte heraus anstarrte wie der böse Blick. Man konnte sich nirgends festhalten, und das Einzige, was ich denken konnte, war, dass italienische Omas stählerne Muskeln in den Oberschenkeln haben mussten, nachdem sie ihr Leben lang über solchen Löchern gehockt hatten.

Die Fahrt nach Rom würde fünf Stunden dauern. Es war also wichtig, einen guten Sitzplatz zu erobern. Die Leute kamen allmählich auf den Bahnsteig und standen überall in kleinen Gruppen zusammen. Nachdem wir nun schon öfter mit dem Zug gefahren waren, hatten wir die Kunst des Einsteigens perfektioniert.

Im Allgemeinen sind Amerikaner höflich oder wissen doch zumindest, wie man sich ordentlich benimmt. Anderen die Tür aufhalten, abwarten, bis man an der Reihe ist, Bitte und Danke sagen. Auf die Leute neben einem achten, ob man ihnen helfen kann. Das sind nur die einfachsten Regeln.

Als ich zum ersten Mal mit dem Zug fuhr, dachte ich, dass diejenigen, die zuerst auf dem Bahnsteig waren, auch automatisch die ganz vorne in der Schlange waren und als Erste geordnet einsteigen konnten. So war das aber in Italien keineswegs. Warteschlangen gab es hier nicht. Und geordnet ging es schon gar nicht zu.

Auf ältere Menschen wurde keine Rücksicht genommen. Am Anfang sagte ich den Kindern, sie sollten zur Seite gehen und die älteren Leute zuerst einsteigen lassen und ihnen sogar helfen bei den Stufen. Aber zum Dank ernteten wir nur misstrauische Blicke, als wollten wir ihre Handtaschen oder Brieftaschen stehlen. Und dann mussten wir uns mit den anderen hineinzwängen und fanden fast nie Sitzplätze nebeneinander.

Also mussten wir unsere Vorgehensweise überdenken. Wir wussten, dass die Menschen hier immer in kleinen Gruppen zusammenstanden, und zwar ungefähr dort, wo dann die Zugtüren sein würden. Man hoffte wohl einfach, dass der Zug so zum Stehen kam, dass man eine Tür direkt vor der Nase hatte. Ein Signal am Gleis, ein Stück vom Bahnsteig entfernt, schaltete von Rot auf Gelb, wenn der Zug kam, noch bevor man ihn sehen konnte. Dann fing eine Glocke an zu läuten, und die Menschen machten sich zum Einsteigen bereit. Sie nahmen ihre Koffer in die Hand, zogen ihre Schals fest, machten die Zigaretten aus. Das alles geschah mit trügerischer Lässigkeit. Aber alle waren sich sehr bewusst, worum es ging: um jeden Preis der Erste zu sein, der einstieg.

Der Zug kam in Sicht und wurde langsamer. Wenn er hielt, bewegten sich die lockeren Grüppchen alle gleichzeitig auf die Stellen zu, an denen man die Zugtüren vermutete. Wehe, man stand genau in der Mitte zwischen zwei Türen, wenn der Zug zum Stehen kam. Das war die ungünstigste Position.

Mit einem Zischen gingen dann die Türen auf, und der Ansturm begann. Eine Menge menschlicher Leiber presste sich durch die schmale Öffnung. Jeder war Einzelkämpfer. Mich erstaunten die Kraft und Entschlossenheit, mit der sich besonders die älteren Damen vordrängelten. Muskeln aus Stahl. Und dann erinnerte ich mich daran, dass sie ja jahrzehntelang über diesen Toilettenlöchern gehockt hatten.

Obwohl das Ganze wie ein hässlicher Kampf ums Überleben war, wurde niemand wütend, denn all das galt keineswegs als schlechtes Benehmen. So machte man das eben hier.

Um das Ganze noch interessanter zu machen, mussten wir heute in einen Fernzug steigen. Diese Züge sahen innen anders aus. Anstelle von Sitzreihen hatten sie diese schicken Abteile mit sechs Plätzen und einer Tür. Unser Ziel war es, eines dieser Abteile für unsere Familie zu ergattern, damit wir uns etwas ausbreiten und für uns sein konnten.

Ich machte mir keine Sorgen. Wir hatten diesen Vorgang perfektioniert und einen gut einstudierten Einsteig-Mechanismus entwickelt. Das gelbe Signallicht leuchtete auf, die Glocke fing an zu läuten, um zu signalisieren, dass der Zug im Anrollen war. Wir konnten Matthew nirgends sehen.

„Wo ist Matt?"

„Geh ihn lieber holen."

Matthew kam um die Ecke und rannte auf uns zu. Er schaute uns an. Wir schauten ihn an und verzogen wieder alle mitleidig das Gesicht.

„Achtung. Alle bereithalten! Der Zug kommt."

„Schnappt euch eure Sachen."

„Wo ist Zucca?"

„Hab ihn."

„Alte Frauen auf drei Uhr."

„Roger. Ich blocke sie."

Als der Zug in Sichtweite kam und langsamer wurde, setzten wir uns alle gleichzeitig in Bewegung und folgten der Tür.

„Papa geht als Erster rein. Er ist der Größte."

„Matt, du bleibst bei Papa."

„Roger."

„Sucht ein leeres Abteil und verstreut eure Sachen darin."

„Roger."

„Mama, die alten Frauen sind jetzt auf ein Uhr!“, flüsterte Katie mir zwischen zusammengebissenen Zähnen hindurch zu.

„Oh.“ Ich drehte mich ein wenig und machte mich breit, um genau vor den Damen zu stehen. Aber sie kannten diese Taktik und reagierten wiederum mit einem anderen Manöver. Bewundernswert.

Die Zugtüren zischten beim Aufgehen.

„Los, Tim, los!“

Tim stürmte gekonnt voran. Mit seinem Gardemaß pflügte er durch die Menge wie Gulliver durch die Liliputaner. Katie und ich sahen ihn mit Matt im Zug verschwinden, während wir uns noch durch den Strom kämpften. Wir wollten Zucca nicht verlieren, deshalb waren wir etwas langsamer, und weil wir wussten, dass Tim und Matt ein Abteil für uns freihalten würden, standen wir nicht so sehr unter Druck.

Eine alte Dame in einem schwarzen Hosenanzug und einer grau gemusterten Jacke trat mir einfach auf den Fuß, schob ihre nachgemachte Louis-Vuitton-Tasche zwischen uns und stieg dann auf die erste Stufe. Sie beherrschte diese ausgefeilte Taktik bemerkenswert gut. Ich gab mich geschlagen und ließ ihre Freundin auch noch einsteigen.

Dann wuchtete ich meine Tasche die Stufen hoch und sah die beiden Frauen, wie sie in der Ecke neben der Toilette standen und ihre Sachen sortierten. Ich versperrte ihnen mit meinen Taschen einen Augenblick lang den Weg und tat dabei so, als merkte ich es gar nicht. Langsam schaute ich nach links und dann nach rechts. Katie kam hinter mir herein und entdeckte Tim am anderen Ende des Waggons. Er winkte uns hastig zu sich.

„Schnell, Mama. Ich sehe sie. Sie haben ein Abteil gefunden!“

Wir zwängten uns durch den überfüllten Gang zu dem Abteil. Mit einem erleichterten Seufzer schloss Matt die Tür und zog die Vorhänge zu. Katie setzte Zucca ab und wir zogen alle unsere dicken Daunenjacken aus und verstauten unsere Sachen. Auf vier der sechs Sitze machten wir uns breit und besetzten die übrigen zwei mit dem Hund und unseren Sachen, damit ja niemand auf die Idee kam, sich zu uns zu setzen.

Alle atmeten erleichtert auf und klatschten sich gegenseitig ab. Das hatten wir wieder mal super hingekriegt!

Plötzlich wackelte die Tür und ging auf. Zwei ältere Damen steckten die Köpfe herein und fragten, ob die Plätze besetzt seien. Diese grau gemusterte Jacke hätte ich überall auf der Welt wiedererkannt.

Ich schaute ihr geradewegs in die Augen und sagte „Sì".

Sie sah sich mit zusammengekniffenen Augen im Abteil um. Auch ich kniff die Augen zusammen und zog mir den Schuh aus, um die Stelle zu massieren, auf die sie getreten war. Sie lächelte wissend, nickte und verschwand.

Irgendwie hatte ich das Gefühl, dass wir uns noch einmal begegnen würden.

Kapitel 45

Warum Amerikaner italienische Restaurants mögen, Teil I

„Ich glaube, dieser Taxifahrer hat nicht die leiseste Ahnung, wo er ist“, flüsterte Katie.

„Pst. Er versteht wahrscheinlich Englisch!“, flüsterte ich zurück.

Ronit und ich sahen uns mit hochgezogenen Augenbrauen an. Der Zickzack-Kurs war kein gutes Zeichen. Zusammen mit Zucca hatten wir uns alle auf den Rücksitz eines Taxis gequetscht, das von einem erfahrenen Taxifahrer gelenkt wurde, der seit zwei Jahrzehnten durch die Gassen Roms kurvte. Er versuchte, ein angeblich vorzügliches Restaurant zu finden, das sich auf Trüffel spezialisiert hatte und in dem wir Ronits Geburtstag feiern wollten. Ich war neugierig auf die Trüffel, weil ich sie noch nie gegessen hatte. Aber noch neugieriger war ich darauf, ob wir das Restaurant überhaupt finden würden.

Ronits Freund David, der in einem anderen Taxi saß, das schon längst außer Sichtweite war, hatte uns versichert, dass dieses Restaurant der absolute Geheimtipp unter Feinschmeckern sei und abseits des üblichen Getümmels lag.

„Zucca, halt still.“

„Katie, halt den Hund fester.“

„Versuche ich ja.“

„Ich nehme ihn“, sagte Matt.

„Ich hab doch gesagt, ich hab ihn“, zischte Katie.

„Ich glaube, wir kommen dem Restaurant näher“, flüsterte Ronit.

„Mein Fuß schläft ein.“

„Mir wird schlecht.“

Nach einer halben Stunde kamen wir mit quietschenden Reifen am Ende einer dunklen Gasse zum Stehen.

„Aussteigen!", sagte der Fahrer mürrisch.

„Hier? Ich sehe kein Restaurant. Ich sehe nicht mal ein Licht", sagte ich, ohne zu wissen, ob er mich verstand.

Der Fahrer zeigte die unheimliche Straße entlang auf ein Einbahnstraßenschild, das in die entgegengesetzte Richtung wies. „Ich kann da nicht reinfahren. Sie müssen laufen."

„Ich habe doch gesehen, wie Sie in der letzten halben Stunde in allen möglichen Einbahnstraßen in die entgegengesetzte Richtung gefahren sind", murmelte ich, doch Ronit gab mir zu verstehen, dass ich die Klappe halten sollte, und bezahlte.

Ich glaube, er hatte einfach genug von uns. Wir schälten uns aus dem Auto und standen verblüfft da, als er in genau die Richtung davonfuhr, in die er angeblich nicht fahren durfte.

Die Straße war still und unheimlich. Es schien sehr unwahrscheinlich, hier ein teures Restaurant zu finden.

„Kommt", sagte Ronit. „Es ist alles in Ordnung. Tut einfach so, als wüsstet ihr ganz genau, wohin ihr wollt."

Zucca zerrte an der Leine, als wir schweigend durch ein Viertel gingen, das so alt war, dass ich das Gefühl hatte, eine Toga tragen zu müssen. Als wir um eine dunkle Ecke bogen, sah ich erfreut, dass der Rest unserer Gruppe unter einer Gaslaterne stand.

„Seht ihr, ich hab doch gesagt, es ist alles in Ordnung", sagte Ronit, und wir atmeten alle erleichtert auf.

Das Restaurant war nur ein schmales Haus, und wir mussten zu zehnt draußen warten, während sie drinnen einen Tisch für uns deckten. Ich spähte durch die Eingangstür und sah braune Wände, weiße Tischdecken und Liebespaare.

„Katie, lass uns mit Zucca noch mal um den Block gehen, damit er müde wird", schlug ich vor, in der Hoffnung, dass er dann unterm Tisch schlafen würde. Mir war immer noch nicht wohl dabei, einen Hund in ein teures Restaurant mitzunehmen.

Als wir zurückkamen, saßen alle schon. Katie und ich blieben einen Moment draußen stehen, um Zucca zu beruhigen und uns zu überlegen, wie wir hineingehen wollten.

„Wir müssen ihn da drin ruhig halten. Schließlich wollen wir Ronit nicht den Geburtstag verderben."

Wir gingen hinein. Das Restaurant war so klein, dass unser Zehnertisch das ganze hintere Drittel einnahm. Die übrigen Tische waren gemütliche Einzeltische mit Leuten, die alle Zucca nachschauten, als wir vorbeigingen. Ich betete zum Schutzpatron der Welpen, wer auch immer das sein mochte, dass Zucca sich benahm.

Wir setzten uns ans Ende des Tisches zu Matthew und befestigten Zuccas Leine an Katies Stuhl. Katie band ihn ganz kurz an, damit er nicht herumlaufen konnte, und fing sofort an, ihm ganze Hände voll Grissini zu füttern, um ihn zu beschäftigen.

Eine gesetzt wirkende Bedienung in einem einfachen, schwarzen Kleid und weißer Schürze kam an unseren Tisch und fing an, die Angebote des Tages aufzuzählen. Jacks und Ronits Freunde waren alle laut und gut gelaunt. Es wurden viele schlagfertige Bemerkungen ausgetauscht. Die Bedienung fing an, die einzelnen Bestellungen auf ihren großen, weißen Block zu schreiben. Eine andere, genauso gekleidete Bedienung kam, um unsere Wassergläser aufzufüllen und die Weinflaschen zu öffnen.

Zucca, durch die ausgelassene Feierstimmung angeregt, zog abwechselnd von unten am weißen Tischtuch oder legte seinen wuscheligen Kopf auf Katies Schoß und versuchte, auf ihren Stuhl zu springen. Die Leine hielt ihn davon ab, aber bei jedem Satz zerrte er an Katies Stuhl, der laut quietschte.

Quietsch.

Quietsch.

Kläff.

Quietsch.

Matt und ich sahen uns über den Tisch hinweg beunruhigt und gleichzeitig belustigt an. Als die Bedienung an unser Ende des Tisches kam, sahen Katie, Matt und ich sie alle gleichzeitig an, um ihren Blick von dem Tumult unter dem Tisch abzulenken. Matt rückte mit seinem Stuhl hin und her und tat, als käme das Quietschen von ihm.

„Äh, wie waren die Farben der Trüffel doch gleich?"

Ich sah, wie Zucca den Kopf herausstreckte. Sein schwarzes, wuscheliges Fell hob sich scharf von dem weißen Tischtuch über Katies linkem Bein ab. Die Bedienung sah hinunter und rief: *„Cucciolo!"* (Welpe!)

So ein Mist. Jetzt haben wir ein Problem. Als sie sich bückte, um Zucca zu streicheln, sah ich zu Tim, der am anderen Ende des Tisches saß. Er zuckte mit den Schultern – er konnte uns nicht helfen. Wir waren auf uns gestellt.

Die Bedienung nahm unsere Bestellungen auf und überschüttete uns dann mit einem Schwall unverständlicher italienischer Worte. Daraufhin stolzierte sie davon und verschwand hinter einer schwarzen Schwingtür.

Katie beugte sich schnell hinunter, um die Leine kürzer zu machen. Plötzlich ertönte aus der Küche ein schriller Schrei und dann ein Aufruhr. Ich hörte hitziges Murmeln und Streiten.

„Katie, ich habe das ungute Gefühl, dass wir Zucca zurück ins Hotel bringen sollten."

Die Schwingtür flog auf und alle fünf Köche kamen ins Lokal gestürmt. Die Chefin – eine stattliche, ältere Dame mit grau meliertem Haar, das sie zu einem lockeren Knoten hochgesteckt hatte – ging mit einer Metallschale in der Hand voran. Vor unserem Tisch blieb sie abrupt stehen und sah mit majestätischem Gesichtsausdruck zu unserer Bedienung.

„Dove?" (Wo?)

Die Bedienung zeigte zu Katie. Ich biss die Zähne zusammen und griff nach meiner Handtasche, aber die Chefin lächelte strahlend und kniete sich vor Katie hin. Als sie die Schale abstellte, sah ich, dass Wasser für Zucca darin war. Sofort fing sie an, ihn zu liebkosen.

„Oh, il mio barboncino! Lui è cosi bello. Il mio amore." (Oh, mein kleiner Pudel! Er ist so hübsch. Mein Liebling.) *„È maschio o femminile?"* (Ist es ein Männchen oder ein Weibchen?)

„Maschio."

„Che è il suo nome?" (Wie heißt er?)

„Zucca."

„Zucca?!"

Katie kicherte und erklärte, dass wir ihn kurz vor Halloween gekauft hatten. Matthew lächelte selig wie ein stolzer Vater.

Die Chefin richtete sich immer noch lächelnd wieder auf. Sie stand einige Zeit einfach da, hatte ihre mehligen Hände in die Hüften gestemmt und starrte Zucca glückselig an. Dann seufzte sie noch einmal zufrieden auf, als hätte sie gerade ihrem jüngsten Enkel Gute Nacht gesagt, und verschwand dann wieder in der Küche.

Ich liebe dieses Land!

Kapitel 46

Der Papst

Es war am Sonntag, kurz vor Mittag, und wir waren auf dem Petersplatz in Rom. Wir standen alle vier dicht gedrängt, um uns gegenseitig warm zu halten. Am Tag zuvor hatte uns ein Taxifahrer erzählt, dass der Papst jeden Sonntag um diese Zeit an sein Fenster trat. Obwohl wir am Nachmittag schon wieder den Zug zurück nach Genua nehmen wollten, konnten wir uns diese Gelegenheit doch nicht entgehen lassen. Wenn wir den Zug verpassten, war es eben Pech.

Ich hatte Johannes Paul II. noch nie gesehen und wusste kaum etwas über ihn, nur dass er aus Polen kam, weit gereist und sehr intelligent war und das Wort Gottes in vielen Sprachen verkünden konnte. Und den vielen Bemerkungen nach zu urteilen, die ich an unserem langen Wochenende in Rom gehört hatte, wurde er von den Italienern sehr geliebt.

Um 11:45 Uhr war der Platz noch nicht einmal halb voll. Wir mussten noch eine Viertelstunde totschlagen, und ich konnte sehen, dass die Kinder unruhig wurden. „Matthew, dreh doch noch eine Runde mit Zucca."

Matt nahm die Leine und schlenderte fröhlich davon.

„Ich glaube, ich schau mir mal die Stände dort drüben an." Katie zeigte auf eine Ecke, in der religiöse Devotionalien verkauft wurden.

„Schau mal, ob du irgendetwas Nettes für Oma zu Weihnachten findest", sagte ich und gab ihr etwas Geld. Tim und ich sahen wie Zwerge aus auf der riesigen Treppe des Petersdomes, als wir langsam unsere Kreise drehten und jede Einzelheit des Säulenganges betrachteten.

„Ich wünschte, wir könnten noch ein paar Tage hierbleiben", seufzte ich. „Ich liebe dieses ehrfürchtige Gefühl."

„Ja, ich weiß, was du meinst", nickte Tim zustimmend und sah mir in die Augen. „Es ist ... berauschend, von so viel Geschichte umgeben zu sein."

Er legte den Arm um mich, und gemeinsam standen wir staunend da. Das war etwas ganz Neues, dass ich tatsächlich fähig war und Lust hatte, meine Gefühle mitzuteilen, und dass Tim mir zuhörte und sogar seinerseits emotional antwortete. Noch vor einem Jahr hätte ich mit meiner Bemerkung nur einen abwesenden Blick geerntet, und er hätte vor sich hin gemurmelt, was er noch alles zu tun hatte.

Fast unmerklich füllte sich der Platz mit Menschen. Sie kamen so leise und ehrfürchtig, dass sie uns in unseren Gedanken gar nicht störten. Katie und Matt kamen zurück, und wir drängten uns eng aneinander, als ein leichter Nieselregen einsetzte. Über der ständig wachsenden Menschenmenge gingen immer mehr Regenschirme auf. Es sah aus wie ein Bild von Monet.

Als ein Raunen durch die Menge ging, wurden wir aufmerksam. Ich schaute zur päpstlichen Wohnung im Palast des Vatikans auf und sah, dass die Fensterläden eines der Fenster geöffnet worden waren. Ein Priester lehnte sich heraus und rollte ein langes purpurfarbenes Samtbanner mit dem päpstlichen Siegel darauf über die Brüstung.

Ich warf einen Blick über die Schulter und sah, dass der Platz jetzt bis in die letzte Ecke gefüllt war. Tausende von Menschen waren gekommen, um den Papst zu sehen und den Segen von ihm zu empfangen. Alle Augen waren auf das Fenster gerichtet.

Abwarten.

Und plötzlich stand er da. Er wurde mit einem langen, respektvollen Applaus begrüßt, als er zum Gruß winkte. Johannes Paul II. begann seinen Segen: *„Nel nome del padre ..."* Wir schauten uns an und hakten uns instinktiv schweigend beieinander ein, um unsere Familie zusammenzuhalten. Wir wollten eins sein vor Gott. Sogar Zucca spürte, dass er sich jetzt benehmen musste.

Es war egal, dass ich wenig verstand. Ich spürte, wie mich die Kraft des Heiligen Geistes durchdrang und alle meine Sorgen von mir abfielen wie Münzen, die einem aus der Hand gleiten, über die Pflastersteine rollen und schließlich in den Ritzen verschwinden. Zurück blieb nur eine tiefe innere Ruhe.

Der Papst las einige Gebete, und die Menge war so still, dass ich mich umdrehen musste, um nachzusehen, ob die anderen Menschen noch da waren. Tausende von Gesichtern sahen nach oben. Tausende Herzen voller Sehnsucht. Es war zutiefst bewegend. Nur so konnte der ersehnte Weltfrieden entstehen – indem alle Menschen gemeinsam Gott suchten.

Und auch der Familienfrieden kann nur dadurch wachsen, dass jeder sich dem Herz des anderen zuwendet. Ich schaute zum Papst auf und dann wieder zu den ernsten und konzentrierten Gesichtern meiner drei.

Nach etwa 20 Minuten erteilte Johannes Paul II. noch einen abschließenden Segen, und dann war er wieder verschwunden. Die Menschenmenge verlief sich allmählich.

Wir vier gingen wortlos mit unseren Rucksäcken im Gänsemarsch mit den anderen die Via Della Conciliazione hinunter. Ein paar Straßen weiter drehte ich mich noch einmal um, um einen letzten Blick auf den Petersdom und die Menschenmenge zu werfen, die allmählich in den Straßen und Gassen verschwand wie eine Welle am Strand.

Zucca zerrte an der Leine und bellte, während Tim ein Taxi heranwinkte. „Beeilt euch. Steigt ein. Sonst verpassen wir den Zug."

„*Il treno*", erklärte Tim dem Fahrer, während wir uns auf dem Rücksitz ausbreiteten.

„*Sì, sì.*"

Das Taxi bewegte sich langsam durch die Menge der Pilger. Der Fahrer wirkte entspannt, als sei er diese allwöchentliche Erscheinung gewöhnt. „*Il Papa. É magnifico, eh?*"

„*Sì*", erwiderten wir einstimmig und nickten.

„Mama?"

„Ja, Matt?"

„Können wir noch mal hierherkommen?" Auf seiner Brille waren noch Regentropfen.

„Eines Tages, mein Schatz. So Gott will."

Kapitel 47

Busalla

Als ich mich den Berghang hinaufschleppte, merkte ich, wie immer mehr Dreckklumpen an meinen Schuhen hängen blieben. Ich war nicht gerade passend angezogen für eine spontane Bergtour. Immer wieder blieb ich stehen, um meine schlammigen Sohlen im Gras abzuwischen, damit ich beim Hinaufsteigen nicht so oft abrutschte. Kalt war es, und ich atmete die eisige Luft stoßweise ein. Es war schon ziemlich lange her, seit ich das letzte Mal so kaltes Wetter erlebt hatte, dass ich meinen Atem sehen konnte. Ich atmete tief aus und sah meiner kleinen Wolke nach, wie sie mit einem Luftzug davontrieb.

Als ich am oberen Ende der Grundstücksgrenze angekommen war, stand ich da und genoss den Anblick der Berge am nördlichen Rand von Genua. In der Ferne verdeckten Nebelschwaden die Gipfel. Das Rauschen des Windes in den Bäumen und das Plätschern eines versteckten Baches waren die einzigen Geräusche. Ich musste an diese kleinen Wiedergabegeräte mit den einprogrammierten Naturgeräuschen denken, die meine Kinder früher auf ihrem Nachttisch stehen hatten, damit sie besser einschlafen konnten. Plötzlich überkam mich Abscheu bei dem Gedanken, dass ich so etwas als Ersatz für die wirkliche Natur zugelassen hatte.

Das einzige Gebäude in Sichtweite war die beeindruckende Villa, die sich stolz zu meinen Füßen erhob. Es war das Haus, das Veronica und Thomas kaufen wollten, und sie hatten uns mitgenommen, um es uns zu zeigen. Nach dem obligatorischen Espresso, den uns der jetzige Eigentümer in der Küche serviert hatte, hatte er uns auf eigene Faust auf Entdeckungsreise gehen lassen.

Veronica war über alle Maßen entzückt, und ich verstand, weshalb. Die Villa war groß und weitläufig, mit einem Pool, einem

Stall und einem eigenen Pizzaofen im Garten. Der Besitzer wusste nicht genau, wie groß das Grundstück war, aber ein kleines Dorf hätte sicherlich darauf Platz gehabt. Das Haus lag abgelegen und ruhig hoch über Busalla. Deshalb waren Veronica und Thomas nach Italien gekommen: um in Frieden zu leben, Pferde zu züchten und die einfache Schönheit des italienischen Landlebens zu genießen.

Während sich die anderen die verschiedenen Räume der Villa ansahen, hatte es mir die Anhöhe mit den Pinien angetan. Es war nur noch eine Woche bis Weihnachten, und in Gedanken konnte ich schon sehen, wie die Äste dieser Bäume unsere Regale und Türrahmen schmückten. Dort, wo wir wohnten, gab es nur einige wenige Pinien am Meer, und so wusste ich, dass dies meine einzige Gelegenheit war, mir meine Weihnachtsdekoration zu besorgen – und zwar kostenlos.

Wir alle vermissten unsere Weihnachtssachen. Es fühlte sich ohne all das einfach nicht nach Weihnachten an. Mir fehlte auch unser alljährlicher Weihnachts-Deko-Tag, an dem wir all die Schachteln mit der Dekoration vom Dachboden holten und vorsichtig auspackten. Ich vermisste den Anblick von Matthew, wie er die Rentiere auspackte und sagte: „Mama, erinnerst du dich noch an die? Wie wär's, wenn wir sie wieder auf das Kaminsims stellen?" Und Katie, die den gewebten Wandteppich aufhängte, den sie in der zweiten Klasse gemacht hatte.

Wir hatten einige Sachen bei Ikea gekauft, um unseren winzigen Weihnachtsbaum zu schmücken (die Standardgröße in diesem Teil Italiens), und natürlich viele Kerzen. Aber das war alles. Die Wohnung sah irgendwie etwas leer aus. Es roch nach Meeresluft statt nach Tannenzweigen und Zimt.

Ich ging zum nächsten Baum und begutachtete die Zweige. Sie waren dicker, als ich erwartet hatte, und sehr rau. Ich hatte nichts dabei, womit ich sie abschneiden konnte. Also sah ich mich nach einem scharfen Stein um, als sei ich eine Indianersquaw oder so, aber ich fand keinen. Ich musste es wohl mit bloßen Händen machen. Also rieb ich meine Handflächen aneinander, um sie aufzuwärmen, und packte dann einen der dünneren Äste und versuchte, ihn abzubrechen. Natürlich bog er sich nur. Ich versuchte es immer und immer wieder, und schließlich starrte ich auf einen Baum mit nunmehr sehr unansehnlichen Ästen, die wie von Gicht gekrümmte Finger in die Luft ragten. Das funktionierte so also nicht.

Ich bemerkte, dass es hier viele verschiedene Arten von Nadelbäumen gab. Ich suchte mir eine andere Sorte aus und stapfte in meinen schlammigen Schuhen darauf zu. Ich hörte, wie der Wind meinen Namen von unten herauftrug. Die anderen fragten sich wohl, wo ich steckte. Ich kam mir etwas dumm vor und hoffte, dass sie mich nicht sehen konnten, wie ich diese armen Bäume zu Picasso-ähnlichen abstrakten Figuren verbog. Wie sollte ich das erklären? Ich duckte mich tiefer zwischen die Bäume und wählte mein nächstes Opfer aus.

Bei diesem Baum brachen die Zweige ganz leicht ab, und ich war sehr erleichtert. Ich machte weiter, bis ich einen Berg Zweige auf dem Boden liegen hatte und mit blutigen, harzverschmierten Fingern dastand. Ich nahm die Zweige und machte mich auf den Rückweg. Mein Bündel war dick, stachelig und unangenehm zu tragen. Die Nadeln stachen mich überall. Aber ich atmete den Duft der Zweige ein und war mir bewusst, dass er nicht aus einer Sprühdose oder einem Duftsäckchen kam. Für einen Augenblick war ich eine Pionierfrau im Wilden Westen, auf dem Weg zu meinem kleinen Haus in der Prärie, mit einem Bündel voller Weihnachtsdekoration, die mir Gott selbst gegeben hatte.

Als ich alles in den Kofferraum von Thomas' Auto lud, kamen Tim und Matt vorbei.

„Schaut mal, was für tolle Zweige ich für unsere Weihnachtsdekoration gefunden habe!“, sagte ich voller Begeisterung und zeigte auf das Grünzeug.

„Schön. Hast du Thomas gesehen?“

Typisch Männer. Sie waren sehr sachlich und gleich wieder bei anderen Dingen. Aber ich hatte durch dieses Erlebnis Auftrieb bekommen. Es fühlte sich so gut an, etwas mit meinen eigenen Händen zu tun. Jetzt, wo ich nicht einfach irgendeine Schachtel aufmachen und die Erinnerungen an das Vorjahr herausholen konnte, um dieser Jahreszeit noch mehr Bedeutung zu verleihen, fühlte sich alles so echt an. Das würde mein erstes Weihnachtsfest sein, das nicht mit einem Ausflug auf den Dachboden anfangen und auch wieder enden würde.

Das hieß nicht, dass alles perfekt sein würde. Ein Weihnachtsfest, an dem man nicht zu Hause ist, ist nie perfekt. Aber dieses Mal würde für alle Zeiten einzigartig bleiben. Es würde aus der Masse all der Erinnerungen an „normale" Feiertage herausragen.

Als wir uns alle wieder ins Auto gequetscht hatten und die kurvige Straße hinunterfuhren, warf ich einen letzten, verstohlenen Blick den Hügel hinauf zu meinem Picasso-Baum und lächelte insgeheim. Irgendwie hatte ich das Gefühl, dass dieser Baum Schmerzen hatte und außer sich vor Wut war. Er würde sicher mit Pinienzapfen werfen oder mit Harz tropfen oder sonst etwas, wenn ihm wieder mal jemand zu nahe kam. Wenn Veronica hier einzog, würde ich sie vor diesem Baum warnen.

Kapitel 48

Unterwegs zu dir

„Guten Morgen, Mama", sagte Katie, als ich in die Küche kam. Sie saß am Tisch und ging noch einmal ihre Hausaufgaben in Sozialkunde durch.

„Schreibst du einen Test?" Ich küsste sie auf ihr blondes Haar, ging zu Tim hinüber, der dabei war, Pfannkuchenteig zu rühren, und umarmte ihn von hinten.

Matt kam gerade frisch aus der Dusche und setzte sich zu Katie. „Wir müssen in zehn Minuten weg."

„Dir auch einen guten Morgen", sagte Tim und goss den Teig in die heiße Pfanne.

„Mama", sagte Katie, als ich mich mit meiner Tasse Kaffee an den Tisch setzte, „können wir nach der Schule Weihnachtseinkäufe machen? Weißt du noch, wie schön das letztes Mal war?"

„Klar."

„Ich gehe mit dir", sagte Tim, während er den Orangensaft aus dem Kühlschrank holte.

„Och, lass mal. Mama und ich, wir haben da so unsere Routine, wie wir das jedes Jahr machen."

„Oh. Ach so."

Katie schlug ihr Buch zu und nahm Zucca auf den Schoß. Er legte seine kleine Schnauze auf die Tischkante und schnüffelte nach Krümeln.

„Nicht am Tisch, Katie", sagte ich.

„Er macht doch nichts", meinte Tim.

Ich schaute ihn über den Rand meiner Kaffeetasse an. „Seit wann dürfen bei uns Hunde an den Tisch?"

„Entspann dich."

„Ich? Was hast du denn heute Morgen?"

Ich starrte Katie so lange an, bis sie Zucca wieder auf den Boden setzte. Sie und Matt schauten abwechselnd zu mir und Tim, und die Spannung im Raum wurde spürbar größer. Was war nur los? Meine erste Reaktion war, meinen Ärger über seine Bemerkung hinunterzuschlucken und so zu tun, als sei alles in Ordnung. Ich beherrschte die Kunst, jedem kleinsten Konflikt aus dem Weg zu gehen, schon fast genauso gut wie meine Mutter.

Tim wendete die Pfannkuchen und man sah ihre schwarzbraune Unterseite. Matt, Katie und ich schauten uns vielsagend an, und ich schob ihnen unterm Tisch heimlich ein paar Euro zu, damit sie sich auf dem Weg zur Bushaltestelle etwas in der Bäckerei holen konnten.

Tim stelle zwei Teller mit schwarzen Pfannkuchen vor die Kinder hin.

„Lecker!" Katie unterdrückte ein Kichern und goss sich ein Glas Saft ein.

„Ja, wenn man gerne Eishockey-Pucks isst", murmelte Matt und zerteilte den Pfannkuchen mit der Gabel. Obwohl er außen verkohlt war, war der Teig innen noch flüssig. Matt verdrehte die Augen, als er einen Bissen aß.

Tim hatte in Italien angefangen, jeden Morgen als Erster aufzustehen und das Frühstück zu machen. Das war neu für ihn, da er sonst immer schon weg gewesen war, wenn wir anderen aufgestanden waren, um in die Schule zu gehen. Katie und Matt gefiel es zwar, dass ihr Papa das für sie tat, aber seine Kochkünste schmeckten ihnen weniger. Doch keiner wollte Tim sagen, dass er alles viel zu kurz und bei zu hohen Temperaturen kochte oder briet, weil niemand ihn verletzen wollte.

Katie zerteilte ihren Pfannkuchen in kleine Quadrate und schob sie auf ihrem Teller hin und her, damit es so aussah, als würde sie essen.

Tim goss noch mehr Teig in die Pfanne. „Will jemand noch einen?"

„Nein, wir müssen los", riefen beide Kinder wie aus einem Mund, sammelten ihre Schulsachen ein und eilten zur Tür. „Bis so gegen vier Uhr dann."

„Dann esse ich den Rest."

Tim brachte seinen Teller zum Tisch und setzte sich mir gegenüber. Er goss sich Sirup auf den ganzen Teller und fing mit Nachdruck an, seine Pfannkuchen zu zerteilen, um zu zeigen, dass er wütend war.

„Hast du heute Morgen keinen Hunger?"

„Ich will nur Kaffee", murmelte ich.

„Katie hat fast nichts gegessen!"

„Ich weiß. Was für eine Verschwendung von Lebensmitteln." Eine Sache, über die sich Tim am liebsten aufregte, waren verschwendete Lebensmittel. Ich konnte nicht widerstehen, das noch einmal zu betonen. „Das sind fast zweieinhalb Pfannkuchen. Wir hätten sie einfrieren und morgen essen können."

„Vielleicht sollte ich die Kinder früher wecken, damit sie mehr Zeit fürs Frühstück haben."

„Gute Idee."

Ich schlurfte meinen Kaffee, während er einen Bissen nach dem anderen aß und dabei jedes Mal mit den Zähnen über die Gabel schabte – eine Angewohnheit, die mich an den Rand des Wahnsinns trieb. Das Schweigen zog sich minutenlang hin, und ich überlegte, welche Wahl ich hatte: Ich konnte (a) seine Bemerkung zum Thema „Hunde am Tisch" noch einmal ansprechen, dann würden wir uns ganz sicher darüber streiten, wer was besser wusste, oder (b) aufstehen und schweigend abspülen oder (c) mit meiner Tasse Kaffee ins Wohnzimmer gehen und etwas Zeit mit meinen alten Freunden Wut und Distanz vergeuden und dazu noch eine Portion Sarkasmus servieren.

Ich hasste solche Situationen. Es waren diese kurzen Augenblicke, die riesige Gräben zwischen uns aufrissen. Das Verrückte an der Sache war, dass ich nicht die leiseste Ahnung hatte, was genau da eigentlich zwischen uns ablief. Warum war heute alles so anders als an den anderen Tagen, an denen wir verbrannte Pfannkuchen, die in der Mitte noch flüssig waren, zum Frühstück aßen?

In letzter Zeit hatte ich angefangen, die Ehe mit dem Negativ eines Fotos zu vergleichen. Ich kann mich noch erinnern, dass ich als junges Mädchen mal eines gegen das Licht gehalten und staunend festgestellt hatte, dass es eine verborgene dunkle Seite hatte.

Diese dunklen Stellen unserer Beziehung waren mir nur allzu bewusst geworden. Ich hatte erkannt, dass die ungesagten Worte und das, was wir *nicht* tun, genauso schädlich sein können wie die offenen Streitigkeiten. Jahrelang hatte ich nur die offensichtlichen Dinge betrachtet, wie Verpflichtungen, Schule, Veranstaltungen und Partys. Aber die „Negativ"-Seiten, leere Momente wie dieser, hatten langsam, aber sicher ihre eisigen Finger um meinen Hals gelegt und mich erstickt. Das wollte ich nicht noch einmal zulassen.

Bittet, so wird euch gegeben. Sucht, so werdet ihr finden. Na gut, Gott, dann bitte ich dich jetzt, mir zu helfen, meine Verhaltensmuster zu ändern. Hilf mir, die Möglichkeit (d) zu finden, damit Tim und ich wirklich miteinander kommunizieren können.

Das neue Ich in mir stellte die Kaffeetasse ab und holte tief Luft. „Was ist heute Morgen mit dir los?"

„Mit *mir?* Und was ist mit dir?"

„Warum hast du mich vor den Kindern kritisiert? Warum hast du die Regel mit dem Hund ohne jeden Grund verworfen?"

„Weil du immer allen sagst, was sie zu tun haben."

„Ich habe sie nur daran erinnert, dass es für Zucca bei Tisch eine Regel gibt."

„Das ist das Gleiche."

„Nein, ist es nicht."

„Jetzt sagst du mir also auch noch, was ich denken soll."

Klasse. Genau deshalb ging ich Konflikten aus dem Weg. Unsere Worte waren wie Pfeile, die wir in die Dunkelheit schossen. Sie trafen nie das eigentliche Ziel. *Hol nochmal tief Luft. Zieh jetzt nicht den Schwanz ein. Setz das um, was du gelernt hast.*

„Schatz, wenn du mich vor den Kindern kritisierst, dann fühle ich mich erniedrigt. Es ist, als ob du sagen würdest, dass meine Meinung weniger zählt als deine."

„Dann will ich dir mal sagen, wann ich mich erniedrigt fühle."

„Okay."

„Du und die Kinder, ihr seid wie eine Clique, zu der ich nicht dazugehören darf. Hinter meinem Rücken kichert ihr und verständigt euch heimlich. Was glaubst du, wie sich das anfühlt?"

Das saß.

„Vermutlich … nicht so toll."

„Nein. Und dabei stehe ich jeden Morgen extra früh auf, um euch Frühstück zu machen und den Start in den Tag für die Kinder schön zu machen. Und das ist der Dank dafür."

„Wir sind kein Geheimklub hinter deinem Rücken, wir sind nur einfach drei Menschen, die sehr viel Zeit miteinander verbracht haben – ohne dich. Und so sieht Vertrautheit eben manchmal aus. Ich will das damit nicht entschuldigen."

„Ach, und wann habt ihr so viel Zeit miteinander verbracht – ohne mich? Als ich mir auf der Arbeit den Arsch aufgerissen habe, um das Geld für uns alle heranzuschaffen?"

Ich merkte, wie er innerlich seine Boxhandschuhe zu schnüren begann. *Gleich geht's wieder los.* „Ja, dann, und auch bei anderen Gelegenheiten."

„Meine Arbeitsstunden haben euch ein verdammt schönes Leben beschert. Darüber habe ich nie jemanden klagen hören."

„Ich will das jetzt nicht alles wieder aufwärmen. Das haben wir alles hinter uns gelassen, stimmt's? Ich sage nur, dass du nur dann eine enge Beziehung zu deinen Kindern haben wirst, wenn du in den wichtigen Momenten ihres Lebens da bist. Und diese Momente sind nicht wie bei Fernsehkomödien, wenn abends alle beim Essen sitzen und du wie der Papa bei den Waltons am Kopfende des Tischs sitzt oder wenn du nur in Ausnahmefällen zu ihren Wettkämpfen kommst oder jeden Abend wie ein Zombie vor dem Fernseher sitzt. Diese Momente finden im Stillen statt. Es sind die plötzlichen dunklen Zeiten in ihrem jungen Leben. Zum Beispiel, wenn Matt nach einem schweren Tag in der Schule, an dem niemand mit ihm gespielt hat, zu dir ins Auto steigt oder morgens im Bad, wenn Katie ihre Frisur nicht so hinbekommt, wie sie alle anderen Mädchen haben, oder in der Schlange an der Kasse im Supermarkt, wenn sie all ihren Mut zusammennehmen und dir sagen, dass du über alle Maßen peinlich für sie bist, weil du so altmodische Jeans trägst."

Tim stellte seinen Teller in die Spüle und ging hinaus. Jetzt war der Graben zwischen uns noch größer geworden als am Anfang dieser Unterhaltung. *Warum muss ich immer zu viel sagen?* Ich stieß die Luft aus, ließ den Kopf hängen und legte eine Wange auf den schweren Holztisch.

Als klar war, dass Tim nicht wiederkommen würde, um die Unterhaltung zu beenden, stand ich auf und fing an abzuspülen. *Herr, ich suche ja, aber ich habe nicht das Gefühl, dass ich etwas finde.*

„Such weiter. Ihr beide gebt immer zu schnell auf. Ihr seid beide unterwegs zueinander."

Aber warum muss das immer so schwer sein? Er will doch gar nicht mit mir reden. Es interessiert ihn nicht, was ich denke.

„Geh zu ihm."

Das bringt doch nichts. Ich tat beschäftigt und spülte die Teller, räumte das Essen weg und wischte die Arbeitsfläche ab. Als ich mir die Hände am Geschirrtuch abtrocknete, hatte ich das Gefühl, dass Gott immer noch da war.

„Geh schon!"

Na gut.

Tim stand auf der Dachterrasse, die Arme auf dem schmiedeeisernen Geländer verschränkt, das rings herumlief. Die Wäsche von heute Morgen hing hinter ihm auf der Wäscheleine und flatterte im kalten Winterwind. Ich zog meine Jacke zu und stellte mich neben ihn. Mein Haar wehte um meinen Kopf wie die Schlangen der Medusa. Wir starrten vor uns auf den Horizont, wo das graue Meer mit den Wolken zusammentraf, die aussahen wie geronnene Milch.

„Ich will nicht nur derjenige sein, zu dem sie kommen, wenn sie Geld brauchen. Ich will auch etwas von der guten Seite, verstehst du?"

„Ja, ich weiß."

„Ich bin nicht sauer auf dich. Ich … ich weiß nur nicht, wie ich das ändern kann. Ich muss doch arbeiten gehen."

„Du änderst es doch schon. Du bist hier. Du kochst für sie. Daraus ergeben sich alle möglichen lustigen Geschichten, an die ihr euch gemeinsam erinnert. Du wirst schon sehen. Den Kindern gefällt das."

„Wirst du aufhören, ihnen heimlich unter dem Tisch Geld zuzustecken?"

Ich nickte.

„Susan", sagte Tim und drehte sich zu mir um. „Ich weiß, dass es in den letzten Jahren zwischen uns nicht immer gut gelaufen ist."

„Stopp. Lass uns jetzt nicht die alten Sachen ausgraben."

„Ich möchte mich entschuldigen für alles, was ich getan oder nicht getan habe, das dich verletzt hat … das uns alle oder die Kinder verletzt hat. Ich weiß nicht …"

Ich legte meinen kalten Finger auf seine Lippen. „Mir tut es auch leid. Wir haben uns gegenseitig verletzt. Aber diese Menschen, diese beiden verwirrten, verlorenen, dummen, unglücklichen Menschen, die gibt es jetzt nicht mehr. Sie sind weg." Ich sah in seine tränenfeuchten Augen. „Nicht wahr?"

„Komm her", sagte Tim und zog mich an sich, um mich in der kalten Winterluft zu wärmen, während mir heiße Tränen übers Gesicht liefen. „Ich hoffe, dass ich die Idioten nie wiedersehe", flüsterte er.

Wir standen lange da und sahen einem einsamen Segler zu, der sich seinen Weg durch die raue See vor der Küste bahnte. Wo auch immer er hinwollte, ich hoffte für ihn, dass es die Sache wert war.

„Tim, wie wäre es, wenn du heute mit den Kindern die Weihnachtseinkäufe machst?"

„Bist du sicher?"

„Und versuch mal, die Flamme unter der Pfanne etwas kleiner zu drehen und die Pfannkuchen dafür länger zu backen."

Kapitel 49

Warum Amerikaner italienische Restaurants mögen, Teil II

„Ciao, Tiiehm!“

„Ciao, Susanna!“

„Ciao, Katie!“

„Ciao, Matteo!“

„Ciao, ciao, ciao. Buona sera. Ciao!“

Egizio, seine Frau Christina, seine Söhne Simone und Daniele, seine Tochter Madalena und Giuseppina, die elegante, blonde Schwiegermutter, die an der Kasse saß, riefen uns ihre Grüße alle gleichzeitig zu. Das ganze Restaurant drehte sich um, um die hochgewachsene Familie zu sehen, die diese Pizzeria heimsuchte. Mir taten vor lauter Lächeln die Wangen weh.

Wir waren gerade zu Egizio gegangen, der berühmten Pizzeria, die bei uns im Viertel lag, nur gut 50 Meter von unserer Haustür entfernt. Wenn man nicht wusste, dass sie da war, würde man sie zwischen all den Hochhäusern niemals finden. Aber offensichtlich wusste ganz Genua, wo die Pizzeria war, denn hier war es immer gerammelt voll.

Simone, der mit seiner schief sitzenden Brille und den zerzausten braunen Haaren aussah wie ein zerstreuter Wissenschaftler, brachte uns freudig zu unserem Tisch, teilte die Speisekarten aus und nahm unsere Getränkebestellung auf, während er sich ein paar Minuten mit uns über seinen Tag unterhielt. In den letzten Monaten hatte ich erfahren, dass er schnelle Autos liebte und vorhatte, eine T-Shirt-Firma zu eröffnen. Außerdem wollte er nur zu gern einmal nach Amerika reisen, aber er hatte Angst vorm Fliegen.

Die hübsche, zierliche, blonde Madalena kam wenige Augenblicke später mit einigen Tellern voller selbst gemachter genuesischer Vorspeisen und Salate an unseren Tisch, die Giuseppina jeden Morgen für besondere Gäste zubereitete. Wir schauten zu Guiseppina hinüber, die an der Kasse saß, und winkten ihr dankend zu. Sie strahlte.

Simone kam mit unseren Getränken und einem Teller voll hauchdünner Scheiben Bresaola-Schinken zurück. Er zeigte uns, wie man ihn mit Rucola, geraspeltem Parmesan, Olivenöl und Zitronensaft aß. Begeistert probierten wir von allem, während wir in den Speisekarten unsere Lieblingspizza aussuchten.

Ich liebte dieses Restaurant. Seine alten Holztische und die Familien-Erbstücke an den Wänden verliehen ihm eine Atmosphäre von ehrlicher Arbeit und Familientradition.

Wir waren am Abend unseres Einzugs halb verhungert und müde hier eingefallen. Stefano und Sabrina hatten uns gesagt, dass die Pizza hier ausgezeichnet sei. Ich erinnerte mich noch daran, wie ich auf der Eckbank saß und versuchte, aus der Speisekarte schlau zu werden. Wir kannten das Wort „Pizza“, aber es gab so viele Arten und sie waren mit so vielen verschiedenen Dingen belegt, dass die Wörter auf der Speisekarte für uns nur ein großes Rätsel waren. Wir waren so müde und es war so anstrengend. Es muss gewirkt haben, als versuchten wir ägyptische Hieroglyphen zu entschlüsseln.

An jenem Abend war uns der junge Simone zu Hilfe gekommen und hatte uns in gebrochenem Englisch geholfen, uns durch Begriffe wie *quattro staggioni* (vier Jahreszeiten), *melanzana* (Aubergine), *cipolla* (Zwiebel), *carciofo* (Artischocke) und die gefürchteten *acciughe* (Sardellen) zu kämpfen. Letzten Endes hatten wir alle einfach eine Pizza mit Käse bestellt, um auf der sicheren Seite zu sein.

Als wir die anderen um uns herum beobachteten, lernten wir auch, dass Italiener ihre Pizza mit Messer und Gabel essen. Sie mit den Fingern zu essen galt als hochgradig unzivilisiert. Das war so ähnlich, als wenn man im Steakhaus ein Filetsteak in die Faust nehmen und darauf herumkauen würde.

Jetzt, einige Monate später, waren wir echte Pizzafachleute und kannten alle Arten auswendig. Jeder von uns hatte längst seine Lieblingspizza gefunden. Matthew bestellte immer eine Käse-Würstchen-Pizza, Katie liebte die Margherita, ich mochte am liebsten die mit frischen Tomaten und Rucola, und Tim wollte immer extra viel Wurst darauf.

„Matteo!"

Ich hörte Egizios Stimme und drehte mich um, um ihn zu begrüßen, als er in seiner weißen Schürze zu unserem Tisch kam. Sein freundlicher Gesichtsausdruck und seine sanfte Art gaben uns immer das Gefühl, hier willkommen zu sein. Er war in unserem Alter, sah aber durch die harte Arbeit etwas älter aus, und er sprach auch oft davon, wie müde er sei. Unter seinen sanften, freundlichen, fast schwarzen Augen befanden sich immer dunkle Ringe. Ich habe mich oft gefragt, ob er nicht einmal seinen Eisenspiegel überprüfen lassen sollte.

„Komm." Er winkte Matthew, ihm zu folgen. Matthew strahlte, und wir wussten alle, wo er hinging. Egizio zwinkerte uns zu, während er hinter Matthew einige schmale Stufen hinunterstieg.

Die schüchterne und ernsthafte Christina kam mit unseren Getränken. Wir lächelten uns gegenseitig an, als sie die Gläser still auf den Tisch stellte.

„Ich komme gleich wieder", sagte ich zu Katie und Tim und hielt erklärend unsere Kamera hoch.

„Gute Idee", erwiderte Tim, als ich ebenfalls die schmalen Stufen hinunterging, die Matt genommen hatte. Mit jeder Treppenstufe nach unten stieg die Temperatur. Bald war ich unten angekommen, wo in einem alten Steinofen ein Feuer loderte. Egizio, dem sein kinnlanges schwarzes Haar lose ums Gesicht fiel, legte noch ein paar Holzscheite nach, während Matthew, der jetzt auch eine weiße Schürze und eine Kochmütze trug, die Pizza, die er gerade vorbereitet hatte, auf einen Holzschieber legte. Er schob den Holzschieber in den Ofen und legte die Pizza neben die glühenden Kohlen ab. Ich machte einen Schnappschuss und Matthew grinste übers ganze Gesicht.

„Er ist ein Pizzabäcker!", rief Egizio lächelnd und warf beide Hände in die Luft. „Noch eine!", befahl er dann Matthew, der sich an den nächsten Teigklumpen machte. Matt knetete den Teig sanft und breitete ihn mit den Händen aus, als würde er das schon seit Jahren machen.

„Matthew, schau her und sag ‚Cheese'." Ich machte noch ein paar Aufnahmen, während Matt den Belag auf die Pizza streute und sie auf den Holzschieber legte. Er schob die Pizza in den Ofen, holte die erste heraus und strahlte vor Stolz, als er sie auf einen großen, runden Teller legte. Egizio reichte Matt den Teller und gab ihm zu verstehen, er solle die Pizza an unseren Tisch bringen.

„Okay?", fragte Egizio und machte ihm ein Zeichen zu gehen.

„Okay", nickte Matt.

Wir gingen wieder die Treppe hoch, und Matt stellte sein Kunstwerk stolz vor Tim und Katie hin. Mit rotem Kopf – von der Hitze und vor Stolz – setzte Matt sich dann an seinen Platz.

Wir gratulierten ihm zu seinen Fähigkeiten. Als die anderen Pizzen kamen, machten wir uns gierig darüber her, während sich das Restaurant zusehends füllte. Hier war es jeden Abend knallvoll. *Egizios* war unter die 10 besten Pizzerias im ganzen Land gewählt worden, weil er einen so hauchdünnen Teig machte, wie wir ihn sonst nirgends gegessen hatten. Als wir ihn einmal nach seinem Geheimnis fragten, erzählte er uns, dass es ein altes Hausrezept sei, das er von seinen Vorfahren gelernt hatte, eine Kombination verschiedener Mehlsorten, einige geheime Zutaten und gutes Wasser. Hier schworen viele Menschen darauf, dass die Qualität des Wassers den ganz großen Unterschied machte.

Als wir fertig waren mit essen, kam Simone an unseren Tisch.

„Digestivo?"

„Ja, warum nicht?"

Nach wenigen Minuten kam er mit zwei Gläsern und der neuesten Grappa-Variante, die sie hier ausprobierten. In der Flasche, die er brachte, schwammen Holzäpfel.

„Das hier ist fantastisch und erfrischend", sagte er und küsste sich dabei die Fingerspitzen. Er füllte unsere kleinen Likörgläser und stellte dann die ganze Flasche auf den Tisch.

Das war auch so eine Sitte, die ich liebte. In Amerika könnte man so etwas nie machen, weil wahrscheinlich der ganze Tisch die Gelegenheit nutzen würde, sich unbeobachtet einzuschenken. Etwa so, als wenn man die Flasche vor eine Gruppe von Achtklässlern hinstellt und dann verschwindet. Die Flasche wäre in kürzester Zeit leer, und jeder würde behaupten, er habe nur einen Schluck getrunken. Hier konnte die Flasche eine ganze Stunde auf dem Tisch stehen, und niemand prüfte nach, wie viel getrunken wurde.

Ich nahm einen Schluck, aber der Grappa schmeckte abscheulich. Ich sah aus dem Augenwinkel, dass Egizio und Simone auf unseren Tisch zukamen, und da ich sie nicht beleidigen wollte, zwang ich mich, mein Glas mit einem Lächeln (und einem Husten) zu leeren. Ich spürte, wie mein Körper gegen den Grappa ankämpfte, der sich seinen Weg durch meinen Hals brannte.

„Ist gut?" Egizio war sichtlich stolz auf seine neue Kreation.

„Sehr gut", sagte Tim.

Katie und Matt kicherten.

Tim und ich plauderten noch ein wenig mit Egizio und Simone, bis der Rest der Familie herbeikam, die Hände hochriss und sich beklagte, dass sie die ganze Arbeit allein machen mussten. Egizio und Simone standen unter viel Protest und einem gespielten Familienstreit auf.

„Egizio", rief Tim ihm nach. „Conto?"

Egizio holte einen Block heraus und schrieb etwas auf. „Fünf Euro", verkündete er dann und klatschte den Zettel mit einem schelmischen Ausdruck auf den Tisch.

Tim nahm einen 5-Euro-Schein heraus, legte ihn auf die Rechnung und steckte der lächelnden Guiseppina unauffällig einen 50-Euro-Schein zu, als wir lachend das Restaurant verließen.

Kapitel 50

Bus fahren, Teil IV

Die Busfahrer streikten mal wieder. Offensichtlich hatten sie bei ihren letzten beiden Streiks nichts erreicht. Tim und ich würden wohl mit dem Zug nach Genua fahren müssen, um unsere Weihnachtseinkäufe noch zu erledigen.

Vielleicht würden wir diesmal ja tatsächlich etwas von dem kaufen, was auf unserer Liste stand. Die letzten Male hatten wir uns ablenken lassen und in einem netten Lokal gebratene Calamari gegessen, die wir dann anschließend natürlich mit einer Flasche Weißwein hinunterspülen mussten.

Kapitel 51

Die drei Weihnachtssterne

Matthew zündete das letzte Teelicht an, und die winzige Flamme spiegelte sich in seinen Brillengläsern. Wir hatten wohl mindestens 40 davon in der ganzen Wohnung zwischen den Zweigen, die ich in Busalla geholt hatte, und den kleinen Weihnachtssternen verteilt, die Tim dem Blumenhändler abgeschwatzt hatte. Ich war mir nicht ganz sicher, wer mehr strahlte: die Kerzen oder Matthews Augen. Es war jetzt offiziell Heiligabend.

Unser kleiner Weihnachtsbaum stand mitten im Wohnzimmer, stolz geschmückt mit Strohsternen und roten Schleifen. Katie kam mit einem Tablett voller ausgefallener Vorspeisen herein, darunter auch Glögg (skandinavischer Glühwein), geräuchertes Rentierherz und eingelegte Heringe, die ich mitgebracht hatte, als ich Anfang Dezember mit Veronica in Stockholm gewesen war. Tim stand neben der Stereoanlage und suchte die passende Musik für den Anlass. Das war für uns der wichtigste Abend im ganzen Jahr, und alle bemühten sich, dass er so schön wie möglich wurde.

„Ich glaube, wir sind so weit", verkündete Matt.

„Wisst ihr was? Ich glaube, ich gehe noch mal schnell auf die Toilette", sagte ich und ging den Flur entlang ins Schlafzimmer.

„Was hältst du von Bing Crosby?" Ich hörte noch, wie Tim und Katie anfingen zu diskutieren, welche Musik sie einlegen sollten.

Um ehrlich zu sein wollte ich einfach einen Augenblick allein sein. Ich war nicht ganz auf der Höhe. Aber das beunruhigte mich nicht, denn an diese sporadisch wiederkehrenden Tiefs hatte ich mich inzwischen gewöhnt. Ich saß in der Dunkelheit auf dem Bett, holte tief Luft und starrte durch die Glasschiebetür auf das pechschwarze Meer hinaus. Die Nachtluft war verlockend, und so schlich ich mich leise nach draußen und ging auf die *Terrazza*. Es war kalt, wie es in der Nacht von Christi Geburt ja auch irgendwie sein sollte.

Eine tiefe Stille lag über der Gegend. Es gab kaum Verkehrsgeräusche, und ausnahmsweise hörte ich auch keinen Zug. Sogar in Annalisas Wohnung unter uns war es still, was sehr selten der Fall war.

In jedem Fenster von Genua bis Portofino schienen Lichter zu brennen. Vor der Küste lagen ein paar Schiffe vor Anker, auf denen man grüne und rote Lichter aufgehängt hatte.

Der Neumondhimmel war erstaunlich klar und übersät mit Sternen. Genau über mir stand der Orion. In Gedanken verband ich die Punkte seines Gürtels. Es war eine kleine Gewohnheit von mir, mir immer beim Anblick dieser drei Sterne, die mich in Gedanken zurückversetzten in das Zimmer meiner Brüder in unseren Kindertagen, etwas zu wünschen.

Wir hatten damals mit 8 Personen in einer Fünfzimmerwohnung gelebt. Da ich das einzige Mädchen war, hatte ich ein eigenes Zimmer, das gleichzeitig auch als Gästezimmer diente. Wenn meine Großeltern zu Besuch kamen, holte mein Vater das schwarze, eiserne Klappbett aus der Abstellkammer und baute es im Zimmer meiner Brüder auf. Das Klappbett passte genau zwischen das Fußende ihres Doppelbetts und den alten Heizkörper, an dem ich mir in kalten Nächten durch die Decke hindurch die Füße wärmen konnte.

Ich liebte diese Gelegenheiten, denn bei meinen Brüdern war es unendlich viel unterhaltsamer als die Einzelhaft in meinem Zimmer. Dreckige Socken flogen durch die Dunkelheit, wir erzählten uns Witze und erstickten unser Kichern gekonnt in unseren Kopfkissen. Nachdem mein Vater vom Wohnzimmer aus ein paar Mal drohend: „Wenn ich hochkommen muss, dann …“, gerufen hatte, schliefen wir dann endlich glücklich und zufrieden ein.

Das Kopfende meines Klappbettes stand dann immer genau unter dem Fenster. In den stillen Momenten, kurz bevor wir einschliefen, schaute ich zu dem schmalen Streifen Himmel hinauf, der genau über mir zwischen unserem Haus und dem Nachbarhaus zu sehen war. Im Winter standen dort immer drei Sterne genau in einer Reihe. In dem Alter hatte ich noch keine Ahnung von Astronomie oder Sternbildern; ich wusste nur, dass das immer um Weihnachten herum passierte. Die Sterne erinnerten mich an die drei Könige, die durch die Wüste zogen.

Es waren meine ganz persönlichen drei Weihnachtssterne, eines dieser Dinge aus der Kindheit, das ich nie jemandem verraten hatte, weil ich wusste, dass mich meine fünf Brüder damit nur endlos aufgezogen und geärgert hätten. Meine drei Weihnachtssterne hingen auch mit der Ankunft meiner Großeltern zusammen, die immer mit den Armen voller Geschenke kamen, die wir sofort schüttelten und betasteten, um irgendwelche Hinweise auf ihren Inhalt zu finden. Etwa eine Woche lang war unser Haus dann zum Platzen voll – genau wie mein Herz.

Als Kind spürte ich diese Feiertage ganz tief in mir. Wie eine brennende Kerze in einer Laterne, so erfüllte mich ihr Geist mit heller Vorfreude und dem Licht der Liebe. Ich strahlte einfach.

Aber als ich erwachsen war, war es, als hätte jemand die Kerze aus mir herausgenommen und auf irgendeinen Kerzenständer am anderen Ende des Zimmers gestellt. Die Flamme – die jetzt sowohl Licht brachte als auch Schatten warf – war viel zu weit weg, um irgendjemanden zu wärmen.

Ich hatte geglaubt, dass Heiligabend in dieser wunderbaren Umgebung diese Leere in mir wieder füllen könnte, aber das tat es nicht. Ich kam mir dumm vor, als ich mir eingestand, dass ich gerne wieder 8 Jahre alt gewesen wäre und am Fenster gestanden und darauf gewartet hätte, dass Großvaters blauer *Thunderbird* in unsere Einfahrt bog. Ich vermisste es, mich für das Familienfoto mit den anderen in unseren neuen Kleidern wie die Orgelpfeifen der Größe nach vor dem Kamin aufstellen zu müssen. Ich vermisste es, mit meiner Familie um den Weihnachtsbaum zu sitzen, während mein kleiner Bruder systematisch alle Lichter im Haus ausmachte, damit die bunten Lichter am Weihnachtsbaum das Zimmer magisch erleuchteten. Ich konnte die bunten Bonbons förmlich schmecken, die immer an Weihnachten auf wundersame Weise im Nikolaus-Glas erschienen, dessen roter Filzdeckel so schwer wieder richtig zu schließen war, damit niemand merkte, dass man sich schon wieder eins genommen hatte.

Die tiefe volle Stimme von Nat King Cole unterbrach meine Gedanken. „Oh Holy Night", mein Lieblings-Weihnachtslied, drang aus unserer Wohnung nach draußen in die Stille. Da die Italiener keine Weihnachtsmusik hörten, war klar, dass es aus unserem Wohnzimmer kam. Das war Tims Art, mir zu verstehen zu geben, dass sie auf mich warteten.

Ich warf einen letzten Blick auf meine drei Sterne und wusste, dass es wirklich eine heilige Nacht war. Jede Nacht, die Familien zusammenbringt, sei es durch Erinnerungen oder Rituale, um ihre Liebe und Verbundenheit zu erneuern, ist eine heilige Nacht. Eine Nacht, in der wir der ganzen Welt zeigten, dass wir an diesem Feiertag zusammen sein wollten, weil wir eine Familie waren, und dass es bei unserem Lachen und Feiern um Liebe ging.

Jesus hätte jederzeit als erwachsener Mann irgendwo hier auf die Erde kommen können. Aber das tat er nicht. Er entschied sich, in eine ganz gewöhnliche Familie hineingeboren zu werden, um zu zeigen, welchen Stellenwert die Familie als eine der kostbarsten Einheiten im Leben hat.

Also wünschte ich mir beim Anblick meiner drei Sterne im Stillen dieselben drei Dinge, die ich mir seit der Geburt unserer Kinder jedes Jahr gewünscht hatte: Ich betete für alle Großeltern, die mit ihren Geschenken weit fuhren. Ich betete für alle Eltern, die mit ihren Worten und der Art, wie sie das Fest für ihre Kinder gestalteten, den Zauber von Weihnachten in ihren Händen hielten. Ich betete, dass alle Kinder, ganz gleich in welchen Umständen sie lebten, Gottes Frieden und seine Freude so tief in sich spüren würden, dass auch sie sich für den Rest ihres Lebens danach sehnen würden, noch einmal 8 Jahre alt zu sein.

Ich schlich mich wieder hinein und betätigte die Wasserspülung gleich ein paar Mal, um sicher zu sein, dass keiner merkte, dass ich ihnen etwas vorgemacht hatte. Dann ging ich wieder ins Wohnzimmer, wo ich von ungeduldig tappenden Füßen und verschränkten Armen empfangen wurde.

„Na endlich“, sagte Matthew.

„Darf eine Mutter nicht mal zehn Minuten allein sein?“

„Nicht an Heiligabend“, erwiderte er.

„Kommt schon. Die erste Runde. Ich teile die Karten aus.“ Tim brachte die Sache wie immer in Gang.

„Na, ich hoffe, dass es dir jetzt besser geht.“ Matt konnte die Sache natürlich nicht so einfach auf sich beruhen lassen.

Ich setzte mich an den Tisch, auf dem unsere dampfenden Becher mit Glögg standen, und betrachtete diese drei wunderbaren Gesichter im Kerzenlicht.

„Ja, Matt, es geht mir viel besser.“

Kapitel 52

Innsbruck

Der 26. Dezember. Eine absolut sternenklare, bitterkalte Nacht. Wir schlenderten durch die Altstadt von Innsbruck, auf der Suche nach einem Restaurant, in dem wir uns wärmen und unsere hungrigen Mägen füllen konnten. Wir waren am Morgen vor Sonnenaufgang aufgestanden, hatten unsere übliche Gepäckration von einem Rucksack pro Person geschnappt, dazu etwas Futter für Zucca, und waren im Dunkeln den Berg hinuntergestapft zur Bushaltestelle, damit wir in Genua am Bahnhof Brignole den ersten Zug erwischten. Die Kinder hatten zwei Wochen Schulferien, und wir wollten keine Minute verschwenden.

Eine Zugfahrt von einem ganzen Tag brachte uns nach Norden in diese ehemalige Olympiastadt in Österreich, wo die Skisprungschanze sich immer noch über der Stadt erhob. Wir waren alle in Daunenjacken gepackt, wie Michelin-Männchen in Regenbogenfarben, die die Straße entlanghüpften. Unsere erste Amtshandlung würde es sein, Mützen und Handschuhe zu kaufen. Ohne die richtige Ausrüstung würden wir in diesem verschneiten Winterwunderland niemals überleben.

Die Straßen waren voller Menschen. Wie unser Reiseführer uns versprochen hatte, war Innsbruck absolut malerisch und liebenswert mit seinen alten Steinhäusern, die reich mit selbst gemachten Tannengirlanden geschmückt waren. Ich ertappte mich dabei, wie ich „Edelweiß“ aus *Sound of Music* summte.

„Da ist ein Laden mit Schals im Schaufenster.“ Katie zeigte auf einen kleinen Souvenirladen zu unserer Rechten.

Matt öffnete mit Zucca auf dem Arm die Tür zum Läuten einer Kuhglocke. Der winzige, bunte Laden war vollgestopft mit Krimskrams und Souvenirs.

„Tim, ich glaube, die könnten dir passen“, sagte ich und hielt ein paar echte Lederhosen hoch. „Die Länge der Hosenbeine wäre ja egal." Tim nahm sie mir aus der Hand und hielt sie sich an.

„Tragen die Leute hier so etwas tatsächlich?"

„Nur, wenn ihre Enkelin Heidi heißt."

„Hier sind Mützen", rief Katie aus der Ecke, wo sie schon vor dem Spiegel stand und eine anprobierte.

„Ich nehme eine blaue", sagte Tim.

„Ich will grau", meinte Matt.

Katie und ich brauchten viel länger, weil wir über jeder Masche und jedem Detail brüteten. Als wir schließlich wieder aus dem Laden kamen, hatten wir uns für eine kuschelige cremefarbene Mütze für mich und eine dunkelblau-weiße Skimütze mit Ohrenklappen für sie entschieden und gingen zu Tim und Matt, die ein Stück weiter mit verschränkten Armen und knallroten Nasen auf uns warteten. Die meisten Läden waren inzwischen geschlossen, und es wurde still in der hereinbrechenden Dunkelheit. Der Schnee knirschte unter unseren Füßen, als wir um die Ecke bogen. Ein hell erleuchteter Weihnachtsbaum schmückte einen verlassenen Platz. Die Szene sah aus wie eine zum Leben erweckte Weihnachtskarte.

„Hört mal", sagte Tim und blieb plötzlich stehen.

Weihnachtsmusik mit Geige, Cello, Flöte und anderen Instrumenten wehte zu uns herüber. „Wo kommt das her?"

Wie Kinder, die dem Rattenfänger von Hameln folgten, so folgten wir den Klängen durch ein Labyrinth von Kopfsteinpflasterstraßen zu einem anderen Platz, der von hohen, schmalen, schneebedeckten Gebäuden umgeben war. An den oberen Stockwerken befanden sich große Balkone mit schmiedeeisernen Geländern. Auf zwei gegenüberliegenden Balkonen saßen Kammermusiker und veranstalteten den feinsten Musiker-Wettstreit. Eine Gruppe spielte eine oder zwei Strophen, und dann spielte die andere weiter.

Überall standen die Menschen schweigend in Gruppen zusammen und hörten zu. Sie hatten ihre Gesichter, in denen sich der Schein nostalgischer Straßenlaternen widerspiegelte, nach oben zu den Musikern gekehrt. Einige dekorierte Stände, an denen heiße Getränke ausgeschenkt wurden, standen auf dem Platz. Aber die Budenbesitzer waren ebenfalls still und ehrfürchtig. Es war ein Anblick wie im Traum. Noch nie hatte „Unser Heiland ist nun da!“ so schön geklungen. Sogar Zucca lag ganz still und zufrieden in Matthews Arm. Als das Lied zu Ende war, ertönte durch Handschuhe gedämpfter Applaus, aber niemand rührte sich.

Eine einzelne Geige fing an, „Stille Nacht“ zu spielen, und die Schönheit und Einfachheit der Melodie rührte mich im tiefsten Inneren an. Tim sah zu mir, ich griff nach seiner Hand, und wir ließen die Schönheit dieses Augenblicks schweigend auf uns wirken. Die beiden Ensembles spielten weiter, immer abwechselnd, und erzählten so die Weihnachtsgeschichte auf eine so wunderbare Art, dass Worte völlig fehl am Platz gewesen wären.

Ich konnte nicht fassen, wie sehr meine Seele in diesem Jahr im Ausland genährt wurde. Solche überraschenden Geschenke vom Himmel wie dieses kamen mit einer Regelmäßigkeit herunter wie das Manna in der Wüste. In all den Jahren meines kontrollierten, absolut durchgeplanten Lebens war alles Magische verschwunden, weil ich alles immer im Griff gehabt hatte. Aber jetzt wusste ich, dass ich nicht der große Zauberer war.

Inzwischen hatten wir sechs Monate in Europa gelebt, und das Witzige daran war, dass ich mein Haus gar nicht mehr vermisste. Ich vermisste mein Auto nicht. Ich vermisste meine schönen Teak-Gartenmöbel nicht. Ich vermisste meine edle Bettwäsche oder meine extra angefertigten Vorhänge nicht, ja noch nicht einmal das Porzellan meiner Großmutter. All die Dinge um mich herum, von denen ich gedacht hatte, dass sie für ein schönes Zuhause so wichtig seien, waren aus meinen Gedanken verschwunden, und es machte mir gar nichts aus. Das Einzige, was ich je wirklich vermissen würde, waren die drei Menschen neben mir (und Zucca und Carmel Corn).

Abende wie dieser machten mir noch mehr Mut. Sie halfen mir, ein bisschen mehr loszulassen und mit offenen, leeren Händen dazustehen, mich verletzlich zu machen und nach Gottes

Hand auszustrecken. Obwohl das, was wir uns erschaffen, etwas Tröstliches hat und Luxusgüter etwas Wunderbares sind, können sie einfach nicht mit dem Gefühl mithalten, in einer sternklaren, stillen Nacht im Herzen Innsbrucks zu stehen … *in himmlischer Ruh.*

Kapitel 53

Salzburg

Auf einer improvisierten Eisbahn in der Altstadt von Salzburg, die schnell aufgebaut worden war, um von den Touristen Geld zu kassieren, drängten sich die Eisläufer. Seit wir am Vorabend angekommen waren, hatte Matthew gebettelt, dass wir hingehen sollten.

„Mama, du bist hier die einzige Erwachsene auf Schlittschuhen. Wir treffen uns da drüben." Katie brach in schallendes Lachen aus und lief schwankend davon. Ich sah mich um und entdeckte, dass sie recht hatte. Das Durchschnittsalter der Möchtegern-Eisläufer lag etwa bei 9 Jahren. Das hob meine Stimmung nicht gerade.

Ich hatte mir vorgestellt, wie wir alle in Salzburg ankommen, uns kurz Mozarts Geburtshaus anschauen und dann eine Stadtrundfahrt mit einem dieser Busse machen, bei denen man die Lieder aus *The Sound of Music* singt, während man an den Orten vorbeifährt, an denen der Film spielt. Na gut, das ist vielleicht ein bisschen kitschig. Aber ich kannte nun mal jede einzelne Liedzeile aus dem Film, und eine bessere Gelegenheit, mich einmal wie Julie Andrews zu fühlen, würde ich vielleicht nie bekommen.

Aber als wir an diesem Morgen aufwachten, herrschte kaltes, graues, nasses Wetter. So gar nicht wie in *Sound of Music*. Bei Kaffee und heißem Kakao im Frühstücksraum erklärte ich den anderen meine Vorschläge. Ihre abwesenden, ausdruckslosen Blicke verrieten mir, dass außer mir niemand daran interessiert war, jeden Berg des Films zu erklimmen und durch jeden Bach zu waten.

Wir verbrachten also den Tag rund um die Altstadt von Salzburg. Wir spazierten um den Mozartplatz und besichtigten sein Geburtshaus. Wir sahen die stattliche, mittelalterliche Burg, die

Festung Hohensalzburg, die sich über der Stadt erhob, und marschierten die alten Kopfsteinpflasterstraßen entlang. Jedes Mal, wenn wir auch nur in die Nähe der Eisbahn kamen, fragte Matt: „Gehen wir jetzt Schlittschuhlaufen?“ Dann erwiderte einer von uns: „Vielleicht später.“ In unserer Erwachsenensprache hieß das, „Nein“. Aber für Matt hieß es: „Vielleicht später“.

Wir hatten alle möglichen Ausreden. „Jetzt ist es zu voll“, oder: „Jetzt ist es zu kalt“, oder: „Vielleicht nachher, wenn die kleinen Kinder Mittagsschlaf machen“, oder: „Vielleicht nachher, wenn *wir* Mittagsschlaf gemacht haben“. Man sollte meinen, er hätte es allmählich verstanden.

Matthew war kein Quengler und bettelte nur selten um etwas. Wir waren angenehm überrascht gewesen, wie locker er das Ganze nahm und die Reise genoss. Das war vielleicht der Grund, weshalb ich nicht direkt sagen wollte: „Nein. Bei all den tollen Dingen, die man machen kann, wenn man nur einen einzigen Tag in Salzburg ist, werden wir keine einzige Minute damit vergeuden, auf einer mickrigen 10x10-Meter-Eisbahn auf Plastikkufen herumzurutschen.“

Nachdem wir also alle einen Mittagsschlaf gemacht hatten, zogen wir uns wieder für den Abend in der Stadt an. Wir gingen über die gepflasterten Gehwege, als die Sonne gerade mit einem warmen, goldenen Licht unterging und die ersten Sterne am Himmel erschienen. Überall in der Stadt ging die Festtagsbeleuchtung an, und wir machten alle möglichen Vorschläge, wo wir essen gehen konnten.

Wir bogen um die gefürchtete Ecke – und da lag die Eisbahn in all ihrer Pracht vor uns, jetzt mit ein paar Lichterketten erleuchtet. Tim, Katie und ich warfen uns Blicke zu und hielten die Luft an. Ein paar Schritte sagte niemand etwas. Wir dachten, Matt hätte vielleicht seine Meinung geändert. Aber nein.

„Mama?“

„Matt, wir wollten doch essen gehen …“

„Und?“

Lange Pause. Ich sah Hilfe suchend zu Tim und Katie. Nichts.

„Ich möchte …“ Seine Augen wurden feucht.

Mein Herz stockte kurz. „Geh du doch einfach hin und lauf ein bisschen. Wir bleiben hier und schauen dir zu."

Er rührte sich nicht vom Fleck, und eine Träne lief über sein Gesicht. „Ich wollte doch nur mit dir Schlittschuh laufen", flüsterte er und sah mich voller Inbrunst geradewegs an. Ich holte tief Luft und überlegte, seit wann ich seine allerliebste Mama war.

Ich schaute Tim an. Er schaute mich an. Wir schauten beide Matthew an.

„Na, dann los." Ich gab Tim meine Handtasche, und Matt und ich gingen zu dem kleinen Schuppen, um uns Schlittschuhe auszuleihen und zu bezahlen. Im letzten Moment kam Katie noch hinterher.

So saß ich also da und schnürte meine Schlittschuhe, während Matthew es aufgab, einen Platz in der Schlange für uns freizuhalten, und auf die Eisfläche ging. Er spielte schon seit Jahren Rollschuhhockey und zog mühelos seine Kreise auf dem Eis. Ich schaute über die Zwergenmenge und fand Katie sofort. Ungeschickt wankte ich zu ihr hinüber, wohl wissend, dass wir uns schrecklich anstellen würden.

„Du zuerst."

„Nein, du."

„Großes Baby", sagte sie lachend, setzte den Fuß aufs Eis und glitt an der zerkratzten Bande entlang. Ich tippelte aufs Eis, klammerte mich neben ihr an die Bande und versuchte, ein Gefühl für die Kufen zu bekommen. Matt sauste immer wieder an uns vorbei, als sei er ein Eishockeystar.

„Kommt schon! Worauf wartet ihr?", rief er uns zu.

Katie stieß sich zuerst von der Bande ab und landete sofort der Länge nach auf dem Eis wie ein eingestürztes Kartenhaus. Es sah nicht besonders schön aus. Ich schwankte zu ihr hinüber, um ihr aufzuhelfen, aber wir mussten so lachen, dass wir kaum das Gleichgewicht halten konnten. Ich half ihr gerade, wieder an die Bande zu kommen, als Matt vorbeisauste und die Augen verdrehte. Ich hörte Zucca von seinem gemütlichen Platz auf der Bank bei Tim bellen.

Schließlich stieß ich mich ab und fing an zu laufen, zuerst ganz langsam, aber dann wurde ich immer schneller. Ich schaffte mehrere Runden, ohne hinzufallen, und langsam fing es an, Spaß zu machen. Ich beugte die Knie, lehnte mich ein wenig nach vorne und versuchte, locker zu bleiben. Am besten tat ich einfach so, als sei ich nicht einen halben Meter größer als alle anderen auf dem Eis – mit Ausnahme von Katie.

Matt kam zu mir und wir liefen eine Zeit lang schweigend Arm in Arm.

Abstoßen. Abstoßen. Gleiten.

Abstoßen. Abstoßen. Gleiten.

„Matt, du bist ein toller Eisläufer."

Er nickte zustimmend.

Abstoßen. Abstoßen. Gleiten.

Abstoßen. Abstoßen. Gleiten.

„Würdest du nicht das Gleiche auch von mir sagen?"

„Nein."

Wir mussten beide lachen.

„Schaut mal hierher und winkt!", schrie Tim von der Seite, wo er gerade die Kamera richtig einstellte. Wir schnitten Grimassen, und er machte ein paar Bilder, als wir vorbeiglitten.

„Mama, schau mal, die Burg." Matt zeigte zur Festung Hohensalzburg, die hoch über uns auf einem Hügel stand. Sie war von Hunderten von Scheinwerfern malerisch erleuchtet und thronte über den Dächern der Altstadt.

„Matt, ich bin froh, dass du nicht nachgegeben hast. Das macht wirklich Spaß."

„Hab ich doch gesagt."

Wir drehten noch eine Runde, und dann war er wieder verschwunden, weil ich ihm zu langsam war. Sein Gesichtsausdruck war der Innbegriff von Zufriedenheit.

Katie und ich hielten durch, bis Matt genug hatte. Insgesamt war es weniger als eine Stunde gewesen. Demütig musste ich feststellen, dass ich mich um diese Gelegenheit zur inneren Verbundenheit mit Matthew gebracht hätte, wären wir nicht auf seinen einfachen Wunsch eingegangen. Erst, als sich mein schlechtes Gewissen meldete, war ich bereit, auf ihn zu hören. Dieser Satz:

„Ich wollte doch nur mit dir Schlittschuh laufen …“, wird mir ewig nachgehen.

Wir zogen die Schlittschuhe aus und gingen die Straße entlang, auf der Suche nach unserem Abendessen. Ich hatte so eine Ahnung, dass wir uns an diese Dreiviertelstunde auf dieser winzigen Eisbahn am lebhaftesten erinnern würden, wenn wir später an unseren kurzen Aufenthalt in dieser wunderbaren Stadt zurückdenken.

Kapitel 54

Musso-Behandlung

Giglio parkte seinen tannengrünen Wagen gerade auf einem Parkplatz in Recco, als Pierangela auf ein Restaurant auf der anderen Straßenseite zeigte, das „Ristorante Della Ponte", was „Restaurant an der Brücke" hieß, wie mir Giglio erklärte. Giglio lenkte unseren Blick ganz nach oben, hoch über unsere Köpfe, wo ein Pfeiler unter der Autobahnbrücke zwischen zwei Hügeln stand.

„Hier gibt es das beste *focaccia de formaggio* in ganz Ligurien."

Wir gingen über die Straße in das Restaurant und wurden so herzlich begrüßt, dass uns an diesem kalten Januartag ganz warm wurde.

„Ciao, Giglio."

„Ciao, Pierangela."

„Ciao, ciao, ciao."

Eine ganze Herde gutaussehender Männer stand hinter dem Tresen. Einer von ihnen lächelte breit und machte eine theatralische Verbeugung.

„Dov' è sua bella nipote, Carolina?" (Wo ist Ihre hübsche Enkelin, Carolina?)

„Lei è a scuola. Lei è troppo vecchio!" (Sie ist in der Schule. Sie sind viel zu alt!) Giglio tat, als sei er angewidert. Pierangela kicherte.

„L'aspetterò!" (Ich warte, bis sie alt genug ist.) Der Ober legte die Hand aufs Herz und seufzte. „E poi la sposerò." (Und dann werde ich sie heiraten.) Offensichtlich kannte man hier die Familie Reduzzi gut.

Der Herzensbrecher nahm sich vier Speisekarten und führte uns an einen Tisch in der Mitte. Das Lokal war einfach eingerichtet, hell und freundlich.

Als alle sich gesetzt hatten, bestellte Giglio für uns: „Vino bianco e acqua naturale per la tavola." Er machte eine Geste zu uns hin, und wir nickten zustimmend. „Ricordi" (Denken Sie daran), sagte Giglio mit erhobenem Zeigefinger. „Musso-Behandlung!"

Der Ober warf den Kopf zurück und lachte. Giglio erklärte uns, dass seine Tochter mit einem Mann mit dem Nachnamen Musso verheiratet war, dessen Eltern sehr wohlhabend sind. Als Giglio und Pierangela einmal mit den Mussos zusammen in diesem Restaurant zu Abend aßen, war Giglio aufgefallen, dass sie sehr bevorzugt behandelt wurden. Da Giglio so etwas nicht einfach durchgehen ließ, ließ er den Restaurantbesitzer wissen, dass er erwartete, genauso behandelt zu werden, auch wenn er ohne die Mussos kam. Seither war es ein Insiderwitz, und er bekam tatsächlich jedes Mal die „Musso-Behandlung", wenn er hier aß.

Schon bald standen auf dem Tisch diverse Teller mit frisch zubereiteten Meeresfrüchten und *focaccia de formaggio.* Wenn wir gerade den Mund leer hatten, versuchten wir, unser Italienisch zu verbessern, und Pierangela arbeitete an ihrem Englisch. Giglio war damit beschäftigt, uns allen bei der Verständigung zu helfen.

„Giglio, du hast den falschen Beruf. Du solltest Dolmetscher bei der UN sein."

„Nein, das hier ist eine viel größere Herausforderung." Er zwinkerte und wischte sich den Mund mit der weißen Stoffserviette ab. „Wer will noch einen Nachtisch?"

Giglio hob den Finger, und der Ober sah ihn. Mit viel Tamtam kam er an unseren Tisch geeilt: Musso-Behandlung.

„Sì?"

„Due espressi, due cappuccini e quattro sorbetti di limone per favore", bestellte Giglio. Der Ober verneigte sich tief und ging.

„Ich muss euch etwas fragen." Plötzlich war Giglio ganz ernst.

„Ja?"

„Ich will mir ein neues Auto kaufen."

„Herzlichen Glückwunsch!"

„Das will ich damit nicht sagen", wies er uns zurecht wie ein Vater. „Hört mir gut zu. Ich habe nachgeschaut, was ich für den Neon noch bekomme. Es sind zweitausend Euro. Wenn ihr das Auto kaufen wollt, dann lasse ich es auf mich angemeldet und nehme euch in die Versicherung mit rein. Dann müsst ihr euch nicht durch den ganzen Papierkram kämpfen. Wenn ihr nach Amerika zurückgeht, verschrotten wir es einfach. Was meint ihr dazu?"

Was wir dazu meinten? Tim und ich konnten gar nicht schnell genug nicken. Wer würde so etwas für jemand anderes tun? Es war eine Sache, uns sein Auto zu verkaufen, aber es auf seinen Namen und unter seiner Versicherung laufen zu lassen? Ich wusste gar nicht, was ich sagen sollte.

„Deine Großzügigkeit ist überwältigend", sagte Tim.

„Nicht doch", winkte Giglio ab.

Während man uns den Kaffee und das Sorbet brachte, besprachen Tim und Giglio die Einzelheiten. Pierangela und ich unterhielten uns in kurzen Sätzen wie „Grazie mille" und: „Ich werde vorsichtig fahren", oder: „Ich werde keine Strafzettel kassieren".

Ich schaute dieses wunderbare Ehepaar über den Tisch hinweg an. Immer, wenn wir wirklich Hilfe gebraucht hatten oder auch nur mal jemanden, der mit uns lachte, war Giglio zur Stelle gewesen. Als Gegenleistung wollte er nur unsere Freundschaft und ein paar Tüten Marshmallows, die er liebte, aber in Italien nicht bekommen konnte. Ihre Freundschaft war ganz unerwartet unsere Rettung geworden. Sie waren lustig und nett, und es machte einfach Spaß, mit ihnen zusammen zu sein. Und jetzt wusste ich, dass sie auch über alle Maßen großzügig waren. Es war wohl kein Zufall, dass in Pierangelas Name das Wort „Engel" steckte.

Wir bezahlten und gingen zum Auto, das ich jetzt mit ganz anderen Augen sah. Niemand würde besser auf das Auto aufpassen als ich. Noch nie hatte ein 95er Neon so schön und edel ausgesehen. Als Giglio die Autobahn nach Nervi entlangsauste, klatschten wir uns auf dem Rücksitz heimlich ab. Nie mehr mit vollen Einkaufstüten den Berg hinauflaufen! Keine nächtlichen Busfahrten mehr zu Matts Basketballtraining! Nie mehr den langen Weg zur Haltestelle laufen, nur um dann festzustellen, dass die Busfahrer streikten! Jetzt konnten wir auch Ziele, zu denen man mit Bus und Zug nicht hinkam, auf unsere Liste für Ausflüge setzen.

Wir kamen zu unserem Block und bogen in die Einfahrt ein. Einen Moment lang saßen wir alle vier da.

„Wir wissen gar nicht, wie wir euch danken sollen", fing Tim an.

„Ihr habt uns vom ersten Tag an die Musso-Behandlung zukommen lassen", fügte ich hinzu.

„Nicht doch. Geht jetzt!", sagte Giglio lachend und winkte uns, auszusteigen.

„Ihr könnt das Auto erst in etwa vier Wochen haben. Ist das in Ordnung?"

„Natürlich. Das ist perfekt."

Wir sahen ihm nach, als er rückwärts aus der Einfahrt fuhr, den Berg hinunter zu seinem Haus rollte und dort vorsichtig parkte.

„Könnt ihr euch vorstellen, wie anders diese Welt wäre", dachte ich laut, „wenn wir uns alle gegenseitig die Musso-Behandlung zukommen lassen würden?"

Kapitel 55

Bus fahren, Teil V

Die Busfahrer streikten mal wieder. Offensichtlich hatten sie bei ihren letzten drei Streiks nichts erreicht.

Ich hatte fast schon ein schlechtes Gewissen, als ich mit unserem glänzend grünen Wagen an den Menschenmengen auf den Gehwegen und an den Bahnsteigen vorbeifuhr, die auf die Züge warteten.

Aber nur fast.

Kapitel 56

Zug fahren, Teil II

„Amanda, du bist dran."

„Ich weiß."

„Entweder hast du die passende Karte oder du hast sie nicht."

Matthew lehnte sich mit einem Seufzer gegen das ausgeblichene rote Sitzpolster und verdrehte die Augen. Tim und Katie beugten sich vor und starrten Amanda an. Ich klopfte mit den Karten den Rhythmus zu Beethovens Fünfter auf die Plastikarmlehne. Zucca bellte, als der Zug zischend zum Stehen kam. Wir bemerkten kaum, wie die Reisenden ein- und ausstiegen, weil wir alle Amanda ansahen und darauf warteten, dass sie eine Karte legte.

Schließlich legte sie eine Acht. „Herz", verkündete sie und schwang ihr glattes, blondes Haar über die Schulter zurück. Jeder von uns legte eine Herzkarte, und dann war sie wieder dran. Und dann warteten wir wieder alle. Wir waren auf dem Weg nach Würzburg, wo wir umsteigen mussten, um dann nach Rothenburg ob der Tauber zu fahren.

Es war der Montag der *settimana bianca*, der weißen Woche. Im Februar haben die Schulen in Ligurien eine Woche lang geschlossen, damit die Familien zum Skifahren in die Berge fahren können. Wir hatten beschlossen, die Woche zu nutzen, um etwas von Deutschland zu sehen und Paris und Bern zu besichtigen. Amanda, eine von Katies besten Freundinnen aus der Schule, war eine Amerikanerin, die jetzt mit ihrer Mutter und ihrem italienischen Stiefvater in Genua lebte.

„Amanda! Du musst gleich Strafkarten nehmen, wenn du dich nicht ein bisschen mehr beeilst."

Wir haben in unserer Familie schon immer gern Karten gespielt, aber dieses Jahr hatte das ganz neue Ausmaße angenommen. Wir waren Mau-Mau-süchtig. Aber nicht nach den üblichen Regeln. Bei uns kamen noch etwa 15 selbst erfundene Regeln dazu, die einen ganz wirr machen konnten. Und um die Spannung noch zu steigern, bekam derjenige, der als Erstes 5.000 Punkte erreicht hatte, eine dicke Strafe, wie zum Beispiel einen ganzen Monat lang Geschirr spülen.

Wir ärgerten uns zwar darüber, dass Amanda so langsam war, verstanden es aber auch, denn für sie war das Spiel neu und sie musste sehr viel im Gedächtnis behalten. Unsere Spielrunden dauerten oft Tage. Diese Runde hatte angefangen, als wir in Genua in den Zug gestiegen waren. Wir hatten gespielt, bis wir in München waren, und dann am nächsten Tag wieder, als wir über den Marienplatz und durch die Biergärten gingen. Jedes Mal, wenn wir irgendwo haltmachten, um eine heiße Schokolade zu trinken oder etwas zu essen, holten wir die Karten und das sorgfältig zusammengefaltete Blatt mit dem Punktestand heraus, das wir bewachten wie eine Schatzkarte.

Amanda legte einen Buben, eine Sieben und dann den gefürchteten Joker.

„Tim!", sagte sie schadenfroh.

Tim kniff die Augen zusammen, als er vier Strafkarten ziehen musste. Der Zug wurde schneller, und schon bald sausten wir wieder durch Deutschland. Es war faszinierend, Europa durch ein Zugfenster zu sehen, zu beobachten, wie sich die Architektur ganz langsam oder auch nicht so langsam veränderte, während wir über Grenzen fuhren. Die unterschiedlichen Landschaften und das sich ändernde Klima, das die Menschen prägte, die hier lebten. Zu sehen, wie sich die Sprache auf den Hinweisschildern änderte, und zu versuchen, Ähnlichkeiten zwischen den Wörtern zu finden, damit ich sie entziffern konnte.

Wie ein heimlicher Beobachter sah ich die ständigen Begrüßungen und Abschiedsszenen am Bahnsteig durchs Fenster: weinende Liebespärchen, Kinder, die nach dem Gesicht ihrer Mutter suchten, gelangweilte, angespannte, fröhliche Menschen. Ein herausgeputztes Mädchen neben einem Mann in abgetragener Jacke. Jedes Gesicht hatte eine Geschichte zu erzählen, wenn ich nur geduldig dasaß und beobachtete.

„Mau!“, verkündete Katie triumphierend. Das war das Zeichen, dass sie nur noch eine Karte hatte und in der nächsten Runde fertig würde.

Tim legte das Pik-As, und wir atmeten alle erleichtert auf. „Katie“, verkündete er freudig.

„Nein!“ Katie stöhnte, als sie drei Strafkarten zog. Und das Spiel ging weiter.

Wenn man vier (oder in diesem Fall fünf) Menschen für neun Stunden zusammensteckt, dann müssen sie zwangsläufig irgendetwas miteinander machen. Karten spielen, Witze machen, sich unterhalten, Gespräche mit anderen Reisenden führen, einen Snack vom Servicewagen kaufen.

Alles war sehr unterhaltsam. Wie zum Beispiel auf der Fahrt nach Mailand, als drei Abteile weiter zwei Tenöre ihre Opernarien übten, oder die Fahrt über die Alpen an einem sehr stürmischen Tag, bei der wir die faszinierendsten Wasserfälle sahen, die ich je außerhalb eines *National Geographic*-Magazins erblickt hatte. Oder als der Zug einmal plötzlich so ruckte, dass Matthew im Schoß einer wunderschönen jungen Schweizerin landete. Und die lange Fahrt nach Brüssel im Raucherabteil, bei der wir die Köpfe hinter den Vorhängen an die Lüftungsschlitze hielten, um frische Luft zu bekommen.

Irgendwann auf all diesen Kilometern von Gleisen, auf denen wir im Zickzack durch Europa fuhren, wurde mir klar, dass es zwei Arten gab, Geld auszugeben: Wir konnten es so ausgeben, dass die Welt es sah, oder wir konnten es so ausgeben, dass wir die Welt sahen. Die zweite Art erwies sich als die bessere.

Ich legte eine Drei ab, wodurch sich die Spielrichtung änderte, und sagte „Mau!“. Weil ich noch eine Acht in der Hand hatte, triumphierte ich schon im Stillen. Wenn keiner den anderen Joker hatte, würde ich gewinnen. Ich lehnte mich genüsslich zurück und schaute zum Fenster hinaus, während meine Gegenspieler sich den Kopf zerbrachen, wie sie mich reinlegen konnten. Aus den Augenwinkeln sah ich ein Schild, das am Fenster vorbeisauste. Durch den leichten Schneefall hindurch konnte ich gerade noch „Würzburg“ und „Bahnhof“ lesen.

Amanda legte den andern Joker ab und sagte verschmitzt: „Susan.“

„Nein!“, schrie ich auf.

„Du musst vier nehmen!“, lachten Katie und Matt mich aus.

„Nein! Wir müssen aussteigen! Jetzt!“ Ich sprang auf und drückte auf den Halteknopf.

„Was?“ Alle starrten mich in Panik an.

„Ich habe das Bahnhofsschild gesehen! Jetzt kommt Würzburg. Nehmt eure Sachen!“ Arme und Beine flogen durcheinander und griffen nach Rucksäcken, Koffern und Winterjacken.

Der Zug wurde langsamer. Wir packten immer noch unsere Sachen ein, als die Türen schon aufgingen. Verstreute Essensreste und Spielkarten wurden hektisch eingesammelt, Zucca bellte.

„Beeilt euch!“

„Wir verpassen unseren Anschlusszug!“

„Nimm den Hund.“

„Wessen Jacke ist das?“

„Unser Anschluss, unser Anschluss!“

„Alles klar.“

In all dem Durcheinander nahm ich nur entfernt wahr, dass wir die Einzigen waren, die dieser Halt zu interessieren schien. Außer uns stieg niemand aus. Aber der Groschen fiel nicht. Wir hasteten mit unseren Sachen zur Tür, die schon wieder zugehen wollte. Der Zug setzte sich bereits wieder in Bewegung, als wir einer nach dem anderen auf den Bahnsteig sprangen. Anscheinend hatte der Lokführer im Spiegel gesehen, dass ein paar Verrückte immer noch ausstiegen, denn er legte noch einmal eine Vollbremsung hin, sodass Amanda, die Letzte von uns, auf den Bahnsteig purzelte. Puh! Nicht besonders elegant, aber Gott sei Dank hatten wir es noch geschafft.

Die Zugtüren schlossen sich und der Zug fuhr davon. Ich rappelte mich auf, kam wieder zu Atem und richtete mich schließlich auf, um mich umzusehen. Wir standen auf einem winzigen Bahnsteig, nicht größer als eine Parklücke, und weit und breit waren kein Bahnhofsgebäude und keine anderen Reisenden zu sehen. Wir standen ganz allein mitten in einem Industriegebiet, während sich der Schnee allmählich mit Graupel mischte. Fünf Köpfe schauten nach rechts und sahen nichts. Dann schauten sie nach links und entdeckten ein Schild, auf dem stand: „Würzburg Süd“. Wir wollten einfach nur nach Würzburg, ohne Süd.

Vier Augenpaare starrten mich wütend an.

Ich zuckte mit den Schultern. „Tut mir leid. Das *Süd* habe ich nicht gesehen.“

„Und jetzt?“

„Es sind noch elf Minuten bis zu unserem Anschlusszug.“

„Ich glaube nicht, dass wir das schaffen.“

Das taten wir auch nicht. Aber der nächste Zug kam schon nach zwei Stunden …

Kapitel 57

Künstlerische Bilder und lustige Geschichten

Die Sonne schien durch die Ritzen der hölzernen Fensterläden und weckte mich. Ich stützte mich auf die Ellenbogen auf und betrachtete von unserem Himmelbett aus meine Umgebung. In dem eleganten Zimmer mit mintgrünen Wänden und beigefarbenen Zierleisten war es ganz still, und Staubkörnchen tanzten in den Sonnenstrahlen. Es war zwar noch früh, aber Tim war schon aufgestanden und hinausgegangen.

Ich wusste, wo er war.

Meine Füße berührten den kalten Boden, und ich zog mir eine Jeans und einen weißen Rollkragenpullover an. Ein wenig kaltes Wasser ins Gesicht und ein paar Striche mit der Haarbürste, und ich war ansehnlich genug, um zu ihm zu gehen. Leise schlich ich mich an dem Klappbett vorbei, auf dem Matthew schlief, und ging zur Tür hinaus. Als ich den Gang entlangtappte, lauschte ich an Katies und Amandas Zimmertür. Nichts zu hören.

Das Romantik-Hotel Markusturm in Rothenburg war eines der schönsten Hotels, in denen wir in diesem Jahr gewesen waren. Nach dem gestrigen „Zugunglück" in Würzburg hatten wir unsere Koffer mit einigen Stunden Verspätung über die Steinbrücke in die jahrhundertealte Stadt mit ihren Türmen, Wehrmauern, steinernen Torbögen und Fachwerkhäusern gerollt. Die Stadt mit ihrer zehn Meter hohen Stadtmauer und dem trockengelegten Graben ringsum zog uns sofort in ihren Bann.

Ich ging die mit Teppich ausgelegte Treppe hinunter, blieb auf dem Treppenabsatz stehen, schob die weißen Gardinen zur Seite und spähte hinaus. Die Kopfsteinpflasterstraße mit den Läden links und rechts erwachte langsam zum Leben. Bei dem Gedanken an die Ereignisse des Vortages musste ich lächeln, ging gut gelaunt die Treppe hinunter und folgte dem Duft von frischen Brötchen in den holzgetäfelten Frühstücksraum, wo Tim saß und die *International Herald Tribune* las. Ich schlich mich von hinten an ihn heran, legte ihm die Arme um die Schultern und gab ihm einen Kuss auf die Wange.

„Guten Morgen. Ich habe gar nicht gehört, wie du aufgestanden bist“, sagte ich und ließ mich auf den Stuhl neben ihm fallen. An meinem Platz stand schon eine weiße Porzellantasse mit Goldrand.

„Tust du doch nie“, erwiderte er mit einem Augenzwinkern und goss mir aus einer silbernen Kanne Kaffee ein.

„Irgendwelche Neuigkeiten?“

„Nicht wirklich.“

Neben der Zeitung lagen unsere Digitalkamera und ein Stapel Broschüren über die Romantische Straße, die Tim von der Rezeption geholt hatte.

Die erste Broschüre, die ich aufschlug, war eine Karte von der ganzen Romantischen Straße, die sich kilometerlang über Süddeutschland erstreckte, angefangen in Würzburg bis nach Füssen. Die farbenfrohen Bilder der hübschen Orte und mächtigen Burgen zeigten deutlich, woher die Straße ihren Namen hatte. Das wäre die perfekte Hochzeitsreise.

„Irgendwann einmal sollten wir die ganze Straße entlangfahren. Von Anfang bis Ende“, meinte ich begeistert.

„Tim?“

„Hmm?“

„Meinst du nicht, das wäre schön?“

„Hmm.“

Mit sorgfältig abgespreiztem kleinem Finger schlürfte ich noch einige Minuten lang meinen Kaffee und sah zu, wie sich die anderen Tische allmählich füllten. Ich nahm die Kamera und sah mir noch einmal die Bilder von gestern an. Als ich Katie, Matt und Amanda auf einem der alten Torbögen sah oder Tim neben einer alten Tür, die nur bis zu seiner Brust reichte, musste ich grinsen. Das ältere Ehepaar, das sich beim Abendessen geweigert hatte, uns zu bedienen, und der Barkeeper, der zehn Minuten gebraucht hatte, um Tims Bierkrug zu füllen. Aber was …?

„Tim, was ist mit den übrigen Bildern passiert?“

„Was?“

„Ich habe bestimmt noch zwanzig Bilder gemacht. Das Rathaus, der große Marktplatz, die Festung und diese großen runden Kuchen im Schaufenster der Bäckerei.“

„Die habe ich gelöscht.“

„Was?“

„Ich wollte Platz machen für die Fotos von heute und dem Rest unserer Reise.“

„Mir haben die Fotos aber gefallen!“

„Das waren doch nur Bilder von der Stadt. Davon können wir auch Postkarten kaufen.“

„Das waren nicht nur Bilder von der Stadt, das waren meine künstlerischen Projekte!“, protestierte ich mit zusammengebissenen Zähnen.

„Nicht so laut. Warum regst du dich denn so auf?“

Mein Herz klopfte wie wild, und ich spürte, wie mir heiß wurde. „Wenn ich etwas sehe, das schön ist oder irgendwie besonders, dann will ich mich daran erinnern. Ich will mich an den Moment erinnern, als es meine Aufmerksamkeit gefesselt hat, an den Ort, an dem ich stand, ich will wissen, aus welchem Winkel die Sonne darauf schien. Ich würde niemals deine Bilder löschen, ohne dich zu fragen.“

„Unser ganzer Computer ist voll von deinen künstlerischen Bildern von diesem Jahr. Eine Woche ohne wird dich nicht umbringen.“

„Schau dir mal die hier an. Bilder von Bedienungen? Barkeepern? Hmm. Hier sind noch mehr: eines von *dir* mit einem großen Schwert in der Hand, eines von *dir* neben einem riesigen Teddy, und hier noch diese äußerst interessante Aufnahme von *dir* neben unserer Badewanne im Badezimmer. Tim ganz allein auf der Romantischen Straße … “

„Das waren die Augenblicke, in denen wir über etwas gelacht haben. Das sind Erinnerungen.“

„Warum glaubst du, dass du anderer Leute Bilder einfach löschen kannst?"

„Hast du deine Tage?"

„Was hast du gerade gesagt?"

„Du bist total gereizt und fängst hier eine Szene an."

„Ach! Wenn du wütend wirst, soll die ganze Welt die Luft anhalten, bis du deinen Willen bekommst, aber wenn ich wütend bin, erzählst du mir nur, dass ich gereizt bin, und vermutest, dass ich meine Tage habe, was übrigens nicht der Fall ist." Ich legte die Kamera vor ihn hin und starrte ihn mit zusammengekniffenen Augen an.

„Du bist anscheinend mit dem falschen Fuß zuerst aufgestanden", sagte er mit einem selbstgefälligen Grinsen. „Komm, trink noch einen Kaffee."

„Ich will keinen Kaffee mehr", erwiderte ich. „Ich will wissen, warum du meinst, es sei in Ordnung, meine Bilder zu löschen."

„Ich habe eine Führungsentscheidung getroffen. Ich wusste nicht, dass ich damit den Dritten Weltkrieg auslösen würde."

„Nur damit du es weißt: Führungsentscheidungen können normalerweise nur die treffen, die auch der Chef sind. Und soweit ich weiß, ist diese Familie nicht irgendein Unternehmen, dessen Manager du bist." Ich stand auf, machte auf dem Absatz kehrt und fühlte gerechten Zorn in mir. Und ich war stolz auf mich, weil ich meine Gefühle so klar und deutlich ausgedrückt hatte. Ich marschierte an einigen Tischen vorbei, an denen die Frauen mir zunickten und ihre Blicke unverhohlenen Triumph zeigten. Ich wusste, dass ich das Ganze zu sehr dramatisiert hatte, aber Tim hatte einen wunden Punkt berührt, über den wir noch nie gesprochen hatten. Meine Periode. Die würde ich laut Kalender erst morgen bekommen.

Ich ging die Treppe hinauf und beschloss, die Kinder zu holen und die nächste Etappe unserer Reise zu organisieren.

Ungefähr eine Stunde später kam Tim mit vor Kälte geröteten Wangen ins Zimmer und überreichte mir die Kamera.

„Ich bin noch mal zurückgegangen und habe von allen Stellen Bilder gemacht, an die ich mich erinnern konnte."

„Tatsächlich?“

„Du hast recht. Ich hätte dich vorher fragen sollen. Wenn man eine Firma leitet, gewöhnt man sich daran, dass man einfach Entscheidungen trifft und alle anderen sich danach richten. In einer Familie funktioniert das so nicht, oder zumindest sollte es das nicht. Tut mir leid.“

Mit dieser Reaktion hatte ich ganz und gar nicht gerechnet. Ich dachte, er säße immer noch starrköpfig da unten und würde mich ignorieren. Ich legte das Hemd weg, das ich gerade zusammenlegte, und fiel ihm um den Hals.

„Danke.“

Einen Moment lang umarmten wir uns, und ich spürte die Kälte seiner Jacke auf meiner Haut.

„Komm, wir schauen uns ein paar zusammen an“, sagte er wie ein stolzer Vater. „Es war wunderschön draußen. Die Sonne ist gerade über die Dächer gestiegen und die meisten Straßen waren menschenleer. Es fühlte sich fast ein bisschen unwirklich an. Echt cool.“

Ich klickte mich durch die Fotos und sah die Augenblicke, die Tim eingefangen hatten. Es waren recht künstlerische Bilder.

Matt kam zu uns und steckte seinen Kopf zwischen unseren durch, um die Bilder auch zu sehen. „Oh nein!“, stöhnte er. „Du jetzt auch noch?“

Wir mussten laut loslachen, und ich gab Matt die Kamera. „Hier, mach ein Bild von Papa und mir, damit wir uns an diese lustige Geschichte erinnern.“

Kapitel 58

Das Schwimmbad

In Bern, auf der letzten Etappe unserer Reise, beschlossen wir, uns ganz protzig ein Hotel mit Schwimmbad und Sauna zu leisten. Die Kinder waren total aufgeregt. Der Aufzug ruckelte nach unten, ins Untergeschoss, wo nach den Angaben der Dame an der Rezeption das Schwimmbad war. Matt hatte seine Badehose an und trug ein Handtuch mit sich. Tim und ich waren in Straßenkleidung und wollten uns nur mit einer Zeitschrift in einen Liegestuhl legen. Katie und Amanda waren noch oben und wollten nachkommen, sobald sie sich wie für das Titelblatt der neuesten Sportmodenzeitschrift zurechtgemacht hatten.

Der Aufzug hielt abrupt an, und als die Tür aufging, standen wir in der Tiefgarage. „Sieht irgendjemand ein Hinweisschild?", fragte Tim und sah sich um.

„Da ist eine Tür, aber kein Schild", sagte Matt. Er öffnete sie, und wir streckten die Köpfe in einen undefinierbaren Gang.

Am Ende des Ganges stand eine Tür zu einem dampfenden Umkleideraum offen.

„Nirgends ist ein Schild."

„Woher wissen wir, ob das die Männer- oder die Frauenumkleidekabine ist?"

„Es ist die einzige Tür im ganzen Gang."

„Gehen wir einfach rein."

Wir gingen um einen gekachelten Raumteiler herum und wurden mit dem Anblick eines nackten Mannes belohnt – und es war nicht einmal ein besonders schöner Anblick. Ich erschrak und rannte sofort wieder hinaus in den Gang.

„Mama, das ist die Männerumkleide", sagte Matt.

„Sicher?", neckte ich ihn, und er lachte.

„Ich gehe hinein", sagte Tim, „und frage den Mann, wo die

Frauenumkleide ist.“ Einen Augenblick später streckte Tim den Kopf wieder heraus.

„Hier. Es ist eine gemischte Umkleide.“

Wir sahen einander mit hochgezogenen Augenbrauen an.

„Oh.“

„Wir müssen unsere Schuhe in das Regal draußen stellen. Hygienegründe.“

„Verstanden.“

Der behaarte, dicke Mann wirkte auf mich nicht sonderlich hygienisch, aber ich wollte mich an die Regeln halten.

Wir zogen die Schuhe aus und gingen durch den Dampf. Es war eigentlich gar nicht so schlimm; nur ein paar Männer mittleren Alters, die mehr oder weniger ausgezogen waren. Einer stand unter der Dusche und hatte den Vorhang nicht zugezogen. Matt schaute mich skeptisch an.

Ich tat, als sei das ganz normal. Ich wollte nicht wie eine verklemmte Amerikanerin wirken. Tim fand den Eingang in den Schwimmbadbereich, und als wir hineingingen, schlug uns die heiße, chlorhaltige Luft entgegen. Es war ein kleines Schwimmbad, aber es würde genügen. Ein Schwimmer bewegte sich auf der ersten Bahn in gemütlichem Kraulstil hin und her, und ein anderer räkelte sich in der Nähe der Treppe. Wir machten es uns in ein paar Liegestühlen bequem. Matt sprang ins Wasser und fing an herumzuschwimmen.

„Es waren gar keine Frauen da“, sagte ich, als ich die Beine meiner Jeans hochkrempelte und mir plötzlich wünschte, ich hätte eine kurze Sporthose angezogen.

„Es ist halb drei. Das sind vermutlich Geschäftsmänner, die jetzt ins Hotel kommen. Hat nichts zu bedeuten.“

„Wahrscheinlich hast du recht.“

Wir lehnten uns beide zurück und entspannten uns. Ich versuchte, mir nicht vorzustellen, wie Katie und Amanda durch die Umkleide mit den freilaufenden, haarigen, nackten Männern gingen.

„Susan …“

„Was?“

„Die zwei da im Schwimmbecken. Die sind nackt."

„Nein!"

Ich versuchte, so ungezwungen wie möglich zu wirken, als ich nachsah. Tatsächlich, sie waren nackt.

„Bleib ganz ruhig."

„Ich glaube, das ist einfach eine kulturelle Eigenheit. Ich habe davon gehört, dass hier vieles nicht nach Geschlechtern getrennt ist. So ist das eben hier."

„Katie und Amanda kommen gleich runter."

„Vielleicht sollten wir hinaufgehen und ihnen sagen, dass sie lieber nicht kommen sollen."

Matthew tauchte nach Münzen und nahm nur das samtweiche Gefühl des Wassers auf seiner Haut wahr. Plötzlich ging die Tür zur Schwimmhalle auf und Katie und Amanda stürmten herein, mit seltsamen Gesichtsausdrücken und von Kopf bis Fuß in ihre Handtücher gewickelt. Sie kamen zu uns gelaufen, setzten sich hin und fingen hemmungslos an zu kichern.

„Mama, da ..."

„Ich weiß."

„Aber die sind alle ..."

„Nehmt euch einfach einen Liegestuhl und tut so, als sei das ganz normal. Vielleicht gehen die Männer ja bald wieder."

Wie auf ein Stichwort stand der Mann an der Treppe auf, streckte sich in seiner ganzen Pracht und ging hinaus.

„Das war ja sehr schön."

„Einer weniger. Nur noch einer."

Warum hatte er sich so auffällig gestreckt? War das irgendein Zeichen? Was ging jetzt wohl in der Umkleide vor sich? Ich schaute mich um, aber es gab keinen anderen Ausgang. Wir saßen hier drin mit unseren minderjährigen Kindern in der Falle.

Tim räusperte sich, um unsere Aufmerksamkeit auf sich zu ziehen. Der Schwimmer auf Bahn 1 hatte offensichtlich genug vom Kraulen. Er wechselte zu Rückenschwimmen. Klasse! Aber er hatte nicht gerade einen eleganten Stil. Es sah mehr nach einem Frosch aus. Er machte eine weit ausholende Bewegung mit Armen und Beinen und legte sie dann wieder eng an den Körper.

Der Anblick von Matthew auf der einen Seite des Beckens und dem Froschmann auf der anderen war einfach zu viel. Wir versuchten alle, das Kichern zu unterdrücken, aber wir konnten nicht mehr.

Tim rief Matt aus dem Wasser. Beleidigt kam er zu uns herüber. „Was denn?"

Er sah, dass Katie und Amanda sich hysterisch kichernd unter ihren Handtüchern versteckten. Katie zog Matt zu sich herunter und flüsterte ihm etwas ins Ohr. Er starrte zum Pool, und seine Augen wurden immer größer.

„Hört mal zu, Leute!", sagte ich und versuchte, Autorität auszustrahlen. „In der Schweiz ist das normal. Wir sollten das nicht überbewerten. Nicht alles ist sexuell gemeint."

Tim amüsierte sich über meinen schwachen Versuch, die Situation zu entschärfen, und stimmte mir halbherzig zu. Wir holten alle zusammen tief Luft und lehnten uns in unseren Liegestühlen zurück. Der Frosch schwamm gemütlich weiter.

„Vielleicht sollten wir einfach gehen."

Matt war offensichtlich enttäuscht. „Darf ich noch einmal ins Wasser springen?"

„Klar, geh nur."

Und dann fragte er ganz unschuldig: „Darf ich auch nackt reinspringen?"

So viel zu meiner kleinen Ansprache von gerade eben. Jetzt musste ich wohl ganz lässig tun. „Ich gehe mit den Mädchen schon mal vor. Tim, würdest du auf Matt warten? Du kannst ja mit ihm noch mal über die Sache mit der Badehose reden."

„Klar, genau das würde ich jetzt am liebsten mit meinem Sohn machen."

„Gut. Dann sehen wir uns oben."

Kapitel 59

Blaue Momente

Ich schob meinen schwarzen, aufblasbaren Ikea-Sessel, die italienische Version eines Sitzsacks, an das große Fenster im Wohnzimmer und legte meine Hand an die Scheibe, die sich kühl anfühlte. Mit dem Zeigefinger zog ich die Spur eines Regentropfens nach, der die Scheibe hinunterlief. Seit vier Tagen regnete es in Strömen, und ich war in einer Stimmung, die meine Mutter immer „Blue Funk" genannt hatte.

Die Kinder waren in der Schule und Tim im Fitnessstudio. Zucca lag zusammengerollt auf meinem Schoß und schlief beim gleichmäßigen Geräusch des Regens. Die Einsamkeit kam angeschlichen wie eine schwarze Katze und zog mich in ihren Bann. Ich versuchte, mich ihr zu entziehen, aber ganz gleich, wo ich auch hinsah, sie war überall.

Seufzend beschloss ich, mich mit irgendwelchen Haushaltsarbeiten zu beschäftigen und schlenderte den Flur entlang in die Zimmer der Kinder. Aber es gab nichts zu tun. Es war kein Kunststück, sein Zimmer in Ordnung zu halten, wenn man nur einen Koffer voll Sachen hatte.

Ich zog Matts Bettdecke zurecht und schüttelte sein Kopfkissen auf. Dann spielte ich ein wenig mit dem einzigen Dekorationsstück auf seinem Regal, einer Lampe aus Glasfasern, die ständig die Farben wechselte. Als Mann der Tat hatte Matt anscheinend nicht das Bedürfnis, es sich hier großartig gemütlich zu machen und sich mit Sachen zu umgeben.

Katie war da genau das Gegenteil. Sie hatte ihr Zimmer über und über mit Bildern aus Zeitschriften, Fotos von Basketball-Alex und anderen Klassenkameraden und Erinnerungsstücken von zu Hause dekoriert. Ich stand lange Zeit da und betrachtete alles. Manches war mir vertraut, anderes nicht.

Ich ging weiter in mein eigenes Zimmer und beschloss, meine Fotos anzuschauen. Aber dazu musste ich mich aufs Bett legen und die Augen schließen, weil sie nur in meinem Kopf existierten. Eine Kollage nach der anderen voller lächelnder Gesichter. Alle schienen mir gleichzeitig etwas zuzurufen, aber ich konnte die Worte nicht richtig verstehen.

Plötzlich bekam ich unheimliches Heimweh. Ich vermisste es, mich einfach so mit jemandem zu unterhalten und zu verstehen, was die anderen meinten. Ich vermisste die Bequemlichkeit einer nonverbalen Kommunikation, die ich verstand. Ich vermisste es, mit meinen Freundinnen bei einer Tasse Kaffee zu lachen und zu jammern. Ich vermisste meine Eltern und meine Brüder wie eine Zehnjährige im Ferienlager.

Tims Schlüssel, der sich im Schloss drehte, riss mich aus meinen Tagträumen. Als ich seine Schuhe den Gang entlang ins Zimmer quatschen hörte, nahm ich mein Buch und tat, als würde ich lesen.

„Ich hätte das Auto nehmen sollen", sagte er, zog sein patschnasses schwarzes Sweatshirt aus und griff nach einem Handtuch. „Hast du den Blitz gesehen?"

„Nein, ich war ganz in mein Buch vertieft."

Er sah mich an, dann das Buch und dann wieder mich. Dann grinste er breit. „Muss ja eine tolle Geschichte sein."

Als er sich umdrehte und ins Bad ging, schaute ich auf den Bucheinband und schlug dann spielerisch damit nach ihm.

„Wofür war das jetzt? Du hast es doch auf dem Kopf gelesen."

„Ich habe es gar nicht gelesen." Ich verschluckte mich und begann zu husten, als mir plötzlich ganz unerwartet die Tränen kamen.

Tim kam zurück und setzte sich tropfnass neben mich aufs Bett. „Was ist denn los?"

„Ich habe solches Heimweh, dass mir schon fast schlecht wird, und ich möchte gleichzeitig diese Wohnung kaufen und für immer hier leben."

„Wir sind also immer noch genauso weit wie vor einem Monat."

Seit Wochen versuchten wir nun, eine Entscheidung zu treffen, ob wir noch ein weiteres Jahr bleiben oder zurück nach Hause gehen sollten. Diese Kultur hier förderte die Familie auf eine Art, wie das in Amerika nicht der Fall war. Und genau das hatten wir dringend gebraucht, als wir gekommen waren. In den Traditionen hier fühlten wir uns gut aufgehoben.

„Was empfindest du so in letzter Zeit?", fragte ich.

„Ich fühle mich hauptsächlich wie ein Amerikaner in einem sehr langen Urlaub."

Es gab einen Punkt, an dem dieses Jahr aufgehört hatte, sich wie ein Traum anzufühlen, und Realität wurde. Ich war mir nicht ganz sicher, wann das geschehen war, aber es hing irgendwie damit zusammen, als Katie und Matt anfingen, sich hier wohlzufühlen und echte Freunde zu finden. Während sie sich immer mehr einlebten, hatten Tim und ich immer weniger das Gefühl, hierherzugehören. Sie schlugen Wurzeln, aber wir weigerten uns noch.

„Wenn wir nicht mehr herumreisen, könnten wir uns wahrscheinlich noch ein Jahr leisten", sagte Tim. „Realistisch betrachtet hieße das aber, dass unsere ganzen Ersparnisse weg wären, und zwei Jahre vom Arbeitsmarkt weg zu sein ist eine lange Zeit. Und dann kommt noch dazu, dass Katie sich fürs College bewerben muss."

„Meine größte Angst ist, was aus uns wird, wenn wir jetzt zurückgehen."

„Warum bist du so pessimistisch?"

„Nein, ich bin realistisch. Wir gehen wieder zurück in die gleiche Stadt, in der wir uns von diesem kranken Lebensstil anstecken und vergiften lassen haben, deren verstopfte Straßen dich wahnsinnig gemacht haben und von deren perfekten Einwohnern drei Viertel Antidepressiva nehmen."

„Haben wir nicht genug gelernt, um alldem standzuhalten?"

„Haben wir das? Ich glaube, es ist so gut wie unmöglich, sich nicht wieder vom Materialismus gefangen nehmen zu lassen."

„Damit werden wir so oder so konfrontiert, ob wir nun dieses oder nächstes Jahr zurückgehen. Wir sind jetzt andere Menschen. Wir schaffen das."

Das Trommeln des Regens wurde lauter. Gebannt sahen wir durch die Glastür zu, wie ein greller Blitz den grauen Himmel zerriss. Es donnerte, und eine Sekunde später war der Sturm genau über uns. Blitze zerteilten den Himmel wie Peitschenhiebe.

„Das ist ein unglaubliches Gewitter. Komm, wir legen uns ins Bett und schauen zu", sagte ich.

Wir krabbelten unter die Decke und kuschelten uns aneinander, während draußen Naturgewalten tobten. Mit Tims Armen um mich fühlte ich mich sicher.

„Wir haben unseren Sturm hinter uns", flüsterte Tim. „Lass uns auf den Regenbogen zugehen. Gott wird uns den Weg zeigen."

Kapitel 60

Autos und andere Nebensächlichkeiten

Mir gefiel es, wie Autos hier betrachtet wurden. Autos waren meistens kein Statussymbol, sondern einfach ein Transportmittel. Natürlich gab es Leute, die schicke Autos hatten, aber das war nicht Standard.

Smarts, die so kurz waren, dass man damit quer einparken konnte, waren eigentlich am besten. Aber auch alles andere, was klein war, wurde gern genommen. Es war egal, ob die ganze Familie auf einmal ins Auto passte oder nicht. Das Wichtigste schien zu sein, dass man sich damit durch die schmalen Gassen quetschen oder auf dem Gehweg parken konnte, wenn auf der Straße kein Platz war. Es war wirklich beeindruckend, wie fantasievoll hier geparkt wurde, aber anscheinend durften das nur die Italiener. Jedes Mal, wenn Tim oder ich es versuchten, bekamen wir *pronto* einen Strafzettel.

Hier waren Kratzer oder Beulen im Auto nichts Peinliches und schon gar kein Grund, hohe Reparaturkosten in Kauf zu nehmen. Sogar teure Autos hatten Beulen oder Rostflecken.

„Was? Sie sind mit Ihrer Autotür beim Aussteigen gegen meine gestoßen? Macht doch nichts! Schönen Tag noch." – „Was? Sie haben eine Beule in meine Stoßstange gemacht, weil Sie mein Auto zehn Zentimeter weiterschieben wollten, um mehr Platz zum Einparken zu haben? Sagen Sie Ihrer Mutter einen schönen Gruß von mir." – „Was? Sie haben mit dem Lenker Ihrer Vespa gerade einen dreißig Zentimeter langen Kratzer in meine Tür gemacht, weil Sie dachten, Sie könnten sich bei Rot in der Mitte durchquetschen? Ist nicht weiter tragisch, aber fahren Sie doch das nächste Mal über den Bürgersteig."

Eines Morgens, nachdem ich die Kinder in die Schule gebracht hatte, versuchte ich, an einer alten Fahrerin vorbeizukommen, deren Auto halb auf meiner Fahrspur stand. Die Lücke sah ziemlich schmal aus, aber nachdem ich schon einige Monate hier gefahren war, konnte ich mich recht gut durch unmögliche Lücken schlängeln. Also fuhr ich Stück für Stück an ihr vorbei. Dabei schabte mein rechter hinterer Kotflügel aber leider an ihrer Tür entlang. Und auch noch ziemlich fest.

Meine amerikanische Reaktion: Mir rutschte das Herz in die Hose. Ich musste sofort an Giglios Versicherungsmakler und die Selbstbeteiligung denken. Was für ein Theater würde das sein, wenn wir uns auf Italienisch mit der Versicherung auseinandersetzen mussten! Ich hatte Angst, es Tim zu sagen.

Die italienische Reaktion: Die alte Frau sah mich an. Ich sah sie an. Sie bekreuzigte sich und sagte: „*Mi dispiace*" (Tut mir leid). Aus ihren Gesten schloss ich, dass sie meinte, es sei ihre Schuld gewesen, weil sie zu weit in der Mitte stand. Der Kratzer in ihrer Autotür war ihr vollkommen egal; sie schien eher besorgt um mich. Sie lächelte und winkte mir zu, dann fuhr sie zur Seite, um mir Platz zu machen. Ich quetschte mich vorbei und hupte noch obendrein. Wir lachten beide und winkten zum Gruß.

Ich schaltete in den dritten Gang und sauste die Küstenstraße entlang. Bei dem Gedanken, Tim zu zeigen, dass ich den Kotflügel zerkratzt hatte und es mir gar nichts ausmachte, fühlte ich mich unbekümmert und frei, ja schon fast euphorisch.

Vielleicht sollte ich der Symmetrie wegen auf der anderen Seite auch noch einen Kratzer reinfahren?

Kapitel 61

Die ungenannte Stadt – Hardcore-Ehetherapie, Teil III

Tim nahm meine Hand und wir stiegen aus dem Zug.

„Hier entlang", sagte er und führte mich eine kurze Treppe hinunter auf eine schmale Straße. „Ich muss dir unbedingt etwas zeigen."

Auf der anderen Straßenseite führte uns eine weitere Treppe hinunter zu einer Küstenstraße. Ich sah kurz das türkisfarbene Meer zwischen den bunten Häusern hindurch und die felsige Küste, die sich zur Linken steil erhob, mit einigen kargen Bäumen, die sich gegen den tiefblauen Himmel abzeichneten. Unten an der Treppe gingen wir nach rechts und folgten der Menschenmenge, die zu wissen schien, wo es langging. Schon bald waren wir in einer Gasse, die so schmal war, dass ich mit ausgestreckten Armen auf beiden Seiten die Wände berühren konnte. All diese kalten, dunklen Gemäuer, die kaum je die Sonne sahen, wirkten unheimlich.

Wir kamen wieder heraus in die Sonne, und ich blieb wie angewurzelt stehen. Dieses kleine Dorf war wie ein lebensgroßes Gemälde, das ein großer Künstler auf Leinwand gebannt und dann zum Trocknen dort auf dem Hang liegen gelassen hatte. Eine breite Durchgangsstraße trennte die felsige Küste von den hohen, bunt gestrichenen Häusern, die seit Jahrhunderten hier Wache standen und die Fischer beschützten.

Die Bauweise war typisch für Ligurien. Zum Meer hin war die ganze Häuserfront fast einen halben Kilometer lang eine einzige geschlossene Fläche. Die einzelnen Häuser setzten sich nur durch die unterschiedliche Farbe voneinander ab. Wie Klaviertasten in allen Regenbogenfarben hatte jedes Haus seine eigene Farbe, die sich deutlich von der des Nachbarn unterschied.

„Wow", flüsterte ich. „Jetzt bin ich mal wirklich sprachlos."

„Als ich das letzte Mal hier war, hat mir jemand erzählt, dass die Fischer ihre Häuser so bunt gestrichen haben, damit sie sie schon vom Meer aus erkennen können."

Aufgemalte Simse und Fensterläden machten das Ganze noch schöner. Eine gemalte Katze auf einem Fenstersims sah so echt aus, dass ich sie am liebsten gestreichelt hätte.

Am anderen Ende des halbmondförmigen Dorfes stand eine überraschend prächtige, gelbliche Kirche auf einem großen Felsen. Wir schlenderten langsam darauf zu, an Restaurants und ein paar Läden vorbei, die an der kopfsteingepflasterten Hauptstraße lagen.

„Cappuccino?"

„Natürlich."

Tim dirigierte mich auf ein Café zu, vor dem schwarze, schmiedeeiserne Tische unter einem schwarz-weiß gestreiften Vorzelt standen. Die Seitenwände waren hochgerollt, damit die salzige Meeresluft uns um die Nase wehen konnte. Ein Ober führte uns an einen Tisch und nahm unsere Bestellung entgegen.

Wir waren die einzigen Gäste.

Lange sahen wir uns in die Augen.

„In solchen Momenten fühle ich mich so frei, dass ich das Gefühl habe, schwerelos zu sein."

„Es ist wie im Traum", sagte Tim.

So entspannt ganz bei uns zu sein und ganz im Jetzt zu leben war ein Geschenk. In unserer gehetzten Welt sind solche Momente selten. Tim und mir war die Wichtigkeit solcher Augenblicke inzwischen sehr bewusst. Wir lernten immer mehr, diese Erfahrungen gemeinsam zu genießen. In unserem Leben als Ehepaar war es selten vorgekommen, dass wir gemeinsam so ganz im Jetzt lebten. Ich hatte inzwischen sogar den Verdacht, dass das etwas speziell nur für Verliebte war. Nachdem wir uns erst einmal das Jawort gegeben hatten, schienen diese Vertrautheit und Nähe Stück für Stück verschwunden zu sein, so allmählich, dass ich nicht einmal genau sagen konnte, seit wann und warum unsere Beziehung nicht mehr so war wie früher.

Unser Kaffee kam ohne großes Aufsehen und wir tranken ihn langsam. Ich betrachtete die Gesichter der Menschen, die vorbeigingen, und war nicht überrascht, dass keine Amerikaner dabei waren. Dieses Dorf stand in keinem Reiseführer. Wir versprachen uns gegenseitig, es ebenfalls geheim zu halten. Obwohl der Ort auf seine Weise modern geworden war, konnte man sich, wenn man die Augen zukniff, alle Restaurants wegdenken und sich vorstellen, wie das Leben hier vor 100 Jahren ausgesehen hatte, als die Kinder am Strand spielten und die Frauen, jung und alt, sich aus den Fenstern lehnten und den Horizont nach ihren seefahrenden Männern und Söhnen absuchten. Warten, immer wieder warten. Und beten, dass sie heil nach Hause kamen.

Ich nahm den letzten Schluck Kaffee. Es war schon fast Mittag. „Was hältst du davon, wenn wir uns die Kirche anschauen, bevor der Priester sie zum *Intervallo* abschließt?"

Tim legte ein paar Euro auf den Tisch, und ich winkte dem Ober zu, dass wir gehen wollten. Er winkte zurück, als seien wir alte Freunde und er sei traurig, dass wir gingen.

Händchen haltend schlenderten Tim und ich bis ans Ende der Hauptstraße und gingen durch einen Torbogen, der zum Hafen führte, wo die Fischerboote lagen. Links von uns stand die Kirche ganz in der Nähe des Leuchtturms. Die tiefere Bedeutung dieses Anblicks entging mir nicht.

Wir betraten das Kirchenschiff, und meine Augen mussten sich erst an die Dunkelheit gewöhnen. Das komplette Innere der Kirche war mit Blattgold überzogen, und es hingen mindestens 50 Kronleuchter von der Decke. Da wir die einzigen Besucher waren, hallten unsere Schritte leise durch den Raum, als wir staunend herumgingen und die Gemälde und Statuen bewunderten.

Wie wir es in jeder Kirche gemacht hatten, die wir in diesem Jahr besucht hatten, zündeten wir eine Gebetskerze an. Da wir schon in so vielen Kirchen gewesen waren, dass ich sie gar nicht mehr zählen konnte, gefiel mir der Gedanke, dass wir eine Art „Spur" aus Licht gelegt hatten. Ob Gott das wohl gefiel?

Als wir schließlich wieder zur Tür gingen, entdeckte ich an einer der Marmorsäulen einen kleinen Metallkasten mit einer Anleitung in Italienisch. Wir konnten die Worte „tre“ und „euro“ lesen.

Tim holte drei Euro aus seiner Hosentasche und warf sie in den Kasten. Ein paar Sekunden vergingen, dann gab es ein lautes Klacken, und plötzlich gingen alle Kronleuchter gleichzeitig an. Hunderte von kleinen, weißen Lämpchen spiegelten sich in dem Gold der Wände und Säulen wider. Die Statue der Maria, die über dem Hauptaltar thronte, hatte einen Heiligenschein aus funkelnden Sternen. Die Luft war erfüllt von Stille und Licht. Wenn das kein menschlicher Ausdruck dafür war, wie Gottes Liebe aussah!

Das Ganze dauerte nur drei Minuten, aber ich werde es für immer in mir tragen.

Ja, Tim, du hattest recht: Dieser Ort hat mein Herz angerührt, und ich konnte sehen, dass er deines auch bewegt hat. Aber diesmal wurden unsere Herzen gemeinsam, von der gleichen Sache und zur gleichen Zeit berührt. So wie es vor langer Zeit einmal gewesen war, als wir noch ein Liebespaar gewesen waren.

Kapitel 62

Der letzte Vorhang

Es war schon fast 22:00 Uhr, und ich saß im Bett und las *Die Schwester der Königin.* Katie und ich hatten uns richtig um das Buch gestritten, weil die Geschichte durch unsere Reisen in letzter Zeit für uns so lebendig geworden war. Ich genoss gerade meinen Aufenthalt am Hof der Königin und war dabei, Anne Boleyn zu helfen, ihr Korsett zu schnüren, als Matthew hereingestürmt kam und sich aufs Bett warf.

„Hallo, Schatz. Ich dachte, du schläfst schon."

„Nee, bin nicht müde", sagte er, setzte sich auf und rückte seine Brille zurecht.

„Was ist denn?"

„Ich weiß nicht. Ich muss nur über ein paar Sachen nachdenken."

„Hey, Großer, was willst du denn hier?" Tim kam aus dem Bad, stürzte sich auf Matt und nahm ihn leicht in den Schwitzkasten. Ehe ich mich versah, war das ganze Bett ein Gewühl aus Decke, Armen und Beinen, und *Die Schwester der Königin* landete mit einem Plumps auf dem Boden. Wir alberten eine Weile herum und beruhigten uns dann wieder. Tim krabbelte unter die Decke, und Matt kuschelte sich zwischen uns.

Plötzlich richtete Matt sich auf und sah uns bestürzt an. „Nächste Woche ist Ostern, stimmt's?"

„Nächsten Sonntag."

Er sah sich im Zimmer um, kratzte sich am Kopf und holte tief Luft. Tim und ich sahen uns an. Da war etwas im Busch.

Und dann platzte er heraus: „Es gibt gar keinen Osterhasen, richtig?"

„Nein, Schatz, den gibt es nicht."

„Ich wusste es!"

Tim und ich warfen uns einen Blick zu. Plötzlich war die Atmosphäre angespannt.

„Und den Weihnachtsmann gibt es auch nicht, stimmt's?"

Mir stiegen heiße Tränen in die Augen. Das war dumm, denn Matt war 11 und ich war mir sicher, dass er es schon seit Jahren ahnte. Aber es laut auszusprechen, ließ es wirklich werden. Das war das Ende seiner Kindheit. Der letzte Vorhang war gefallen.

„Nein, Schatz, den gibt es auch nicht."

„Das habe ich auch gewusst."

Mit diesen Worten ging er schnell aus dem Zimmer – in das Leben als Heranwachsender hinaus.

„So geht das also", sagte Tim, „einfach so. Ohne Vorwarnung. Ohne viel Aufsehen. Im einen Augenblick sind sie noch Kinder, im nächsten nicht mehr."

Wir sahen uns mit Tränen in den Augen an und zuckten mit den Schultern. Tim hielt mir seine Hand hin, ich nahm sie und kuschelte mich gleichzeitig eng an ihn.

„Darauf war ich nicht vorbereitet", sagte Tim und machte die Nachttischlampe aus.

Ich hatte den Kopf an seine Schulter gebettet, und so lagen wir eine Weile in der Dunkelheit und trauerten.

„Wenn wir nicht nach Italien gegangen wären, wäre das entweder bei dir oder bei mir passiert. Einer von uns beiden hätte es verpasst", sagte ich.

„Das hätte mir das Herz noch mehr gebrochen."

„Mir auch", sagte ich und zog die Decke höher. „Darf ich heute in deinem Arm einschlafen?"

„Ich hatte nicht vor, dich loszulassen."

Kapitel 63

Unter der Sonne der Toskana

„Nasser April und windiger Mai bringen ein fruchtbar Jahr herbei."

Meine Mutter Lois stand an der Glastür und rückte die karierten Vorhänge zurecht, die das gleiche Moosgrün hatten wie ihr Pullover. Harry, mein Vater, war damit beschäftigt, in dem alten Kamin, der sich über die ganze Wand des kleinen Wohnzimmers erstreckte, Feuer zu machen. Der Geruch des Feuers und die rustikale Einrichtung erinnerten mich an unseren Sommerurlaub vor vielen Jahren in Crescent Lake in Maine.

Meine Eltern machten gerade eine ihrer „Traumreisen", die meine Mutter jetzt von ihrer „Liste aller Dinge, die ich noch tun will, bevor ich diese Erde verlasse" streichen konnte. Durch unseren plötzlichen Entschluss, nach Italien zu gehen, war die Toskana auf Platz 1 der Liste gerückt. Unsere ganze Familie war begeistert, als meine Eltern diese Villa gemietet hatten, Le Chiuse, die mitten in einem Weinberg bei Brunello in der Nähe von Montalcino lag. Katie und ich waren am Vortag hier angekommen, um schon ein paar Tage hier zu verbringen, bevor Tim, Matt und Zucca nachkamen. Sie hatten noch einen Ausflug auf die Insel Elba geplant, wo sie nach dem Geist Napoleons suchen wollten. Oder so ähnlich.

„Hier, Mama." Ich reichte ihr einen Becher frisch aufgebrühten Kaffee, und wir machten es uns am Kamin bequem. Mein Vater ließ sich in einem robusten Schaukelstuhl nieder, der wahrscheinlich schon seit 100 Jahren an demselben Fleck stand. Was für Geschichten er wohl erzählen konnte?

Der warme, goldene Schein des Feuers machte uns alle um Jahre jünger, und ich fühlte mich wieder wie 14.

„Was wollen wir heute machen?"

„Da." Meine Mutter zog ein Blatt aus der Tasche. „Das sind alle Orte, von denen ich gehört habe, dass sie schön sein sollen." Auf das Blatt hatte sie mit ihrer akkuraten Handschrift ein paar Namen geschrieben: Murlo, Pienza, Buonconvento, Cortona.

„Schauen wir uns das mal auf der Karte an."

„Heute ist so lausiges Wetter, da fahren wir am besten zu dem Ort, der am weitesten entfernt ist."

„Das wird wohl Cortona sein."

Ich hatte Frances Mayes' Buch *Unter der Sonne der Toskana* buchstäblich schon seit Jahren auf dem Nachttisch meiner Mutter liegen sehen. Es war der Bericht einer Frau, die mit ihrem Mann in die Toskana ausgewandert war, wo sie ein altes Haus renoviert und zu einem absoluten Traum gemacht hatten. Ich vermutete, dass sie gern Frances gewesen wäre. Obwohl wir also beide so taten, als sei die Entscheidung, nach Cortona zu fahren, rein zufällig gefallen, wussten wir doch, dass das nicht so war. Es war etwas, das wir einfach tun *mussten*.

Bevor wir nach Italien geflogen waren, hatte ich drei Ausgaben von *Unter der Sonne der Toskana* als Abschiedsgeschenke gekauft. Eins der Bücher hatte ich in meinen Koffer gepackt, aber als wir hier ankamen, beschloss ich, es dort zu lassen. Ich wollte Italien ohne Vorurteile oder falsche Erwartungen erleben.

Als dann der März – der Monat, den ich am wenigsten mochte –, sich kalt und trostlos dahinzog, sehnte ich mich nach etwas Englischem zum Lesen. Plötzlich fiel mir mein Koffer wieder ein. Ich zog ihn aus dem Schrank und öffnete ihn, und da lag das Buch, der Einband noch ganz glatt und unberührt.

Also fing ich an zu lesen, wie Frances und Ed Mayes in Cortona das perfekte Bauernhaus fanden, das sie renovierten und in ein wahres Paradies verwandelten. Ich las, wie sie sich immer wieder von ihren Stellen als Lehrer beurlauben ließen und zwischen San Francisco und Italien hin- und herpendelten. Wie sie das Grundstück aufräumten und Rosen und Lavendel pflanzten und die Olivenbäume beschnitten. Und wie sie sich einen riesigen, gelben Picknicktisch bauen ließen und unter die Bäume stellten, damit sie dort mit ihren Freunden den Wein aus ihrem eigenen Weinkeller trinken und alle möglichen Leckereien essen konnten, die Frances, anscheinend ohne jede Anstrengung, in der Küche zauberte.

Es schien, als sei das Leben von Frances und Ed viel poetischer gewesen als das von Susan und Tim. Frances und Ed hatten bei all dem Renovieren und Hin und Her niemals auch nur die kleinste Meinungsverschiedenheit. Ich bitte euch – ihr gebt eure ganzen Ersparnisse für ein verlassenes Haus auf der anderen Seite der Welt aus und arbeitet mit Menschen zusammen, die ihr nie zuvor gesehen habt und mit denen ihr euch kaum verständigen könnt … da muss es doch auch einmal ein bisschen Stress gegeben haben! Im Buch klang das natürlich alles sehr romantisch, wenn man einfach all die kleinen Ärgernisse auslässt, die zum echten Leben dazugehören und die uns menschlich machen.

Niemand kann mir weismachen, dass Frances nie zum Fenster hinaussah und dachte: „Schon wieder! Jetzt wuchtet er schon wieder diese großen Steine herum. Was soll das mit den ganzen Steinen, Ed? Wir wollen doch nicht die Chinesische Mauer bauen. Pfff. Ich glaube, ich brauche noch ein Glas Wein." Oder dass Ed nie die Straße hinunterschaute und dann auf die Uhr sah und murmelte: „Sie war in den letzten drei Tagen schon sieben Mal in diesem blöden Supermarkt. Ich könnte hier ein bisschen Hilfe gebrauchen. Ich dachte, wir hätten uns auf das Haushaltsbudget geeinigt! Pfff. Ich glaube, ich schenke mir jetzt ein Glas Wein ein."

Und jetzt fügen wir der Gleichung noch ein Teenager-Mädchen hinzu, Ed, und dann will ich dich fröhlich pfeifen hören, wenn sie sich beklagt, dass du ihr ganzes Leben zerstörst. Dann will ich sehen, wie du es freundlich ignorierst, wenn sie die Augen verdreht, während du ihr erklärst, wie man Oliven presst und kaltes Wasser aus einem alten Brunnen schöpft.

Oder wie wäre es mit einem Elfjährigen, Frances, der mit den Tränen kämpft, während er dich fragt, warum es hier nichts von alledem gibt, das er bisher für so wichtig hielt?

„Weißt du", sagte meine Mutter und riss mich aus meinen schrägen Fantasien, „Frances Mayes ist nämlich aus Cortona."

„Ach ja?“ Ich tat unwissend. „Jetzt fällt es mir wieder ein.“

„Hast du das Buch gelesen?“

„Letzten Monat“, sagte ich und beschloss, meine unreifen Gedanken zu dem Thema für mich zu behalten.

Katie schaute verschlafen um die Ecke. „Kann man hier nicht mal in Ruhe ausschlafen? Mann, es ist noch nicht mal richtig hell.“

„Es ist Viertel vor acht“, sagte ich. „In einer halben Stunde fahren wir nach Cortona. Also spring noch schnell unter die Dusche.“

„Wir wollen ja Frances und Ed nicht warten lassen“, meinte mein Vater scherzhaft.

Wir packten schnell einen Picknickkorb zusammen, und schon fuhren wir in einem kleinen, weißen Mietwagen mit unserer winzigen Landkarte eine löchrige, holprige Schotterstraße hinunter zur nächstgelegenen Schnellstraße.

Wir *fuhren* nicht durch die Toskana, sondern schlängelten uns vielmehr hindurch. Die grünen Hügel erstreckten sich in jede Richtung, so weit das Auge reichte. Um diese Jahreszeit waren viele der Hügel mit winzigen gelben Blüten bedeckt und sahen aus wie riesige flauschige Mohair-Pullover. Hier und da standen kerzengerade Zypressen wie Soldaten, die Wache hielten, um die moderne Welt draußen zu halten. Der graue Himmel und die stürmischen Wolken boten einen ständig wechselnden, dramatischen Hintergrund. Es war atemberaubend schön.

Unsere bewundernden „Oohs“ und „Aahs“ beim Anblick dieser Villa oder jenes Panoramas ertönten im Rhythmus der Scheibenwischer. Ich fragte mich, wer wohl (außer Frances Mayes natürlich) wohlhabend genug war, um so eine Villa zu besitzen. Katie zählte unendlich viele Schafherden, die gemütlich vor sich hin grasten und fragte sich, warum man nirgends ein Pferd sah, in diesem Land, das doch so perfekt für Pferde war.

Aber die meiste Zeit sprachen wir über Frances Mayes. Ich wurde natürlich schwach und äußerte meine Meinung über das Buch, was den anderen einen Anlass gab, ihrerseits ein paar geistreiche Bemerkungen zu machen.

„Wie konnten Frances und Ed sich dieses Abenteuer eigentlich leisten, mit zwei Lehrergehältern?“, fragte meine Mutter.

„Wie haben sie die Villa gefunden, die sie dann renoviert haben? Hatten sie einen Makler?“, wollte mein Vater wissen.

„Ist euch schon mal aufgefallen, wie viel Wein sie dauernd trinken?“, fragte Katie.

„Haben wir eigentlich eine Flasche mitgenommen?“, fragte ich.

„Nein.“

„Mist.“

Und die allgemeine Frage war: „Wer kocht eigentlich jeden Tag so wie sie in dem Buch?“

Als wir uns Cortona näherten, sah ich, dass meine Mutter jedes Haus auf den Hügeln betrachtete, auf der Suche nach „der einen“ Villa, die dem Bild auf dem Buch glich, das wir rein zufällig hatten. Sie hatte etwas Angespanntes, irgendwelche unterschwellige Gefühle, die ich nicht benennen konnte.

„Schau mal das da, auf dem Hügel dort links.“

„Zu viele Zypressen. Aber das dort drüben rechts …“

„Die Farbe stimmt nicht. Und ich sehe keine Olivenbäume.“

„Ich frage mich, ob das Bild auf dem Buch nicht vielleicht einfach nur irgendein altes Haus ist, um Leute wie uns in die Irre zu führen. Ich denke, das Letzte, was sie hier haben wollen, sind Schaulustige“, sagte mein Vater, der wie immer der Vernünftige war.

„Schaut mal.“ Katie zeigte nach vorn, wo in der Ferne Cortona auftauchte.

Ehrfurchtsvolles Schweigen legte sich über uns. Ich war überrascht, dass die Stadt hoch oben auf einem Berg lag. Wir fuhren eine kurvenreiche Straße hinauf, die von Zelten gesäumt und von Einkäufern belagert war, die zum Markttag gekommen waren. Unzählige alte Männer standen an den Ecken und palaverten, während die Frauen die Marktstände hinter ihnen bevölkerten und die ganze Arbeit machten.

Wir fuhren immer höher und höher, bis wir oben angekommen waren und das Auto abstellten. Cortona war von den Etruskern gegründet worden und damit eine der ältesten Städte auf den Hügeln der Toskana. Es hatte mittlerweile aufgehört zu regnen, und wir entledigten uns unserer Regenschirme und bahnten uns unseren Weg durch die mittelalterlichen Straßen.

„Haltet die Augen auf", sagte ich.

„Nach was?", fragte Katie.

„Nach Frances!", erwiderten meine Mutter und ich einstimmig.

„Sie könnte jetzt hier sein."

„Wissen wir denn überhaupt, wie sie aussieht?" Katie seufzte verächtlich. Ich holte das Buch aus meiner Tasche, zeigte ihr das kleine Foto auf der Rückseite, und wir mussten alle lachen.

„Die Ladenbesitzer kennen sie wahrscheinlich alle."

„Egal. Ich suche jetzt ein Tagebuch mit Ledereinband."

„Und ich werde mich einfach treiben lassen, die Architektur genießen und vielleicht in einen Buchladen gehen", fügte mein Vater hinzu. Wir verabredeten uns in einer Stunde am Auto.

Meine Mutter und ich schlenderten die Straßen entlang, sahen in Schaufenster und beobachteten Passanten. Die Wolken rissen allmählich auf, und die Luft war klar und kühl. Wir suchten halbherzig nach einem Geschenk für eine ihrer Nachbarinnen, die ihre Blumen goss, während sie weg war.

„Wir steht es denn mit Tim und dir?"

„Wir haben uns beide auf eine Art und Weise weiterentwickelt, die wir nie für möglich gehalten hätten. Ich kann jetzt viel besser mit den Höhen und Tiefen in unserer Beziehung leben. Als wir uns erst einmal gegenseitig vergeben hatten, dass wir nicht vollkommen sind, wurde es leichter."

„Bedauerst du es, dass ihr hergekommen seid?"

„Nein, absolut nicht. Aber wir haben keine tolle Villa, die wir der Welt zeigen könnten."

„Das reicht!", sagte meine Mutter plötzlich scharf. „Ihr leidet ja nicht gerade Not in eurer Wohnung an der italienischen Riviera."

Erschrocken über ihren Tonfall blieb ich stehen und sah sie geradewegs an. „Das ganze Zeug mit Frances und Ed war doch nur Spaß. Ich habe das doch nicht ernst gemeint."

Sie holte tief Luft, atmete dann hörbar aus und wich meinem Blick aus.

„Stimmt irgendetwas nicht?“, fragte ich.

Ein unangenehmes Schweigen herrschte einige Sekunden zwischen uns.

„Nein, es ist alles in Ordnung. Ich bin stolz auf euch. Was ihr beide getan habt, erfordert viel Mut.“

„Danke.“

„Man kann ein Wagnis eingehen“ – sie blieb einen Augenblick stehen und suchte etwas in ihrer übergroßen, braunen Lederhandtasche –, „oder man kann einfach nur im Buch eines anderen davon lesen, so wie ich, und sich fragen, warum immer nur die anderen so etwas tun.“ Dabei hielt sie *Unter der Sonne der Toskana* hoch. Als ihre Stimme plötzlich heiser klang, waren wir beide etwas überrascht. Sie sah weg, und wir standen schweigend da.

„Du könntest immer noch deine Version davon tun, Mama“, sagte ich und nahm das Buch, „wenn du es wirklich willst.“

„Vielleicht werde ich das auch.“ Ihre zusammengebissenen Zähne zeigten mir, dass das Thema damit beendet war.

Nach einer Stunde Schaufensterbummel war unsere Stimmung wieder ausgeglichen, und dann gingen wir zum Auto zurück und beschlossen, uns einen schönen Platz für unser Picknick zu suchen. Von unserem erhöhten Punkt aus hatten wir einen guten Ausblick und entdeckten in der Ferne einen großen See.

„Hier, das ist er.“ Katie zeigte ihn uns auf der Karte. „Der Ort da unten heißt Castiglione del Lago.“

„Lasst uns hinfahren. Ein nettes Picknick am Ufer eines Sees in der Toskana. Was wollen wir mehr?“

Wir fuhren langsam den Berg wieder hinunter und folgten den Straßenschildern und den Namen auf der Karte. Wir fuhren und fuhren und fuhren.

„Wo zum Kuckuck ist das denn?“, schimpfte mein Vater. „Ich habe Hunger.“

„Es hat nicht so weit ausgesehen.“

„Wir könnten doch die Chips aufmachen.“

„Das Essen ist im Kofferraum."

Nach weiteren zwanzig Minuten, die wir schweigend weiterfuhren, sahen wir die Abzweigung. Halleluja! Kurz darauf waren wir da und bestaunten eine Burg im Zentrum der Stadt, die sich über den See erhob. Aber wir wollten am Ufer sitzen, und so schlängelten wir uns durch das Straßenlabyrinth auf der Suche nach dem Wasser. Urplötzlich wurde die Straße zu einer kleinen Einbahnstraße, die uns geradewegs zu einem ungepflegten Grundstück neben einem heruntergekommenen Wohnwagenpark führte.

„Ich dachte, solche Wohnwagenparks gibt es nur in Amerika."

„Hier gibt es keine Ausfahrt. Nur die Straße, von der wir gekommen sind."

„Da, hinter dem hohen Schilf kann ich irgendwo Wasser sehen."

„Aus der Ferne hat das alles viel schöner ausgesehen."

„Sollen wir weiterfahren?"

„Lass uns anhalten und die belegten Brote aus dem Kofferraum holen. Bringen wir es hinter uns."

„Tolle Stimmung."

Ich holte den Picknickkorb aus dem Kofferraum und verteilte das Essen. Wir saßen im Auto, weil es draußen doch recht frisch war, und packten schweigend unsere Brote aus. Als ich auf meinem Sandwich herumkaute, schaute ich nach rechts zum Fenster hinaus – und musste lachen. Mitten auf einem Fleckchen ungemähter Wiese stand ein einsamer, verbeulter, weißer Plastikstuhl. Wir machten uns darüber lustig, wer wohl zuletzt in dem Stuhl gesessen haben mochte. Wir waren uns einig, dass es wohl irgendein verirrter Amerikaner gewesen sein musste, denn die Italiener waren alle viel zu stylish für so ein Ding. Von allen Orten in der Toskana hätten wir uns keinen hässlicheren aussuchen können für unser Mittagessen als diesen.

„Eines weiß ich sicher", meinte meine Mutter lachend und kaute. „Frances Mayes war niemals hier."

Das Lachen erfreute mich mehr als das Essen. Es war ganz gleich, ob wir in New Jersey oder in der Toskana saßen oder ob wir mit Frances und Ed an ihrem großen gelben Tisch tafelten oder zusammengequetscht in einem Mietwagen zwischen verrotteten Wohnwagen hockten. Unseren Herzen war es egal, wie die Umgebung aussah – wichtig war nur, dass wir zusammen waren, über Nichtigkeiten lachten, nach einem Menschen Ausschau hielten, den wir nie treffen würden, und eine Villa suchten, die wir nie betreten würden.

Wir beendeten unseren kleinen Boxenstopp und fuhren zurück. Dabei schworen wir uns gegenseitig, dass wir jedem, der danach fragte, erzählen würden, wir hätten an einem tiefblauen See unter einer berühmten Burg Picknick gemacht. Ein echtes Toskana-Erlebnis eben.

Die Wahrheit sollte unser kleines Geheimnis bleiben. Es war ein weiterer Faden, der uns verband und der zu dem schon so dicken Seil dazukam, das uns über alle Entfernungen hinweg verband.

Zufrieden fuhren wir nach Hause. Während meine Eltern und ich uns gegenseitig älter werden sahen, wussten wir, dass gemeinsame Momente wie diese gezählt waren. Der Gedanke daran war äußerst schmerzhaft, denn wenn erst einmal einer von uns nicht mehr da war, dann würden die anderen zurückbleiben mit all diesen losen Fäden, die nirgends mehr hinführten.

Aber jetzt war nicht die Zeit, melancholisch zu sein. Denn wir fuhren nach Montalcino zurück, wo uns eine Flasche *Le Chiuse Brunello* und ein heimeliges Feuer erwarteten.

Kapitel 64

Das Kloster

Es war schon fast 18:00 Uhr abends, als mein Vater den weißen Mietwagen direkt vor einem massiven Eisentor parkte. Meine Eltern waren vor einer Woche, an Ostern, zum Gottesdienst hier gewesen, und die Schönheit des Klosters und die Gesänge der Mönche während der Messe hatten sie total fasziniert. Wir gingen den von Zypressen gesäumten Weg entlang auf das atemberaubende Kloster Monte Oliveto Maggiore zu, das ganz oben auf einem Hügel in der Toskana lag. Es regnete leicht, aber es war nur ein ganz feiner Nieselregen.

Das Gelände war herrlich grün, und wir gingen schweigend und ehrfürchtig den Weg entlang. Meine Eltern teilten sich einen roten Schirm, aber Tim, Matt und ich ließen uns vom Blätterdach über uns schützen. Der Dunst der Pinien und nassen Blätter umgab uns wie Rauch. Die Tage wurden länger, und der Himmel war immer noch leicht grau.

„Ich wünschte, Katie könnte hier sein", flüsterte ich. Sie war mit Magenschmerzen daheim in der kleinen Villa geblieben.

„Warum flüsterst du?", erwiderte Matt ebenfalls flüsternd.

„Ich weiß nicht."

Am Ende des Weges kam die stattliche, strenge Kirche aus dem 15. Jahrhundert in Sicht. Wir betraten sie durch eine Seitentür und standen dann in einem schwach erleuchteten Meisterwerk der Gotik. Nur einige wenige Kerzen wiesen den Weg und erleuchteten die Bilder und prächtigen Steinmetzarbeiten. Wir waren zur Vesper gekommen. Sogar das Wort war geheimnisvoll.

Ein Mönch in einer einfachen, weißen Kutte nickte uns zu und führte uns zu einigen alten Kirchenbänken in der Nähe des Altars. An der Wand standen mit reichen Schnitzereien verzierte Sitze mit hohen Lehnen und harten Bänken, ähnlich wie die, auf denen die Gemeindeältesten in der Westminster Abbey sitzen, wenn die Königsfamilie vorübergeht.

„Setzen wir uns dorthin“, sagte ich.

Wir setzten uns alle fünf in die geschnitzten Stühle. Matthew fühlte sich in seinem thronartigen Sitz offensichtlich wie ein junger Prinz. Ich tat es ihm nach und spielte die Königin.

Andere Besucher kamen herein und setzten sich uns gegenüber in die andere Reihe der prächtigen Sitze. Das einzige Problem dabei war, dass wir uns nun genau gegenübersaßen. Ständiger Blickkontakt war nicht zu vermeiden und erwies sich als sehr unangenehm. Hin und wieder fand ich einen solchen Anstarr-Wettbewerb ja ganz schön, aber unsere Mitmenschen schienen nicht zu der Sorte zu gehören, denen das Spaß machte. Ich fragte mich, ob dieses Problem wohl zu der etwas moderneren Anordnung der Sitze in Theaterreihen geführt hatte, wie sie in den meisten Kirchen üblich war.

Einige Mönche erschienen und schwebten in ihren weißen Kutten den Gang entlang wie Engel. Viele trugen Bücher bei sich, als sie allein oder in Zweier- und Dreiergruppen hereinkamen. Alle sahen sehr ernst und konzentriert aus, als sie ihre Plätze auf den hölzernen Thronsitzen im hinteren Teil der Kirche einnahmen. Die Lichter gingen an, und der Raum wurde von einem goldenen Schein erfüllt.

Die Mönche stammten aus allen Altersklassen. Es gab jugendliche Gesichter, aber auch solche, die von Weisheit und Lebenserfahrung gezeichnet waren. Ich fragte mich, was diese jungen Menschen wohl an so einem Leben anzog. Ob sie der lauten und hektischen Welt entfliehen wollten oder sich zu etwas Höherem berufen fühlten?

Immer mehr Mönche strömten herein und nahmen ihre Plätze ein. Genau zur vollen Stunde kamen die letzten beiden Mönche und nahmen ihre Plätze in der Mitte des Ganges auf zwei Podesten ein, die dort extra für sie standen. Ich nahm an, dass sie die Kantoren waren, die Leiter des Chores.

Ich betrachtete jeden einzelnen Mönch genau. Ich wollte wissen, wer sie waren. Ich wollte in ihre Augen sehen, ihre geheimen

Ängste erahnen, raten, wer der Lustige war, der Stille, wer sich nicht sicher war, ob er hierher gehörte. Ich fragte mich, wer der Oberste war und wer es gern wäre. Wen beneideten sie heimlich als den Heiligsten unter ihnen?

Dann erfüllte eine tiefe, volle Stimme die Kirche mit lateinischen Silben. Die übrigen stimmten ein. Ein melodisches Gebet. Ich schloss die Augen und lauschte dieser uralten Sprache, die nur meine Seele verstehen konnte oder wollte, denn der Klang war so verführerisch, dass die Melodie allein genügte. Langsam lehnte ich mich zurück und entspannte mich bei den Gesängen. Erst sang einer der Kantoren, dann der andere. Dann folgte ein Chor von tiefen Stimmen: ruhig, harmonisch und anscheinend vollkommen mühelos. So ging es immer weiter, bis ich von dem Ritual wie hypnotisiert war. Ich fühlte eine tiefe Ruhe, und der Gedanke, jeden Tag so zu beenden, schien plötzlich sehr verlockend.

Ich öffnete die Augen und betrachtete die Szene noch einmal, aber diesmal fiel mir etwas anderes auf: Die hohen Deckengewölbe schienen erfüllt zu sein von den Stimmen der Mönche aus 600 Jahren, die sich hereingedrängt hatten, um mit den anderen in diesem wunderschönen Chor zu singen. Es war eine Gemeinschaft der Heiligen, die hier so tiefen Frieden fanden, dass sie für immer blieben. Ich spürte ihre Gegenwart in diesen Wänden, die all ihre Freuden und Leiden gehört hatten.

Die Mönche hier lebten nach der Regel des heiligen Benedikt, *ora et labora* – bete und arbeite. Es war ihr Weg zu einem erfüllten, friedvollen Leben. Vielleicht konnten wir diesen Weg in unserem eigenen Leben öfter gehen. Tim und ich sahen uns an. Aus irgendeinem Grund war der Bann gebrochen. Die Mönche waren noch nicht fertig, aber wir waren bereit zu gehen.

Wir gingen alle fünf hintereinander still zur Tür hinaus und schwiegen den ganzen Weg nach Hause. Ich kuschelte mich eng an Tim und hielt seine Hand. Manchmal gab es keine Worte. Manchmal genügte es, einfach ohne Worte beieinander zu sein.

Kapitel 65

Mohn in der Toskana

Das ganze Jahr hatte ich darauf gewartet, das zu sehen. Deshalb war es nicht weiter verwunderlich, dass ich das übermächtige Verlangen verspürte, sofort von dieser kurvigen Straße durch die Toskana abzubiegen und an der erstbesten Zypresse zu halten. Gesagt, getan.

Ich stieg aus, ging an den Rand eines Mohnfeldes und stand einfach nur da, während mir die Sonne warm ins Gesicht schien. Diese blutroten Wildblumen blühten überall auf den Hügeln, wie Tausende von Kirschbonbons, die jemand auf einen smaragdgrünen Teppich geworfen hatte. Vollkommenes Rot auf vollkommenem Grün. Auf eine gewisse Art war das noch schöner als Weihnachten.

Die Hügel erstreckten sich in alle Richtungen und gaben mir das Gefühl, ich könnte aus purer Lebenslust den ganzen Tag rennen, so schnell ich konnte. Aber rennen kam in meinen leichten Sandalen nicht infrage, also bahnte ich mir vorsichtig meinen Weg durch die Blumen, wie eine Botanikerin bei ihrer ersten Forschungsreise. Der Mohn wuchs niemals gerade, und die Stängel waren ineinander verschlungen. Es war eine echte Herausforderung, die hauchdünnen Blüten nicht zu zertreten oder zu zerdrücken, aber ich gab mir alle Mühe, denn sie waren so vollkommen in ihrer filigranen Einfachheit.

Schon bald stand ich in der Mitte des Feldes. Ich kämpfte gegen das plötzliche Verlangen, zum Auto zurückzulaufen, als mir bewusst wurde, dass ich vermutlich albern aussah, so allein im Mohnfeld. Aber ich gab dem Impuls nicht nach, sondern blieb unbeweglich stehen und atmete bewusst ein und aus. Leuchtende Farben, absolute Stille, ein wunderbarer Augenblick, der durch nichts und niemanden gestört wurde. Er gehörte mir ganz allein.

Etwas erregte meine Aufmerksamkeit. Neben mir bewegte sich etwas. Ich kniff die Augen zusammen und spähte hin. Zunächst erkannte ich nichts. Dann bewegte es sich wieder. Ein paar widerspenstige Blüten rissen sich los und erhoben sich über ihre Artgenossen. Und dann richtete sie sich auf, in ihrem dunkelblauen Mantel mit der schwarz-weißen Brosche, die sie immer trug. Auf ihren silbernen Locken saß der Hut mit den übergroßen roten Mohnblüten aus Seide. An dem Ostern, als ich 12 war, hatten meine Mutter und ich sie dazu überredet, ihn zu kaufen. Aus einer Laune heraus hatte sie ihn im Hutgeschäft aufprobiert, und er hatte sie in ein modisches Ausrufezeichen verwandelt. Sie trug ihn jahrelang, auch als Hüte schon längst aus der Mode waren.

Wir standen uns Auge in Auge gegenüber. Sie hatte den Kopf leicht schräg gelegt, wie sie es immer tat, und lächelte. Ihre liebevollen blauen Augen wirkten riesig hinter ihrer starken Brille, die sie so hasste. Ich winkte ihr zu, um ihr zu zeigen, dass ich den goldenen Siegelring, den sie mir geschenkt hatte, als ich 16 war, immer noch trug. Dann wollte ich ihr sagen, dass ich meine Tochter nach ihr benannt hatte, aber das wusste sie schon.

Ich hatte meine Großmutter erst in der zweiten Hälfte ihrer 54-jährigen Ehe mit meinem Großvater erlebt – der Teil, in dem man die Schwierigkeiten überwunden und sich gegenseitig einfach so zu nehmen gelernt hat, wie man ist, und sich an den einfachen Dingen erfreut. Sie waren ein mutiges Paar gewesen, das sich trotz religiöser Unterschiede zueinander bekannt hatte, und das in einer Zeit, in der das nicht ohne Weiteres möglich gewesen war: Sie war eine überzeugte Katholikin gewesen, er Protestant.

Ich kann mich noch deutlich an die beiden erinnern. Selbst als er schon über 80 war, fuhr mein Großvater sie jeden Morgen zur Messe und wartete im Auto, bis sie fertig war. Und sie bekochte ihn und bügelte seine Sachen, während er Pfeife rauchend in einem großen, dunkelbraunen Sessel mit Spitzendeckchen auf den Armlehnen saß. Sie sorgten füreinander. In der tiefen Überzeugung, dass die Familie das Wichtigste auf der Welt war, ordneten sie sich einander in Demut unter.

Meine Großmutter verkörperte sehr anschaulich die verändernde Kraft, die im einfachen Dienen liegt. Weiße Laken auf der Leine, den Besen in der Hand, Kalbfleisch mit Paprika auf dem Herd, den Fingerhut auf dem Finger, während sie ein gesticktes Kissen flickte. Ihr Zuhause war ihr Heiligtum, und sie zeigte mir, dass die tägliche Routine – von einem Zimmer zum nächsten, von einem Enkel zum nächsten und von einem Lachen zum nächsten – etwas Wohltuendes und Heilsames hatte. Sie war die Herrscherin in einem Reich der Beständigkeit, und wir wuchsen in großer Sicherheit auf und wurden dadurch stark und mutig.

„Gute Nacht, mein Püppchen", sagte sie immer, nachdem wir im dämmrigen Licht des Zimmers neben der Küche, in dem mein Bettchen stand, gebetet hatten. Mit ihrer kühlen Hand strich sie mir über die Stirn und die Wange, und dann ging sie hinaus und ließ die Tür einen Spalt offen, damit sie mich hörte, falls ich noch einmal nach ihr rief.

Angestrengt lauschte ich dann der gedämpften Unterhaltung zwischen meiner Mutter und meiner Großmutter, die in der Küche saßen und sich daran erfreuten, ein Wochenende zusammen zu verbringen. Meine Mutter erzählte ihr dann immer von den Freuden und Enttäuschungen ihrer Ehe. Manchmal wagte ich mich aus dem Bett, spähte durch den Türspalt und sah ihnen zu, wie sie dasaßen, die Köpfe zusammensteckten und lachten.

Ich hatte tausend Fragen im Kopf, die ich meiner Großmutter stellen wollte, zum Beispiel wie es war, als sie so alt gewesen war wie ich. Ich wollte sie fragen, wie ich eine bessere Mutter, eine bessere Ehefrau und eine bessere Freundin sein konnte. Wie ich den Stürmen im Leben mit Mut und Würde begegnen konnte. Wie ich einen Fuß vor den anderen setzen konnte, auch wenn ich manchmal so müde war, dass ich mich am liebsten einfach hingelegt und für immer geschlafen hätte, so wie Dorothy und ihre Freunde im *Zauberer von Oz*.

Aber bevor ich auch nur einen Ton sagen konnte, drehte sie sich um und verschwand langsam, aber sicher, bis ich den Kopf schüttelte, um wieder zu mir zu kommen. Schweigend und verwirrt ging ich zum Auto zurück. Ich spürte, dass ich hier draußen nicht allein war, und das fühlte sich gut an. Es gab mir Kraft.

Wie wir unsere Beziehung zu unserem Partner gestalten, hängt so stark auch davon ab, wie die Generationen vor uns gelebt und geliebt haben. Das Wie und Warum der Ehe wird uns wie kostbares Porzellan in feines Seidenpapier gewickelt weitervererbt. Wie wir miteinander umgehen, wie wir Konflikte lösen und den Herausforderungen des Lebens begegnen, das alles ist tief in uns verwurzelt. Es ist das Ergebnis von Millionen von Situationen, in denen wir unsere Eltern und unsere Großeltern miteinander beobachtet haben. Ob Tim und ich es schafften, wieder wirklich zueinanderzufinden, würde sogar irgendwann heute noch ungeborene Kinder beeinflussen.

Ich war heute nicht hergekommen, um meine Großmutter zu suchen. An diesen Hut hatte ich seit 25 Jahren nicht mehr gedacht. Und doch war sie irgendwie da gewesen. Es ist interessant, wie die Erinnerung zu mir fand, wie sie auf einen stillen Augenblick wartete, in dem ich mit etwas ganz anderem beschäftigt war, um mich zu überraschen. Wie sie mich verändert zurückließ und mir eine Prise Weisheit verlieh und mir Stoff zum Nachdenken gab. Meine Großmutter muss wohl unbewusst der Grund gewesen sein, weshalb ich unbedingt den Mohn sehen wollte.

Ich glaube, sie hatte schon lange darauf gewartet, mich daran zu erinnern, welche Macht die kleinen Dinge haben, wenn man sie aus Liebe für jemand anderen tut. Oder vielleicht hatte sie die ganzen Jahre schon direkt vor mir gestanden und mir verzweifelt zugewinkt, aber ich war zu beschäftigt gewesen, um es zu bemerken.

Kapitel 66

Bus fahren, Teil VI

Seit fünf Tagen streikten die Busse *und* die Züge. Offensichtlich hatten sie bei ihren letzten vier Streiks nichts erreicht.

Niemanden schien es zu interessieren.

Ich fragte mich langsam, warum Giglio in seinem Buch *Italiens ungelöste Probleme* diesen Streiks nicht ein ganzes Kapitel gewidmet hatte.

Kapitel 67

Zwei Frauen, ein Haus

Es war pechschwarze Nacht, und ich wartete darauf, dass meine Augen sich an die Dunkelheit gewöhnten. Mir war nicht klar, warum ich aufgewacht war. Ich stand auf, schlich mich den Flur entlang und sah nach Matthew, der aber fest schlief. Ich zog die Decke wieder über ihn und stand dann einen Augenblick da und beobachtete ihn nur. Ein Vorrecht der Eltern.

Leise ging ich wieder aus seinem Zimmer, weiter den Flur entlang und um die Ecke. Und da hörte ich es: leises Murmeln. Ein Kichern. Katie telefonierte. Um 2:00 Uhr morgens. Das konnte nur eines bedeuten …

Einen Augenblick lang blieb ich vor ihrer Tür stehen und lauschte, aber ich konnte die Worte nicht verstehen. Das musste ich auch nicht; ihr Tonfall sagte alles. Ich beschloss, sie nicht zu stören. Wozu sollte ich sie auch daran erinnern, dass es mitten in der Nacht war und sie eigentlich auflegen sollte?

Ich lehnte mich einen Moment lang gegen die glatte, weiße Wand und lächelte bei der Erinnerung an jene Tage, vor langer Zeit, als ich furchtbar verliebt war und keinen Schlaf brauchte; als jedes alberne Wort zwischen Tim und mir die Müdigkeit am Morgen wert gewesen war. Ich freute mich für Katie und fragte mich, wer der Glückliche wohl war.

Da ich jetzt hellwach war, schlich ich mich in die Küche und schenkte mir ein Glas Wasser ein. Eigentlich war ich nicht durstig, ich musste nur irgendetwas tun. Ich nahm das Glas mit ins Wohnzimmer und setzte mich aufs Sofa. Plötzlich fühlte ich jedes meiner 44 Jahre. Es war kein schlechtes Gefühl, sie nahmen nur sehr viel Platz ein.

Das Wissen, dass meine Tochter jetzt alt genug war, um sich zu verlieben, brachte mich dem Älterwerden noch näher. Damit musste ich erst einmal fertig werden. Obwohl – wird man damit jemals fertig?

Ich sah durch die Glastür zum Mond hinauf, der hoch über dem Meer hing und dessen Licht das Wasser glitzern ließ. Genauso ist es mit der ersten Liebe – sie lässt alles in ihrer Umgebung aufleuchten. Gereifte Liebe glitzert nicht mehr so. Sie ist mehr wie die Erdanziehungskraft – die unsichtbare Macht, die alles zusammenhält.

Obwohl ich das Leuchten und Glitzern vermisste, war mir doch klar, dass es ein bisschen so ist wie der Mond: verlockend, aber allein kraftlos. Der Mond reflektiert nur das Licht, er gibt selbst keines ab. Bisher hatte ich es immer andersherum gesehen. Gereifte Liebe ist das kostbarere Gut, denn wer sie hat, wird zur Lichtquelle, und die anderen leuchten und strahlen in diesem wärmenden Licht.

Ich trank mein Glas aus, stellte es auf den Tisch und ging wieder ins Bett. Als ich noch ein letztes Mal an Katies Zimmer vorbeiging, hörte ich, wie sie eine Strophe aus einem ihrer derzeitigen Lieblingslieder sang. Dann herrschte Stille. Ich stellte mir vor, wie er ihr die nächste Strophe vorsang. Ein Kichern bestätigte meine Vermutung. Das war einfach zauberhaft.

Ich nahm mir vor, Katie am nächsten Morgen nicht zu fragen, weshalb sie so müde aussah. Ich wollte mich nicht einmischen. Diese Augenblicke sollte sie ganz für sich genießen. Vielleicht würde sie mich ins Vertrauen ziehen, aber wenn nicht, würde ich nicht beleidigt sein. Das Herz einer Frau ist eine komplizierte Sache.

Wir waren jetzt zwei Frauen in diesem Haus, und Katie hatte ein Recht auf ihr eigenes Leben. Wie konnte ich ihr Platz machen, ohne meine Rolle als ihre Mutter aufzugeben?

In unserer Familie gab es jetzt eine neue Gleichgewichtssituation, und es würde eine Weile dauern, bis wir alle uns darin eingefunden hatten.

Kapitel 68

Pisa

Wir schauten alle drei irgendwohin, nur nicht in die Augen der anderen. Tim reichte Katie noch eine Serviette, damit sie sich die Tränen abwischen konnte, die ihr übers Gesicht liefen. Ich richtete meine Aufmerksamkeit angestrengt auf das feine Webmuster der weißen Tischdecke und die Gravur auf dem Besteck in diesem kleinen Restaurant in Pisa. Dann wappnete ich mich mit einem tiefen Atemzug und einem Schluck *acqua frizzante*.

Matthew war mit Tims Eltern, die für zwei Wochen auf Besuch waren, im Hotelzimmer geblieben. Wir hatten Katie zuerst sagen wollen, dass wir beschlossen hatten, wieder nach Amerika zu ziehen. Uns war beiden klar, dass das für sie schwerer sein würde.

„Aber hier ist doch jetzt unser Zuhause."

„Katie …"

„Ihr versteht das nicht. Ich war noch nie so glücklich. Ich will nicht zurück!"

„Das verstehen wir."

„Nein, tut ihr nicht. Ihr versteht das nicht. Hier ist alles so … so *echt*. Die Kids hier, meine Freunde … das ganze Zeug und Markenklamotten und Aussehen ist ihnen egal. Hier ist alles so viel einfacher."

„Uns geht schlichtweg das Geld aus, Schatz. Wir dachten, das Geld würde für zwei Jahre reichen, aber das tut es nicht."

„Aber hier habe ich mein eigenes Leben. Ich muss nicht darauf warten, bis ihr mich irgendwo hinfahren könnt. Ich verdiene selbst Geld mit Babysitten, und es macht solchen Spaß, den Kindern Englisch beizubringen."

Jetzt reichten Tim und ich uns die Serviette hin und her, damit wir uns die Tränen abwischen konnten. Es stimmte: Wir hatten

Katie noch nie so glücklich gesehen. Das Leben war für einen Teenager hier wirklich einfacher, weil sich nicht alles nur um Markenklamotten und Sauftouren drehte.

„Das ist nicht fair! Erst schleppt ihr mich hierher, und wenn ich das Land dann lieben gelernt habe, soll ich wieder gehen."

Dazu gab es nichts mehr zu sagen, und so saßen wir einfach nur schweren Herzens da und warteten auf die Rechnung.

Ich sah Katie in ihre tränennassen Augen, aber sie wich meinem Blick aus. „Katie, diese Erfahrung hat aber doch wenigstens deinen Horizont erweitert."

Katie schaute mich plötzlich mit einer wilden Entschlossenheit an, die ich bei ihr noch nie gesehen hatte.

„Nein, Mama, da liegst du falsch. Sie hat mir einen ganz neuen Horizont gezeigt!"

Kapitel 69

Der schiefe Turm

„Okay, lehnt euch alle genauso weit nach links wie der Turm, und ich drehe die Kamera."

Tims Eltern, Katie, Tim und ich lehnten uns brav so lange nach links, bis Matt uns das Zeichen gab, dass es genügte.

Tim und ich gaben jeder Laune von Matt nach. Wir wollten, dass er in möglichst guter Stimmung war, wenn wir die Bombe platzen ließen, dass wir nach Los Angeles zurückgehen würden. Katie hatte seit der Sache am Vorabend kein Wort gesprochen, und Tim und ich hofften gegen alle Vernunft, dass sich das jetzt nicht noch einmal wiederholen würde.

Wir gingen an den unzähligen Verkaufsständen vorbei, die an der Straße standen. Während wir über die kitschigen Souvenirs schauten, genossen Tim, Matt und ich einige kurze Momente der Kameradschaft und machten uns über alles lustig.

Matt ging zu einem Stand und schaute sich Fußball-Trikots an. Tim und ich nickten uns heimlich zu. Während wir so taten, als schauten wir die Preisschilder an, meinte Tim ganz nebenbei: „Matt, was hältst du davon, wenn wir am Ende des Schuljahrs wieder nach Los Angeles zurückgehen?"

„Wirklich?"

„Ja, weißt du, unser Geld …"

„Ist gut. Kann ich das blaue Trikot hier haben? Das von Inter Mailand?"

Kapitel 70

Globalisierung

Driing, driing.

Ich hörte mein Handy läuten, aber ich konnte es nicht finden. Hektisch rannte ich in die Küche und suchte auf der Arbeitsfläche und auf dem Fensterbrett über der Spüle. Nichts.

Driing, driing.

„Geh doch bitte mal dran“, rief Tim vom Sofa.

„Würde ich ja gern“, rief ich, als ich an ihm vorbei in den Flur und zu unserem Zimmer rannte.

Driing, driing.

„Warum findest du nie dein Handy?“, rief er mir nach, als ich gerade um die Ecke bog und das böse, kleine, silberne Teil auf meinem Nachttisch liegen sah.

„Hallo?“

„Mama, endlich!“ Ich hörte eine ungewohnte Dringlichkeit in Katies Stimme.

„Was ist denn los?“

„Ich habe ein bisschen Angst. Kannst du runterkommen und mich holen? Hier an der Bushaltestelle ist eine riesige Menschenmenge, und die Polizei lässt mich nicht durch.“

„Eine Menschenmenge?“

„Die machen eine Demo oder so etwas.“

„Ich komme sofort.“

Ich schnappte mir meine Jeansjacke, eilte zur Tür hinaus und rannte den Berg in Rekordzeit hinunter. Als ich von der langen Treppe auf die Hauptstraße trat, bot sich mir ein Anblick, den ich bisher nur von den Bildern aus dem *Time Magazine* kannte.

Es waren mindestens 1.000 Menschen dort auf der Straße. Die Menge war in zwei Gruppen gespalten, als handele es sich um zwei gegnerische Mannschaften. Dazwischen lag die Eisenbahnbrücke wie eine Trennlinie. Jede der Gruppen wurde von Carabinieri in voller Schutzausrüstung, komplett mit Schild und Schlagstock, in Schach gehalten.

Die Menge war ruhig und zurückhaltend, ganz sicher nicht gewaltbereit. Ich ging zum Rand der ersten Gruppe und behielt dabei Katie im Auge, deren blonde Haare ich am Rand der zweiten Gruppe entdeckt hatte. Ich rief sie auf dem Handy an und sah, wie sie es ans Ohr hielt, während sie mich in der Menge suchte.

„Katie, bleib ganz ruhig und halt dich am Rand der Menge, wenn du kannst. Ich versuche, auf meiner Seite Hilfe zu finden." Ich schaute mich um. Die Menschen flüsterten leise miteinander oder starrten einfach nur auf die andere Seite. „Spricht hier jemand Englisch?", fragte ich ziemlich laut und erntete einige feindselige Blicke. Mühsam arbeitete ich mich zu einem freundlich aussehenden Polizisten vor, den das alles nicht im Geringsten zu beunruhigen schien.

„Lei parla inglese?"

„Un poco."

„Was ist hier los?"

„Eine Demonstration."

Da kam eine Bierflasche von der Zugbrücke über uns herabgeflogen und zersplitterte ganz in unserer Nähe.

„Worum geht es denn?"

„Globalisierung."

„Globalisierung?!" Wie bitte? „Sehen Sie das große Mädchen mit den blonden Haaren und dem rosa Schal dort drüben? Das ist meine Tochter. Sie ist gerade aus dem Bus gestiegen. Kann ich sie holen? Wir wohnen da oben." Ich zeigte den Berg hinauf zu unserer Wohnung.

Er zuckte nur mit den Schultern. „Da oben sind aufgebrachte Menschen", nickte er zur Überführung hinauf.

„Scheint so."

Ich rief Katie noch einmal an und sagte ihr, ich sei in ein paar Minuten da, ich müsse nur noch einen sicheren Weg finden, um herüberzukommen. Das hier war nicht unsere Auseinandersetzung, und wir würden einen Weg finden, das Ganze zu umgehen.

Ich beobachtete die Menschenmenge noch einige Minuten. Je länger ich hinsah, desto länger geschah ... gar nichts. Anscheinend waren all die Menschen hier nur Zuschauer. Die eigentlichen Demonstranten waren oben auf der Eisenbahnbrücke versteckt.

Ich löste mich aus der Menge und ging zielstrebig auf die andere Seite. Alle Augen waren auf mich gerichtet. Flüstern. Fingerzeigen. Auf halbem Weg blieben meine Füße ganz von selbst stehen, und vor lauter Angst schien der Asphalt vor mir sich in Treibsand zu verwandeln. Ich drehte mich langsam im Kreis, und die Gesichter um mich herum verschwammen vor meinen Augen. Mir war plötzlich klar, dass ich mich hier mitten in eine ernste Sache begeben hatte. Ich war das beste Beispiel dafür, worum es bei dieser Demonstration ging: die Arroganz des Westens. Da stand ich, eine Amerikanerin, die sich nur um ihre eigenen Angelegenheiten sorgte und ein Thema, das den Kern der italienischen Gesellschaft bedrohte, einfach missachtete.

Ich behielt die Überführung im Auge, um nicht von einem verirrten Geschoss getroffen zu werden. Dabei spürte ich, wie mir die Hitze in den Kopf stieg, und ich ging schneller und sagte laut: „Ich will nur zu meiner Tochter!"

Nach einer Ewigkeit, wie es schien, war ich endlich auf der anderen Seite. Die Menge wich ein wenig auseinander, um mich durchzulassen, und ich sah starr geradeaus, bis ich bei Katie war.

„Danke, dass du gekommen bist!", seufzte sie erleichtert.

„Komm, wir suchen uns jemanden, der richtig Englisch spricht." Wir schauten über die Menge, und Katie entdeckte eine große, rothaarige Frau, die sich bei ihrem blonden Freund eingehakt hatte.

Wir schlängelten uns zu ihnen durch, und ich tippte ihr auf die Schulter. „Entschuldigung, sprechen Sie Englisch?"

„Ja, natürlich, wir sind aus England."

„Können Sie uns sagen, was hier vor sich geht?"

„Die Verwestlichung Italiens bringt alle möglichen Vorteile und Fortschritte mit sich", sagte ihr blonder Freund.

„Aber diejenigen, die dagegen sind, so wie wir", sagte die Rothaarige mit Leidenschaft in der Stimme, „finden, dass die freie Marktwirtschaft multinationale Firmen in der westlichen Welt auf Kosten der örtlichen Unternehmen und Kultur bevorzugt."

„Mach mal halblang", meinte ihr Freund lachend. „Du jagst den armen Menschen ja Angst ein."

„Entschuldigung." Sie legte mir die Hand auf den Arm. „Ich kann nur so gut nachempfinden, was diese Menschen verlieren."

Ich ließ mir das durch den Kopf gehen, während ich zusah, wie die Carabinieri hin und her liefen und sich miteinander berieten. Ich fragte mich, ob sie sich nicht ein bisschen lächerlich vorkamen mit ihren großen Schutzschilden.

Katie lehnte sich zu mir und flüsterte mir ins Ohr: „Was hat sie gesagt?"

Wie sollte ich in Worte fassen, was ich empfand, als ich die Straße entlangsah, zu der langen Reihe von winzigen Läden und Restaurants, die ich lieben gelernt hatte, und deren stolzen Besitzern, die händeringend vor der Tür unter dem alten Schild standen, auf dem seit Generationen der Familienname prangte, und besorgt zusahen.

„Sie hat gesagt, dass man mit dem Fortschritt vorsichtig sein muss. Er kann das Leben zerstören, das wir durch ihn verbessern möchten."

„Oh."

Ich empfand eine tiefe Traurigkeit, als Katie und ich schweigend dastanden und warteten, bis die Demonstration vorüber war. Dann gingen wir zurück durch die Menge und die alte Treppe hinauf nach Hause.

„Vielleicht gewinnen ja diejenigen, die gegen Globalisierung sind", meinte Katie.

„Hoffen wir es."

Kapitel 71

Zucca

In unserer Familie herrschte Krisenstimmung. Wir hatten gerade erfahren, dass Zucca wegen der Bestimmungen für den Transport von Tieren über den Atlantik schon zwei Monate vor unserer geplanten Rückkehr in die Staaten, im Juli, auf den Weg geschickt werden musste. Tim ging mit dem Telefon am Ohr im Wohnzimmer auf und ab. Katie und Matt saßen reglos links und rechts von Zucca, wie zwei Buchstützen. Vier Hände klammerten sich verzweifelt an ihn.

„Welche Möglichkeiten haben wir?", fragte Tim.

Nickend und mit immer größer werdenden Augen hörte er aufmerksam zu. Schließlich legte er auf und stellte sich breitbeinig vor uns. „Es hat irgendetwas mit der Regulierung der Temperatur im Frachtraum zu tun. Im Mai ist Stichtag."

„Kann er nicht mit uns in der Passagierkabine fliegen?", fragte Katie.

„Er ist zu groß, um unter den Sitz zu passen."

Matt zog Zucca eng an sich und verbarg sein Gesicht in den schwarzen Locken. Matt sah mit Tränen in den Augen zu uns auf. „Heißt das, wir müssen ihn hierlassen?"

„Nein", rief Katie.

„Wir geben ihn nicht weg", sagte ich. „Lasst uns überlegen, was wir tun können."

Wir sprachen verschiedene Möglichkeiten durch und riefen schließlich Tims Schwester Mary an, um sie zu fragen, ob sie zwei Monate auf Zucca aufpassen könnte. Tim würde dann mit Zucca im Mai nach Ohio fliegen und ihn bei ihr abgeben. Sie sagte bereitwillig zu. Zucca konnte ihren beiden Hunden Gesellschaft leisten. Ich sah ihren Mann Don förmlich vor mir, wie er sich im Hintergrund wand, während sie mit Tim sprach.

Wir atmeten alle erleichtert auf, obwohl diese überraschende Wendung unser sorgfältig berechnetes Budget empfindlich aus dem Gleichgewicht brachte. Wir saßen auf unserem L-förmigen Sofa und reichten Zucca von einem zum anderen, während wir uns mit den neuen Gegebenheiten abfanden.

„Was wird er nur ohne uns machen?“, sagte Katie mit Tränen in den Augen. „Er wird denken, wir hätten ihn verlassen.“

„Vergesst nicht, dass er ein Hund ist“, sagte Tim.

Aber Zucca war inzwischen mehr als nur ein Hund. Er hatte uns buchstäblich Tagein, Tagaus auf Schritt und Tritt begleitet. Wenn wir zusammen unterwegs waren, dann lief er vor uns her, blieb von Zeit zu Zeit stehen, um zu schauen, ob noch alle da waren, und rannte dann weiter. Wie bei einem Neugeborenen hatten wir jeden Zentimeter seines Wachstums genau festgehalten und jede Facette seiner sich entfaltenden Persönlichkeit beobachtet. Wie er seine Schnauze immer irgendwo drauflegte, wie er immer am Fußende schlief und es liebte, auf seinem Hundeknochen zu kauen, den er dabei mit seinen Pfoten senkrecht hielt.

Wir verfielen in „Weißt du noch“-Erinnerungen und erzählten uns alle lustigen Begebenheiten, die uns einfielen: den furchterregenden Haarschnitt, den wir ihm einmal verpassen lassen hatten und der so kurz war, dass wir spürten, dass sogar er selbst es peinlich fand. Der Tag, an dem wir ihn retten mussten, weil er sich durch das Balkongeländer gequetscht hatte und rückwärts über Annalisas Dach im 6. Stock hinunterrutschte. Als er sich auf dem Markusplatz in Venedig von der Leine riss und alle anwesenden Amateurfotografen begeisterte, weil er im Kreis rannte und Tausende von Tauben aufscheuchte.

„Was ist, wenn er uns vergisst?“, fragte Matt.

„Was ist, wenn es ihm bei Tante Mary besser gefällt?“

„Wie kriegen wir ihn nach Kalifornien zurück?“

„Nun“, meinte Tim, „ich werde wohl noch einmal nach Ohio fliegen, sobald wir uns wieder eingelebt haben, und ihn holen.“

Ach je. Noch mehr Geld.

„Dann haben wir noch ein bisschen Zeit mit Carmel, bevor er kommt“, sagte ich.

„Was ist, wenn Carmel Corn ihn nicht mag?"

„Jetzt reicht es aber", sagte Tim und suchte die Telefonnummer der Fluglinie heraus. „Das wird schon alles werden."

Katie stand auf und ging in ihr Zimmer. „Ich will, dass er heute Nacht bei mir schläft."

„Nein", sagte Matt, „das habe ich zuerst angemeldet."

„Wie wäre es, wenn einer von euch einen schönen langen Spaziergang mit ihm macht, und bei dem anderen darf er heute übernachten?", schlug ich vor.

Katie und Matt sahen sich einen Moment lang an. Dann schauten sie zur Leine, die neben der Tür hing.

„Er soll heute Nacht bei mir schlafen."

„Nein, das habe ich schon gesagt."

Ich seufzte nur.

Kapitel 72

Basket, Teil III

Matts Mannschaft spielte die längste Basketballsaison, die es je gegeben hatte. Sie fing im September an und endete im Mai. Ich glaube, ihr höchstes Ergebnis war 1:267 oder so. Die Kinder spielten voller Eifer und rannten sich die Füße wund, aber dieser blöde Ball wollte einfach nicht in den Korb gehen. Die gelegentlichen Pässe waren zu lang, übertrieben lange Dribblings gaben dem Gegner mehr als genug Gelegenheit, ihnen den Ball abzunehmen, und die Korbwürfe waren nicht wirklich gezielt.

Am Anfang war das entmutigend, aber langsam fingen Tim und ich an, die positiven Seiten zu entdecken. Wir lernten, uns in den vielen Nebenstraßen und Gassen der benachbarten Orte zurechtzufinden. Die Sporthallen der Auswärtsspiele zu finden war so abenteuerlich wie in den Gassen irgendeines New Yorker Viertels nach einer versteckten Kellerkneipe zu suchen. Wir wussten, dass es hier irgendwo sein musste, aber ich war nervös und angespannt, wenn ich durch Türen spähte und an offenen Fenstern lauschte, ob ich wohl Sportschuhe auf Hallenboden quietschen hörte. Und wenn wir den Ort des Geschehens dann gefunden hatten, kam immer der Satz: „Woher soll man denn überhaupt wissen, dass hier eine Sporthalle ist?"

Ich glaube, sie hatten insgesamt drei Trainer. Der letzte war ein älterer Herr, der in dem Sportzentrum arbeitete, in dem das Team auch trainierte. Ich genoss es, einfach auf der Tribüne zu sitzen und seine Körpersprache und die Mimik zu beobachten, wenn er den Jungs etwas zurief oder sie korrigierte. Im Kopf ging ich die einzelnen Schritte der Herz-Lungen-Reanimation noch mal durch, wie ich sie im Erste-Hilfe-Kurs gelernt hatte, denn wenn ich sah, wie seine Venen am Hals hervortraten, dann konnte das jederzeit nötig sein.

Aber das Beste an der ganzen Sache war eindeutig, mit den anderen Eltern auf der Tribüne zu sitzen. Wir kamen alle jede Woche, um die Mannschaft anzufeuern. Alle waren höflich. Niemand schimpfte mit seinem Kind und ich hörte niemals eine abfällige Bemerkung über die Trainer. Keine Schimpftiraden, keine Schuldzuweisungen und kein respektloses Verhalten gegenüber der anderen Mannschaft.

Diese Eltern wollten durchaus, dass ihre Kinder gewannen. Aber sie sahen das alles eher nüchtern und diese Einstellung spiegelte sich auch im Verhalten der Spieler wider. Während des ganzen Jahres wurde Matt nicht ein einziges Mal dumm angemacht. Niemand hänselte ihn, weil er anders war. Niemand machte sich über ihn lustig, weil er die Sprache nicht konnte. Die Eltern hießen uns willkommen und ihre Söhne taten das Gleiche mit Matt. Interessant, dass das so funktionieren konnte.

Als Matt und ich von seinem allerletzten Training nach Hause fuhren, unterhielten wir uns über die Saison. Ich fragte ihn, was er in diesem Jahr gelernt hatte.

Er saß eine Weile da und überlegte. „Gewinnen ist doch auch wichtig", sagte er dann. „Es macht keinen Spaß, wenn man die ganze Zeit nur verliert."

Ich stimmte ihm zu und fragte ihn dann, ob es noch etwas gäbe. Vielleicht etwas, das er über die italienischen Jungs in seinem Alter gelernt hatte, das anders war als bei amerikanischen Jungs.

Wieder überlegte er lange und sah mich dann mit ernstem Gesicht an. „Außer mir tragen alle in der Mannschaft enge Unterhosen", sagte Matt. „Ich bin der Einzige, der Boxershorts trägt."

Wer hätte das gedacht?

Kapitel 73

Bus fahren, Teil VII

Die Busse und Züge streiken wieder. Und wieder kümmert es keinen.

Sie hatten nichts erreicht.

Wieder einmal.

Auf dem Weg zum Lebensmittelladen habe ich das Lenkrad unseres kleinen Autos geküsst.

Kapitel 74

Am Busen der Natur

Der Juni kam, und mit ihm Dick und Sandy, Freunde aus Los Angeles, die wir durch die Radioarbeit kennengelernt hatten. Dick wurde 60, und sie hatten für einen Monat eine Villa oberhalb von Lucca gemietet, um dort zu feiern. Sie sind die Art von Menschen, mit denen ich am liebsten auf einer einsamen Insel stranden würde, denn dann hätten wir wenigstens etwas zu lachen, bis wir starben.

Wir standen zu viert auf unserer Dachterrasse und genossen die Aussicht, die uns nur noch zwei Monate gehören sollte.

„Wie könnt ihr das hier nur zurücklassen?", fragte Dick und breitete allumfassend die Arme aus.

„Das ist ein heikles Thema", sagte Tim lachend.

Matthew kam mit einer Handvoll Kekse die Stufen herauf und hörte, wie wir darüber sprachen, was man wohl an so einem herrlichen Nachmittag machen könnte.

„Wir könnten schwimmen gehen", sagte Matthew Krümel spuckend.

Wir zogen unsere Badesachen an und gingen zum Auto. Matt trabte mit einem ganz neuen Selbstbewusstsein voran. Irgendetwas an ihm veränderte sich gerade sehr stark. Tim und ich lächelten uns an, während wir beobachteten, wie Matt sich ganz selbstverständlich mit Dick und Sandy unterhielt.

Wir quetschten uns in unseren kleinen, grünen Wagen und schlängelten uns die kurvenreichen Straßen hinunter.

„Wir gehen immer zu ‚unserem Felsen' zum Schwimmen", erklärte Matt. „Er ist riesig und flach und man kann von dort ins Wasser springen. Und direkt oberhalb an der Promenade gibt es Eis."

„Das ist das Wichtigste", sagte Sandy lachend, als sie überprüfte, ob ihre Kamera funktionierte. Matt hatte ihr versichert, dass die Aussicht absolut umwerfend sei.

Wir parkten in einer Seitengasse in der Nähe des alten Hafens und gingen die gepflasterte Strandpromenade entlang. Die Sonne brannte auf uns herab, und die salzige Luft fühlte sich auf der Haut klebrig an, und so gingen wir zielstrebig zu unserem Felsen und blieben unterwegs nur kurz stehen, um ein paar Bilder zu machen.

„Da ist er." Matt zeigte auf den zerklüfteten Felsbrocken weiter unten.

Sandy warf mir hinter Matts Rücken heimlich einen Blick zu und fragte lautlos: „Wie kommen wir da runter?" Ich zeigte auf ein rostiges Tor etwa 50 Meter vor uns, das zu einer zerfallenen Steintreppe führte, die in willkürlich angeordneten Stufen nach unten führte. Schon standen wir davor. Der einzige Nachteil an unserem Felsen war, dass man erst über das verschlossene Tor klettern und auf der anderen Seite landen musste, ohne den Steilhang hinunterzustürzen.

Matt kletterte hinüber und erklärte uns selbstbewusst, dass wir das große, rostige Vorhängeschloss einfach ignorieren sollten.

„Kommt schon!", sagte Tim und schwang seine langen Beine über das Tor. „Ihr schafft das. Ich helfe euch."

Ein paar Zerrungen später stiegen wir alle hintereinander die Treppe hinunter.

Leider hatten auch einige andere Leute unseren Lieblingsplatz entdeckt und lagen Zigaretten rauchend auf ihren Handtüchern. Ich stieß Sandy an und nickte in Richtung eines recht beleibten Mannes, der mit geschlossenen Augen am Fuß des Felsens lag. Er rutschte auf dem dunkelgrünen Moos ganz langsam aufs Wasser zu. Wir breiteten unsere Handtücher am anderen Ende des Felsens aus und machten es uns gemütlich. Das Meer war heute zu unruhig, um zu schwimmen, aber die gelegentliche Gischt, die von dem gestrandeten Wal-Mann herüberwehte, war erfrischend.

Wir lagen dicht nebeneinander und zeigten uns gegenseitig Schiffe, interessante Felsformationen und alte Villen, die renoviert wurden. Bald kamen noch mehr Menschen und es wurde ein wenig voll. Ein Mädchen im Teenageralter und ihr Freund kletterten herunter und quetschten sich neben uns.

„Sehen die denn nicht, dass hier kein Platz mehr ist?“, flüsterte Sandy zwischen zusammengebissenen Zähnen hindurch.

„Sonst ist es nie so voll“, flüsterte ich zurück.

Das Paar breitete seine Handtücher tatsächlich neben uns aus und legte sich hin. Nach einer Weile bemerkte ich, wie Matthews Blicke immer wieder seitwärts wanderten. Sein Gesicht blickte geradeaus, aber seine Augen waren zur Seite gerichtet.

Ich stieß Sandy mit dem Ellbogen an, und wir folgten seinem Blick. Matt sah es und fing an zu kichern.

„Sandy, sag mir, dass das nicht wahr ist.“

„Doch, es ist wahr.“

Das Mädchen neben uns hatte ihr Oberteil ausgezogen, und die Tatsache, dass sie nur einen knappen Tanga anhatte, verstärkte den Eindruck der Nacktheit nur noch. Niemand sonst auf dem Felsen beachtete sie. Aber sie war nicht eine der üblichen Oben-ohne-Italienerinnen, die meistens weit über 50 waren und bei denen man meist lieber nicht hinsah. Dieses junge Mädchen hatte die größten naturbelassenen Brüste weit und breit.

In Europa sieht man überall nackte Brüste. Auf Plakaten, auf Zeitschriften, in Fernsehshows und am Strand. Für Europäer scheint das ganz normal zu sein. Nichts Besonderes. Man geht viel natürlicher damit um als in den Staaten. Aber in Momenten wie diesem merkte ich, wie tief unsere puritanischen Wurzeln doch reichten.

Wir vier Erwachsenen konnten auch nicht besser damit umgehen als ein Schuljunge. Keiner von uns konnte sich mehr auf etwas anderes konzentrieren oder etwas sagen außer: „Oh Mann“, „Hör auf, hinzuschauen“ oder: „Reiß dich zusammen“.

Matt vergrub sein Gesicht im Handtuch und versuchte, das Kichern zu unterdrücken, aber er bebte am ganzen Körper, als hätte er einen Krampfanfall. Sandy und ich lachten leise in uns hinein. Es wurde noch schlimmer, als der Freund des Mädchens beschloss, seiner Freundin den Rücken mit Sonnencreme einzureiben.

Nach einer weiteren Viertelstunde beschlossen Sandy und ich, unser unreifes Gekicher anderswo rauszulassen, bevor Matthew noch eine Ader platzte und Tim oder Dick einen Herzschlag bekamen.

„Kommt, Leute, die Vorführung ist jetzt beendet."

„Holen wir uns ein Eis." Wir zogen unsere Shorts und T-Shirts über die Badesachen und gingen die Steintreppe hinauf.

„Matt", ermahnte ich ihn, während ich hinter ihm ging, „wenn du dich noch einmal umdrehst, wirst du zur Salzsäule erstarren."

Wir kamen oben an und kletterten noch unbeholfener über den Zaun als vorher. Dann standen wir da, außer Atem, mit dem Rücken zu unserem Felsen, schnappten zwischen den Lachanfällen nach Luft und wischten uns die Lachtränen ab.

„Das war also euer Felsen?", fragte Dick.

„Nein, das war der Meerbusen", erwiderte Tim.

Und damit war es endgültig um unsere Fassung geschehen.

Kapitel 75

Lourdes – Hardcore-Ehetherapie, Teil IV

„Wie lange noch?“, stöhnte Matthew und lehnte den Kopf an die Fensterscheibe des Autos.

„Nicht mehr lange.“

Ich faltete die Karte auseinander und hielt sie hoch, damit alle sie sehen konnten. „Vor fünf Minuten sind wir an dieser Stadt hier vorbeigefahren.“ Dabei zeigte ich auf eine Stadt in Frankreich, knapp über der spanischen Grenze, deren Namen ich nicht aussprechen konnte.

„Wir müssen gleich da sein“, fügte Tim hinzu.

„Das sagst du immer, ganz egal, wie weit es noch ist“, murrte Matthew.

„Dann hör auf zu fragen.“

Ich faltete die Karte wieder zusammen und nahm einen Schluck Wasser aus der Flasche, die ich leeren wollte, damit wir sie mit dem heiligen Wasser aus der Quelle füllen konnten. Es war später Nachmittag, und wir waren alle müde, nachdem wir den ganzen Tag durch die Pyrenäen gefahren waren.

Als wir in der fruchtbaren französischen Landschaft um eine Kurve fuhren, tauchte plötzlich ein großes Schild auf, auf dem „Lourdes“ stand.

„Gott sei Dank.“

„Nein, Maria sei Dank.“

Ein paar Straßen weiter kamen wir an eine große Wiese mit einer Hecke darum. In der Ferne sah man über der Hecke einen Kirchturm.

Tim fuhr an den Straßenrand und parkte. Wir stiegen aus, strichen unsere Klamotten glatt und gingen auf den Durchgang in der Hecke zu. Dann überquerten wir die Wiese, die etwa so groß war wie ein Footballfeld. Auf der anderen Seite der Wiese war eine Steinbrücke über den Gave, der vor der großen „Basilika der unbefleckten Empfängnis" floss, die man über der Grotte errichtet hatte.

Wir gingen schweigend über die Brücke, obwohl ich nicht genau wusste, warum wir eigentlich schwiegen. Es lag etwas in der Luft, das mich in mich hineinhorchen ließ. Die Brücke war breit und viele weitere Menschen überquerten sie mit uns, aber es war trotz all der Leute ungewöhnlich still.

Dann lag die Grotte vor uns. Sie war kleiner, als ich erwartet hatte, eigentlich eher nur eine Felsnase an einem Hang. Hunderte von Menschen standen Schlange, um zur Grotte zu kommen und mit den Händen über den rauen, dunklen Fels zu streichen.

Wir sahen uns um, um die Lage zu peilen. Katie zeigte auf ein langes, sandfarbenes Gebäude, in dem sich die Bäder befanden, aber sie waren heute geschlossen.

Wir stellten uns hinter den anderen Pilgern an. Die Leute hatten Kerzen in allen Größen in den Händen, also gingen Katie und ich auch ein paar Kerzen kaufen, während Tim und Matthew unseren Platz in der Schlange hielten. Wenige Minuten später kamen wir mit einer 10 Zentimeter langen Wachskerze zurück, die eine der kleineren am Stand gewesen war.

„Darf ich sie halten?", fragte Matthew.

„*Ich* halte sie", zickte Katie. „Ich habe sie gekauft!"

„Mama hat sie bezahlt, das gilt also nicht."

„Psst", flüsterte Tim.

Katie und Matthew starrten sich mit zusammengekniffenen Augen an.

„Na gut", sagte Katie und gab Matthew die Kerze. „Aber sie ist heilig. Du musst gut aufpassen, dass du sie nicht kaputt machst. Und stoß niemanden damit."

Zentimeterweise ging es voran. Als wir so schweigend dastanden, hörte ich Gesprächsfetzen in allen möglichen Sprachen. Hoch oben, in einer unscheinbaren Mulde genau an dem Ort der Erscheinung, stand wie in einer hohlen Hand eine Marienstatue.

Einen Augenblick lang stellte ich mir vor, Bernadette zu sein, die aufblickte und die heilige Jungfrau sah und sich fragte, warum ausgerechnet sie dazu auserwählt worden war. Und wie sie dann immer wieder an diese Stelle zurückkam, um Maria zu sehen und auf ihre Worte und Weisungen zu hören.

An der Seite sah ich die Quelle, an die jetzt ein ausgeklügeltes System von Leitungen und Hähnen angeschlossen war, aus denen jede Woche unzählige Liter Wasser kamen. Ich dachte an den Tag, an dem Maria Bernadette angewiesen hatte, an einer trockenen Stelle im Boden ein Loch zu graben und in dem heilenden Wasser zu baden, was hervorsprudelte. Für Bernadette musste es seltsam gewesen sein, an einer knochentrockenen Stelle zu buddeln, aber sie hatte im Glauben weitergemacht, obwohl sie sich wahrscheinlich dumm vorkam vor der Menge der spottenden Zuschauer.

Und dann kam der Augenblick, an dem sie das kühle Wasser fühlte und wusste, dass es richtig gewesen war, auf Maria zu hören. Und da wurde mir klar, dass das ein perfektes Beispiel für meine eigene geistliche Reise im vergangenen Jahr war. Auch ich hatte das Gefühl gehabt, in der trockensten Wüste nach Wasser zu graben, und ich hatte mich oft gefragt, ob sich das Ganze wohl lohnen würde.

Matt drückte sich eng an mich. Ich legte meinen Arm um ihn und sah, wie er alles genau beobachtete: die Rollstühle, die offensichtlichen Behinderungen und Krankheiten der Leute, die Pilger, die in ernstes Gebet versunken dasaßen oder knieten. Ich fragte mich, was er wohl jetzt dachte.

Je näher wir der Grotte kamen, desto stiller wurden die Menschen. Die Atmosphäre war erfüllt von Leid und Selbstprüfung. Aus irgendeinem Grund wurden mir allein dadurch, dass wir hier waren, Verletzungen tief in meinem Inneren bewusst, und auch Verletzungen, die ich anderen zugefügt hatte. Schmerz und Reue stiegen in mir hoch wie Luftblasen im Wasser, ganz gleich, wie sehr ich versuchte, sie zu unterdrücken.

Ich konnte das Leid in den Augen der Menschen sehen, und innerlich wand ich mich, als ich das Seufzen und Schluchzen hörte, das viele von sich gaben. Der Schmerz machte uns alle gleich, und jeder hier konzentrierte sich für den Moment ganz auf seinen eigenen Schmerz. Hier durfte man selbstsüchtig sein und rückhaltlos um Heilung und Gnade beten und hoffen. Es war eine Erleichterung, das alles loszuwerden, sodass jeder es sehen konnte. Und es war auch gut zu sehen, dass jeder unter irgendetwas leidet.

Schließlich war ich an der Wand der Grotte angekommen, aber ich wusste nicht, wo ich sie berühren sollte. Welche Ritze oder Mulde war die Richtige? Ich strich mit der Hand die ganze Grottenwand entlang. Der schwarze Fels war rau und kalt, und ich spürte jede Unebenheit unter meiner Handfläche.

Als ich unmittelbar bei der Marienfigur angekommen war, streckte ich mich, so hoch ich konnte, aber natürlich kam ich auch nicht annähernd an die kleine Nische heran, in der sie stand.

Die Menge schob uns still und ehrfurchtsvoll durch die Grotte und dann einen langen Gang entlang, in dem hüttenartige Gebilde standen, in denen Kerzen in allen Größen brannten. Manche waren so groß wie ich.

„Hier sollen wir wohl unsere Kerze anzünden."

„Ich kann aber keinen freien Fleck sehen."

„Da unten ist Platz." Tim winkte uns zu einer Stelle, wo eine Kerze ganz heruntergebrannt war. Er kratzte die Wachsreste weg und stellte unsere Familienkerze in einen kleinen Halter aus Metall.

„Wie wäre es, wenn wir beten?"

„Kommt, wir fassen uns an den Händen", sagte ich und schaute zu Katie und Matt. Niemand machte sich über die Sache lustig, und da kamen mir die Tränen.

„Mama, wir haben doch gar nichts gesagt", sagte Matt kopfschüttelnd.

Tim schaute mir geradewegs in die Augen und sprach ein wunderbares Gebet aus tiefstem Herzen, in dem er Gott um seinen Segen für unsere Familie bat und um Führung bei unserer Reise. Ich spürte, dass eine große Kraft wirkte.

Bei Teil IV der Hardcore-Ehetherapie ging es darum, zu akzeptieren, dass wir nicht immer alles allein machen können. Wenn Gott nicht Teil unserer Beziehung war, fehlte ihr die Kraft. Ganz sicher würde es auch weiterhin Zeiten des Leids, der Leere und Enttäuschung geben, aber wir konnten dann Zuflucht finden in unserem Glauben, wenn alles andere zu schwer zu ertragen war.

Wenn wir als Familie zueinanderhielten und zusammen beteten, dann konnten wir die schweren Zeiten überstehen, die wir vielleicht noch durchmachen würden. Das war die Botschaft für uns heute. Es ging nicht darum, dass sich jeder für sich selbst so hoch streckte, wie er nur konnte, um Gott zu berühren, sondern darum, dass wir alle gemeinsam hier unten standen, in seiner Fürsorge.

Während wir den Rest des Weges entlanggingen, betrachtete ich die Hunderte, vielleicht sogar Tausende von Kerzen, die um mich herum hell brannten. Sie verbreiteten eine erstaunliche Wärme. Jede dieser Kerzen stand für eine Situation, in der jemand Führung brauchte, in der er Gott brauchte. Die Hitze des Schmerzes und das Licht der Hoffnung – sie gehörten untrennbar zusammen.

Anscheinend hatte es keiner der Menschen hier leicht. Und vielleicht sollte das auch so sein.

Kapitel 76

Amerikanisches Barbecue

„Katie, gib mir mal die roten Bohnen da. Und jetzt die Pintobohnen und die weißen Bohnen."

Ich machte gerade das beste Bohnengericht der Welt, genannt „Leckere Bohnen". Nicht gerade der kreativste Name, aber es war immer der Renner auf jeder Grillparty, zu der ich es mitbrachte. Tim war draußen und brutzelte auf unserem winzigen Kohlegrill das Fleisch. Er war jetzt schon fast zwei Stunden da draußen, weil er immer nur vier Hühnerschlegel auf einmal grillen konnte, und es gab jede Menge Hühnerschlegel zu grillen, bevor die Party steigen konnte.

Nachdem uns Annalisa ein Jahr lang mit köstlichen Rezepten verwöhnt hatte, wollten wir uns jetzt endlich revanchieren. Wir hatten es aus verschiedenen Gründen immer wieder hinausgeschoben, ihre Familie zum Essen einzuladen … aber es waren alles nur faule Ausreden gewesen. Wir waren einfach keine großartigen Köche. Man musste schon ein zweiter Jamie Oliver sein, um mit ihr mithalten zu können. Deshalb war es etwas peinlich. Wir hatten nur ein sechsteiliges billiges Ikea-Geschirr. Es gab nicht einmal genug Stühle für alle. Und wir hatten immer noch Schwierigkeiten, uns zu verständigen, auch wenn wir inzwischen die Grundlagen einigermaßen beherrschten – es fehlte am Vokabular. Sich einen ganzen Abend lang mit Mimik und Zeichensprache zu behelfen konnte ganz schön lang werden. Es war beschämend, dass wir immer noch nicht mehr Italienisch konnten.

Tim und ich hatten uns ein paar Ideen durch den Kopf gehen lassen und uns schließlich für diese Variante hier entschieden. Wir wollten warten, bis es warm genug war, dass wir alle draußen essen konnten, auf der *Terrazza*. Und es sollte eine echt amerikanische Grillparty geben. Grillen konnten wir, und außerdem waren wir dann aus dem Schneider, weil es nicht vornehm zugehen musste.

Auf dem Speiseplan standen gegrillte Hühnerschlegel, Bohnen, Maiskolben und ein aparter Salat mit Pinienkernen, Gorgonzola und Äpfeln. Zum Nachtisch würde es Wassermelone und Brownies mit Vanilleeis geben. Amerikanischer ging es wohl nicht.

Bei einem Abstecher nach Spanien hatte ich vor Kurzem Grillsauce, eine Brownie-Backmischung und Rohrzucker gefunden, Dinge, die in Nervi weitgehend unbekannt waren. Ich war begeistert, denn jetzt musste ich die Brownies nicht komplett selbst machen.

Tim kam mit dem nächsten Tablett gegrillter Hühnerschlegel in die Küche. Er fing an, sie in die Schüssel im Ofen zu legen, damit sie heiß blieben.

„Wie finden wir jetzt seinen Namen heraus?", fragte er. „Sie werden in zehn Minuten kommen."

„Vielleicht kann Katie das machen?"

„Was?", fragte Katie, die gerade mit Glasreiniger und Küchentüchern in die Küche kam.

„Herausfinden, wie der Mann von Annalisa mit Vornamen heißt."

„Auf keinen Fall", protestierte Katie.

„Komm schon", bettelte ich. „Du bist die Einzige, die das machen kann, ohne dass es auffällt."

Wir mussten es unbedingt herausfinden, denn wir waren jetzt schon elf Monate hier und hatten immer noch keine Ahnung, wie Annalisas Mann hieß. Dieser wunderbare Mann hatte uns schon so oft zu sich eingeladen, uns köstliche Mahlzeiten serviert und uns großzügig bewirtet. Aber er nuschelte. Und er nuschelte auf Italienisch. Wie sollten wir ihn an der Haustür begrüßen?

„Frag einfach Elisabetta im Laufe des Abends, Katie. Sie wird sich nichts dabei denken."

„Nein!"

Tim und ich sahen uns achselzuckend an. Es klingelte. Tim gab mir schnell einen Kuss und ging dann zur Tür.

„Permesso?"

„Sì, sì. Buona sera, Annalisa."

„Buona sera, Tiehm."

Ich ging zur Tür, um alle zu begrüßen, und sah, dass nur ein Teil der Familie da war. Annalisa, die beiden Jungen und Esther standen lächelnd in der Tür.

„Elisabetta ... sie kommt in ein paar Minuten. Sie braucht, äh ... noch ein bisschen. *Sorelle!* (Schwestern!)", sagte Annalisa und warf dabei die Hände hoch. „Großer Streit."

Wir hatten uns daran gewöhnt, Esther und Elisabetta unten schreien und die Türen knallen zu hören, also sahen wir einfach darüber hinweg. Annalisa gab keinerlei Erklärung ab, wo ihr Mann steckte. Er war bisher zu jeder Mahlzeit, die wir gemeinsam eingenommen hatten, zu spät gekommen, deshalb überraschte mich sein Fehlen nicht wirklich.

„Kommt doch herein und macht es euch bequem", sagte ich und führte sie zum Esstisch, auf dem Snacks standen.

„Die könnt ihr jederzeit essen", warf Matt ein. „Ihr müsst nicht warten, bis alle da sind oder so."

Schüchtern griffen sie nach Chips und Salsa, aber ich merkte, dass diese Art zu essen sie nervös machte.

Elisabetta kam mit vom Weinen geschwollenen Augen herauf und gesellte sich kleinlaut zu Annalisa und den Kindern draußen auf der *Terrazza*. Sie standen um Tim herum und sahen zu, wie er die Hühnerschlegel wendete und mit Grillsauce bestrich und dabei jeden Handgriff erklärte, als sei er der Star einer Kochsendung.

Ich hörte es noch einmal klopfen und öffnete die Tür. Draußen stand Signore Annalisa in seiner üblichen schwarzen Hose und dem frisch gebügelten, weißen Hemd.

„Hallo! Wie geht's?"

„Buona sera."

„Buona sera. Komm rein, komm rein. Die anderen sind alle auf der *Terrazza*." Er folgte mir durch die Wohnung. „Wie war dein Tag so?"

Murmel, murmel.

„Wir freuen uns sehr, dass wir heute Abend zur Abwechslung mal für euch kochen dürfen."

Breites Lächeln. Nicken. Wieder Murmeln.

„Tim", sagte ich, als ich auf die *Terrazza* kam, „schau mal, wer gekommen ist."

„Hallo … mein Freund. Schön, dich zu sehen!"

Tim schenkte ihm ein Glas Wein ein und führte ihn zu Annalisa hinüber, wo sie dann alle entspannt zusammenstanden und den Anblick der Spätnachmittagssonne auf dem Wasser genossen. Matt ging mit den Jungs auf die Dachterrasse, um dort Ball zu spielen.

Sobald das Essen fertig war, rief ich alle an den Tisch im Freien. Tim stand stolz mit dem Tablett voller Hühnerschenkel da. Er erklärte ausführlich, dass dies ein amerikanisches Barbecue sei und dass es alles typisch amerikanische Gerichte waren. Dann stellte er das Tablett mitten auf den Tisch und bat alle, sich zu setzen.

„In Amerika stellen wir alles auf einmal auf den Tisch, warten, bis alle sitzen, sprechen ein Dankgebet, tun alles auf einmal auf unseren Teller und essen dann."

Für Italiener, die einen Gang nach dem anderen essen, war das eine vollkommen fremde Vorstellung. Alle nickten, als hätten sie mich verstanden.

„Jetzt hole ich noch das letzte Gericht aus dem Ofen, und dann können wir anfangen."

Wieder Nicken.

Ich lief in die Küche und machte den Ofen auf. Mit den dicken Ofenhandschuhen von Ikea holte ich die brutzelnde Schüssel mit den „Leckeren Bohnen" heraus und musste plötzlich daran denken, wie ich dieses Gericht vor 20 Jahren bei Lauren Schürmann in Columbus, Ohio zum ersten Mal zubereitet hatte. Bei dem Gedanken, dass ein Rezept Freunde ein ganzes Leben lang verbinden konnte, musste ich lächeln.

Als ich die Schüssel durchs Haus auf die *Terrazza* trug, wurde mir klar, dass dies unser erstes Abschiedsessen war. Dieses Rezept war vielleicht das Einzige, woran Annalisa sich in 20 Jahren noch von mir erinnern würde. Ich hielt einen Moment inne und musste den Kloß in meinem Hals hinunterschlucken. Der Geruch des Specks, der mir aus der Schüssel in die Nase stieg, beruhigte mich irgendwie.

Als ich wieder auf die Terrasse kam, hatte jeder schon einen Hühnerschlegel auf dem Teller und alle hatten angefangen zu essen. Ich warf Tim einen Blick zu, und wir zuckten beide mit den Achseln und mussten lachen. Ich setzte mich und fand mich damit ab, dass wir dieses Barbecue wohl auf die italienische Art essen würden. Wir aßen alle unseren Hühnerschlegel. Danach reichten wir die Bohnen herum. Als die leer waren, nahmen wir uns die Maiskolben vor und nagten eine Zeit lang daran. Und dann ging der Salat herum, obwohl der mittlerweile total zusammengefallen war. Tim reichte ihn zuerst dem Vater, der ihn angewidert ansah.

„Adriano!", platzte Annalisa heraus.

Tim, Katie und ich sahen uns erleichtert an. Das Rätsel war gelöst! Er hieß Adriano!

„Bitte, Adriano, ich werde dir etwas auftun." Sein Name sprudelte aus mir heraus, als ich aufsprang und den Salat neu mischte, um das welke Grün etwas zu beleben.

Hier war Salat etwas ganz anderes als bei uns. Er bestand meist nur aus Blattsalat mit etwas Essig und Öl und wurde am Ende der Mahlzeit zur Verdauung serviert. Dass eine Handvoll Grünzeug irgendwie dazu beitragen sollte, die ganze klebrige Geschichte schneller durch den Verdauungstrakt zu befördern, war in meinen Augen allerdings reine Einbildung.

Ich ging herum und tat jedem etwas Salat auf den Teller. Annalisa warf Adriano einen schockierten Blick zu, und mir fiel ein, dass das ja die Aufgabe des Herrn des Hauses war. Nun ja, heute eben nicht. Ich war mir ziemlich sicher, dass es ihnen beim Anblick von Salat, gemischt mit anderen Lebensmitteln, die Sprache verschlagen würde. Aber sie aßen ihn alle trotzdem und schluckten dabei ganz langsam, als sei er vielleicht giftig.

„Nun, Adriano", meinte Tim, „was hältst du vom amerikanischen Essen?"

Adriano sah ihn nur ausdruckslos an, bis Annalisa für ihn übersetzte. Er kaute noch einen Augenblick nachdenklich und sagte dann: „Gut."

Als die Sonne hinterm Horizont verschwand, warfen die letzten Teelichter, die Matt kunstvoll auf dem Tisch verteilt hatte, einen goldenen Schein auf unsere Gesichter. Lachen und ungezwungene Unterhaltungen erfüllten die Luft.

Ohne nachzudenken schob ich meinen Stuhl zurück, um aufzustehen und den Tisch abzuräumen, hielt dann aber inne. Warum nicht den Augenblick genießen? Ich hatte wieder diesen Kloß im Hals.

„Ich habe eine Idee", sagte Tim. „Wie wäre es, wenn Carlo uns ein paar Lieder spielt, bevor wir den Nachtisch essen?"

Carlo sah lächelnd auf.

„Sì, sì, sì!", rief Annalisa. „Geh! Geh!"

Carlo ging nach unten, um seine Gitarre zu holen. Er war erst 12, aber er spielte wie ein großer Künstler. Er reiste auch schon durch ganz Europa und nahm mit anderen fortgeschrittenen Musikern an Wettbewerben teil. Innerhalb kürzester Zeit war er wieder da, mit seiner kostbaren Gitarre und auch einigen amerikanischen Liederbüchern.

Wir saßen alle im Wohnzimmer, lauschten seinen Konzertstücken und wünschten uns dann der Reihe nach Lieder der Beatles. Als wir gerade alle „Yellow Submarine" schmetterten, trafen sich Annalisas und meine Blicke. Wir lächelten uns an. Dann traten uns beiden gleichzeitig die Tränen in die Augen, und wir mussten lachen, als wir simultan nach den Taschentüchern griffen.

„Abschied nehmen ist schwer."

„Ja, das ist es", sagte ich und tupfte mir die Tränen ab.

„Dann müssen wir euch noch mal zum Essen einladen! Am Mittwoch! Eine Abschiedsparty."

„Ihr seid so nett zu uns."

„Wenn wir nach Amerika kommen, dann könnt ihr das Gleiche für uns tun."

Wir schluchzten beide leise vor uns hin, während die anderen mit „Hey Jude" weitermachten.

Schließlich beendeten wir den Abend mit Brownies, Eis und Limoncello, ebenfalls zur Verdauung. Tim und ich gaben uns die größte Mühe, Adrianos Namen jedes Mal zu nennen, wenn wir ihn ansprachen, um all die vagen Umgehungen wiedergutzumachen, mit denen wir ihn in den letzten 11 Monaten angesprochen hatten. Schließlich hatten wir ihn mit „Adrianos" fast erschlagen, sodass er verkündete, es sei jetzt Zeit für seine Familie zu gehen.

Kurz darauf waren sie fort, und wir standen zu viert da und starrten auf die unzähligen Teller und Gläser, die in der ganzen Wohnung verstreut standen.

„Das war schön!" Damit sprach Katie aus, was wir alle dachten. „Wir werden sie vermissen."

Wir nickten alle zustimmend und vermieden es dabei, uns gegenseitig anzusehen. Mehr musste nicht gesagt werden, und so standen wir auf und fingen schweigend an aufzuräumen. Unsere Schweigsamkeit hielt an, bis wir ins Bett gingen.

Kapitel 77

Der nicht gegangene Weg

Die Sonne brannte. Der Pool lag türkisfarben da. Die Weinberge erstreckten sich über die Hügel. Schmetterlinge flatterten. Lavendelhecken dufteten. Orangefarbene Lilien und Geißblatt blühten an der alten Steinmauer. Der Geruch von Jasmin und Frieden lag in der Luft. Der Wind raschelte in den Blättern. Die Vögel flogen träge ihre Kreise in der trockenen Luft. Diese Stille kannte man in der Stadt schon lange nicht mehr.

Ich saß auf der Terrasse einer Sechs-Zimmer-Villa, hoch auf einem Berg in der Toskana. Unter mir zog sich das Tal in allen Grün- und Brauntönen bis zum Horizont hin. Und ich war ganz allein. Zumindest im Moment.

Tim und die Kinder waren drinnen und aßen ein verspätetes Frühstück. Wir waren auf Einladung von Dick und Sandy hier. Sandys Familienangehörige aus Minnesota, denen wir sehr treffend als „die mit dem Meerbusen" vorgestellt worden waren, belegten die übrigen Zimmer.

Ich war dankbar, dass ich ein paar Augenblicke für mich hatte und einfach die Schönheit hier genießen konnte. Mir war nur allzu deutlich bewusst, dass wir schon in vier Wochen wieder zurück in Los Angeles sein würden. Bei dem Gedanken spürte ich Panik in mir aufsteigen, weil etwas in mir dieses Land, dieses Jahr, diese neu entdeckte Ganzheitlichkeit nicht zurücklassen wollte. Niemals.

Ein paar verirrte Klavierakkorde trieben mit dem Wind herüber. Dann entlockten geübte Finger den Tasten eine Sonate. In einer Villa weiter oben am Hang spielte irgendjemand Klavier. Als sei dieser Augenblick nicht schon vollkommen genug.

Ich entdeckte eine leuchtend grüne Schwimmbrille am Beckenrand und fragte mich, wann ich das letzte Mal Bahnen geschwommen war. Ich erinnerte mich daran, dass ich oft schwimmen gegangen war, als ich mit Katie schwanger war und wir in Atlanta lebten. Aber damals ging es nicht um den Spaß am Schwimmen, sondern darum, aus Furcht vor Cellulitis an Stellen, die ich damals wegen meines wachsenden Bauches nicht einmal mehr sehen konnte, zu trainieren. Das war 16 Jahre her.

Ich griff nach der Schwimmbrille und stellte das Band passend ein. Dann ließ ich mich in das kühle Wasser gleiten und vertrieb ein paar Wasserinsekten, die panisch um ihr Leben schwammen. Ich stellte mich genau an die Mitte der Rückwand des rechteckigen Swimmingpools und dachte an diese ältere Schauspielerin, die so anmutig schwimmen konnte. Wie hieß sie doch gleich? Genau, Esther Williams. Ich beschloss, dass ich abgesehen von der grünen Schwimmbrille aussah wie sie. Ich nahm Haltung an, falls mich jemand sah.

Dann stieß ich mich ab und begann, in langsamen Kraulzügen zu schwimmen. Ich fühlte mich schwerfällig und ungelenk und versuchte mich daran zu erinnern, wie man richtig atmete, damit ich mich entspannte. Nach drei Vierteln der Strecke bis zur anderen Seite war ich total erschöpft. Ich streckte die Arme aus und ließ mich treiben, bis ich am Beckenrand ankam und mich festhalten konnte. Dann schnappte ich ein paar Minuten lang nach Luft. So hatte ich mir das eben in meiner Fantasie nicht vorgestellt.

Ich drehte mich auf den Rücken und schwamm mit langsamen Zügen zurück. Da meine Ohren unter Wasser waren, war ich plötzlich taub. Ich konnte nur noch das Geräusch meiner Schwimmzüge im Wasser hören. Die gedämpften Geräusche unter Wasser erinnerten mich irgendwie an die Sommer meiner Kindheit und an einen Embryo, der sicher im Bauch seiner Mutter ist.

So hatte sich dieses Jahr angefühlt: sicher, nährend, Leben spendend. Obwohl wir viel von Europa gesehen hatten, war unsere persönliche Welt doch sehr klein geworden. Wir hatten nur wenige Freunde, wenige Verpflichtungen und auffallend wenig Zwang gehabt, irgendetwas tun zu müssen oder irgendwo sein zu müssen. Und überraschenderweise hatten wir uns sehr wenig um die Medien gekümmert, was eine unerwartet befreiende Wirkung hatte.

Jahrelang hatte ich mich in meinen Entscheidungen nach dem gerichtet, was ich in Zeitschriften gelesen oder in den Nachrichten gehört hatte. Dass ich in diesen letzten Monaten plötzlich frei von all diesen Zwängen gewesen war, hatte eine so befreiende Wirkung gehabt, wie ich es nie für möglich gehalten hätte.

Bei jeder Bahn, die ich hier im Pool gemütlich schwamm, erinnerte ich mich an all die Dinge, von denen ich nichts mehr wusste. Ich wusste nicht mehr, wie hoch die Verbrechensrate war. Ich wusste nicht, wer in der Nähe entführt oder vergewaltigt worden war. Ich wusste nicht, wen sie beim Klauen erwischt hatten oder in welchen Stadtteil man besser nicht ging. Ich wusste nicht, welcher Politiker eine Affäre hatte oder welcher Filmstar magersüchtig oder Alkoholiker und/oder gerade mal wieder in Reha war. Ich hatte keine Ahnung von Verkehrsstaus oder Wetterbedingungen, bis sie mir eben begegneten.

Ich war nicht mehr up to date, was meine Optik anging oder meine Kleidung. Und ich fing an zu vergessen, wie viele Falten ich hatte und dass diese Flecken auf meinen Händen verrieten, wie alt ich wirklich war.

Ich war eine uninformiert glückliche Bürgerin. Ich vertraute auf mein eigenes Urteilsvermögen und es ging mir gut! Zum ersten Mal in meinem Leben wurde ich nicht von Zweifeln geplagt oder befand mich in einem dauerhaften Zustand der Verwirrung. In meinen Gedanken war jetzt mehr Raum für die unmittelbaren Ereignisse und die Dinge des Herzens. Ich spürte Gottes beständige Gegenwart und den tiefen Frieden, der damit einhergeht.

Mit dem Gesicht der Sonne entgegengestreckt schwamm ich weiter. Ich spürte die Hitze auf meiner Nase und meinen Wangen, aber das Wasser hielt meinen übrigen Körper kühl. Es hatte eine hypnotisierende Wirkung. Ich genoss dieses Gefühl. Ich genoss die Einsamkeit und das glatte Gefühl des Wassers auf meiner Haut. Den Auftrieb, den ich nicht für selbstverständlich nahm.

Ich fühlte mich wie Dornröschen, das nach all den Jahren endlich wieder zum Leben erweckt wurde. Aber es war nicht der Kuss eines Prinzen, der den Zauber gebrochen hatte. Es war eher der Kuss eines Poeten. Dieser verrückte Augenblick im Mai letzten Jahres, als ich mich für den nicht gegangenen Weg entschied.

Ich war am flachen Ende des Pools angekommen und stand ein letztes Mal mit dem Rücken zum Beckenrand. Unter Tränen verabschiedete ich mich von der brennenden Sonne und dem türkisfarbenen Pool, den Weinbergen, den Schmetterlingen auf den Lavendelbüschen, den blühenden Geißblattranken an der alten Steinmauer, dem Duft von Jasmin und Frieden, dem trockenen Wind im Laub der Bäume und der Stille, die die Stadt und verlorene Menschen schon lange nicht mehr kannten.

Aber von den orangefarbenen Lilien und den Vögeln verabschiedete ich mich nicht, denn ich wusste, dass ich sie wiedersehen würde.

Ich stieg aus dem Wasser, schluckte den Kloß in meinem Hals hinunter und sah noch ein letztes Mal auf das Tal, das sich in allen Grün- und Brauntönen bis zum Horizont erstreckte, und auf Lucca mit seiner mächtigen Stadtmauer.

„Wege führ'n zu and'rer Wege Lauf: Ich wusste wohl, dass keiner wiederkehrt."

Kapitel 78

Egizios Filiale

Tim liebte es, Egizio von Zeit zu Zeit morgens in seinem Restaurant zu besuchen, wenn er einen Berg von Teig für den Abend vorbereitete. Im Laufe des Jahres hatten sie eine enge Freundschaft geschlossen, hatten einander geholfen, Vokabeln in der jeweils anderen Sprache zu lernen, und Lebenserfahrungen ausgetauscht. Sie hatten sich gegenseitig den Tag verschönt.

Als Tim mich an diesem Morgen einlud mitzukommen, fühlte ich mich sehr geehrt, denn ich wusste, wie viel ihm diese Besuche bedeuteten. Bisher hatte er sie nicht mit mir geteilt.

Egizio kam entspannt lächelnd mit drei Tassen Cappuccino auf einem Silbertablett durchs Restaurant auf uns zu. Tim und ich saßen uns an einem Tisch an einem Fenster mit frisch gebügelten Baumwollvorhängen gegenüber. Ich konnte mir richtig vorstellen, wie Christina mit dem Bügeleisen dastand und gewissenhaft nach jeder Falte suchte, um sie zu eliminieren.

Egizio stellte die Tassen mit seinen mehligen Händen vor uns hin. „Nicht mehr viele Tage?“, fragte er uns nach unserer bevorstehenden Abreise.

Die Worte trafen mich wie ein Schlag in die Magengrube.

„Erinnere uns nicht daran!“, sagten Tim und ich wie aus einem Mund, als wir sahen, dass Egizios dunkle Augen traurig wurden.

„Wir kommen nach Malibu!“, sagte er lachend, und sofort waren wir wieder bei dem Thema, wie wir Egizios Restaurant nach Kalifornien verpflanzen konnten.

Tim, der ewige Listenschreiber, drehte ein Platzdeckchen um und holte seinen Stift heraus.

„Die *Ralph's Mall* an der Malibu Colony wäre ideal.“ Er kritzelte es hin, während er sprach.

„Alle Filmstars würden zu dir zum Essen kommen, weil die

Teigkruste nicht dick macht!", sagte ich, während Tim das als zweiten Punkt aufschrieb.

Egizio saß mit zusammengezogenen Augenbrauen tief in Gedanken da. „Es kostet zu viel Geld", sagte er dann.

„Du musst es ja nicht von deinem Geld bezahlen", erklärte Tim. „Das hier sind die Namen einiger Kapitalbeteiligungsgesellschaften." Sorgfältig fügte Tim die Namen sauber geschrieben zu seiner Liste hinzu. „Sie müssten nur einmal ein Stück von deiner Pizza probieren. Dann würden sie sich alle um dich reißen."

„Aber mein Rücken. Er macht mir oft Probleme." Egizio legte die Hände auf seine Lendenwirbel. „Vielleicht bin ich zu alt."

„Du bleibst einfach hier in Italien", sagte ich, „und schickst Simone. Er macht eine Filiale auf."

„Er mag nicht fliegen", sagte Egizio.

„Wir geben ihm eine Tablette", meinte Tim lachend.

Begeistert schrieben wir weiter an unseren Plänen, bis das Platzdeckchen voll war. Als wir dann unsere zweite Tasse Cappuccino getrunken hatten, konnte ich mir schon ganz deutlich vorstellen, wie Egizios Filiale neben dem Coffeeshop eröffnete und den Restaurants des gerade angesagten Starkochs Wolfgang Puck den Rang ablief.

„Ich schaue nach dem Teig. Moment." Egizio streckte einen Zeigefinger hoch und verschwand nach unten.

„Du weißt doch, dass das niemals passieren wird", sagte ich zu Tim, der das Platzdeckchen sorgfältig zusammenfaltete.

„Ja, ich weiß." Lachend steckte er die Liste in seine Hemdtasche. „Aber manchmal genügt es einfach zu träumen. Nicht jeder Traum muss wahr werden."

Wir hielten uns an den Händen und sahen uns schweigend im Restaurant um. Ich zeigte auf ein einsames Regal, hoch oben unter der Decke. Wir waren uns einig, dass wir unsere Liste mit einem Stück unseres Herzens heimlich dort hinlegen würden, bevor wir nach Hause zurückgingen.

Kapitel 79

Glückliche Fügung

Tim tippte eine Liste von Dingen, die wir verkaufen wollten, um sie an der amerikanischen Schule auszuhängen, für diejenigen, die vielleicht neu hierherzogen. Ich irrte durch unsere Wohnung und lief immer wieder gegen leere Wände und Regale.

Wir hatten angefangen, unsere Sachen loszuwerden. Das meiste hatten wir vor einer Woche schon weggeschickt. Ein unauffälliges Auto kam, mit einem unauffälligen Mann, der sagte, er sei gekommen, um unsere Sachen zu holen. Also überließen wir ihm all unser Hab und Gut und er überließ uns ein altes Blatt Papier mit seinem Namen, das in der Mitte durchgerissen war.

Unser Fernseher, das Bügeleisen, der DVD-Player, unsere große Klimaanlage – alles, was nicht der amerikanischen Netzspannung entsprach, musste hierbleiben. Wir fragten Giglio, ob ein privater Flohmarkt eine gute Idee sei.

Er hatte uns entsetzt angesehen. „Niemand wird irgendetwas kaufen. Das ist widerlich."

„Oh. Na ja, möchtest du vielleicht irgendetwas davon?"

„Hmm, vielleicht das Bügeleisen."

„Wunderbar, und wir werden euch alle unsere Gewürze geben und alle ungeöffneten Lebensmittel. Wir möchten sie nicht einfach wegwerfen."

„Gut."

Dank unserer neu entdeckten Fähigkeit zusammenzuarbeiten, entschieden Tim und ich, was die Sachen kosten sollten, und korrigierten dann die Liste gemeinsam. Ich hoffte, dass wir alles verkaufen konnten. In letzter Zeit zählte ich jeden Cent, denn die Realität hatte uns eingeholt wie Goliath, der in gar nicht so großer Entfernung vor uns stand. Ich suchte ständig nach meiner Steinschleuder, konnte sie aber nicht finden.

Der letzte Monat war sehr bewegend gewesen. Matthew entwickelte sich überraschend schnell und genoss seine neue Unabhängigkeit. Katie wusste nicht, wie sie sich von ihrer ersten Liebe verabschieden sollte – es war übrigens Basketball-Alex – oder von dem Leben, das sie hier gefunden hatte. Tim und ich schwankten zwischen Tränen und wehmütigem Seufzen.

„Hast du etwas von Mike gehört?"

Tim hatte ein Vorstellungsgespräch bei einem alten Collegefreund in San Francisco gehabt.

„Nicht in den letzten zwei Tagen."

„Oh."

„Ich mache mir keine Sorgen. Wenn es sein soll, dann wird es sein."

„Stimmt."

„Hat Ron sich gemeldet?"

„Ja, das Haus wird bereit sein, wenn wir kommen."

Ein Freund hatte uns aus heiterem Himmel eine E-Mail geschickt und gefragt, ob wir eine Bleibe bräuchten, wenn wir zurückkamen. Wenn das nicht eine glückliche Fügung war.

„Wenigstens wissen wir, wo wir wohnen werden."

„Ja, wenigstens das."

Und nur das. Das war alles, was wir über unsere Rückkehr wussten. Wir stürzten uns wieder in das Leben in Los Angeles und hatten nur ein Dach überm Kopf, genug Geld für ein paar Monate Arbeitslosigkeit und eine kurzfristige Krankenversicherung, die wir vor Kurzem abgeschlossen hatten. Noch vor ein paar Jahren wäre so ein Plan, oder vielmehr ein Nicht-Plan, für mich ein Grund zum Selbstmord gewesen. Aber es ging uns erstaunlich gut damit.

Wir hatten gelernt, glückliche Fügungen als Gottes Gnade in unserem Leben zu erkennen. Ich kann gar nicht sagen, wie viel Druck das von uns genommen hat. Wir würden dieses Haus mieten und dann einfach abwarten, welche Türen er als Nächstes für uns öffnete. Ich machte mir nichts vor – es würde nicht einfach werden. Aber die Dinge würden sich irgendwie entwickeln und es würde funktionieren. Unsere Ehe war wieder eine, dic ihren Namen verdiente, und unsere Familienbande waren noch nie so stark gewesen. Wir alle genossen das Miteinander, und das war alles, was wirklich zählte.

„Veronica hat angerufen. Sie und Thomas gehen nach Schweden zurück."

„Das überrascht mich nicht so wirklich."

„Sie hält es hier nicht mehr aus. Alles ist viel zu unorganisiert für sie."

„Haben sie ihre Möbel schon zurückgeschickt?"

Die Geschichte von Veronica und Thomas war aufs Engste mit unserem Jahr in Italien verwoben. Wir hatten jeden Umzug und jedes Hoch und Tief der beiden aus nächster Nähe miterlebt. Als ihr Kreditantrag endlich bewilligt worden war, während sie noch in Recco wohnten, brachten sie all ihr Hab und Gut von Schweden nach Busalla, da der Besitzer der Villa ihnen erlaubt hatte, alles so lange zu lagern, bis der Papierkram erledigt war. Doch der Papierkram wurde nie erledigt. Jetzt mussten sie alles wieder nach Schweden schicken.

Also sagten wir Italien und einander Lebewohl. Es war eine Freundschaft, die mir sehr fehlen würde. Ich wagte mir den Abschied von Veronica gar nicht vorzustellen. Sie war für mich wie eine Schwester geworden. So war eben das Leben als Ausländer – unberechenbar. Deshalb war jeder einzelne Tag so wichtig. Deshalb kam jedes Lachen aus dem tiefsten Inneren. Deshalb war jede Freundschaft vom ersten Moment an ganz tief. Man wusste nie, wann oder warum jemand wegziehen würde.

Als die Sonne schon tief über dem Horizont stand, hatte Tim die Liste fertig und druckte sie aus. Ein weiterer Sonnenuntergang an der Riviera, den wir gemeinsam genießen durften.

„Das reicht mal für einen Nachmittag."

„Du holst den Wein und ich wische die Stühle ab."

„Wir treffen uns in fünf Minuten auf der Terrasse."

Ich ging in die Küche und schenkte uns zwei Gläser Wein aus der Region ein. Ich nahm eines in jede Hand und ging über den Dielenboden auf die offene Terrassentür zu. Es war ganz still, und ich blieb einen Moment stehen, ließ meinen Blick durchs Zimmer und aus dem Fenster die Küste entlang schweifen und genoss jeden Zentimeter der Aussicht. Einen Augenblick lang betrachtete ich die Sonne, die sich von Leuchtendgelb in Feuerrot verwandelte. Es brauchte einiges an Geschicklichkeit, um mir mit den Gläsern in der Hand mit dem Ärmel die Tränen abzuwischen, ohne dabei etwas zu verschütten.

Aber irgendwie schaffte ich es.

Kapitel 80

Der Beginn einer neuen Zeit

Als ich die Augen öffnete, fing es gerade an zu dämmern. Vollkommen übermüdet kuschelte ich mich an Tim, obwohl ich wusste, dass ich nicht mehr einschlafen würde.

„Ich bin auch wach", sagte er und zog mich an sich.

„Wann ist Katie nach Hause gekommen?"

„Etwa vor zwei Stunden."

„Na ja, wir können ja später im Zug schlafen."

„Kaffee?"

Barfuß ging ich über den kühlen Dielenboden in die Küche. In der leeren Wohnung hallte alles so ungewohnt wider, und an den kahlen, weißen Wänden spielten sich vor meinen Augen wie auf einer Leinwand die vielen Abschiedsszenen der letzten beiden Wochen noch einmal ab. Immer und immer wieder. Und ich sah wie gebannt immer wieder zu.

Ich maß den Kaffee ab, zündete mit unserem letzten Päckchen Streichhölzer den Herd an und überlegte dabei die ganze Zeit, wie wohl Katies letzter Abend mit Alex gewesen sein mochte. Letzte Nacht hatte der Vollmond unser Dorf und die Küste in milchiges Licht getaucht. Tim, Matt und ich hatten unseren letzten Abend mit Alex' Eltern, Tony und Marissa, auf deren Dachterrasse verbracht und uns das Feuerwerk anlässlich eines Festtages in einer nahe gelegenen Stadt angesehen. Sich vor so einer romantischen Kulisse widerstrebend von seinem ersten Freund zu verabschieden musste Katie unendlich schwergefallen sein.

Ich goss den dampfenden Kaffee in zwei Becher und trug sie vorsichtig zum Bett. Dann gab ich Tim einen Becher und kroch wieder neben ihm unter die Decke. So saßen wir ans Kopfende gelehnt mit angezogenen Knien da. Tim hatte die Schiebetür geöffnet, sodass wir die kühle Meeresluft einatmen konnten.

Wir gingen das vergangene Jahr noch einmal in Gedanken durch – alles, was geschehen war, und auch das, was nicht geschehen war.

„Jetzt haben wir keinen einzigen Zigeuner gesehen."

„Und die Oberstufe wurde ein weiteres Jahr beibehalten."

„Niemand wollte je unsere Papiere sehen, um zu prüfen, ob wir illegal hier waren."

Ich nahm einen großen Schluck und fühlte, wie mir der Kaffee heiß den Hals hinunterlief. Der Himmel wurde langsam rosa, und irgendwo fing ein Vogel an zu singen.

„Glaubst du, dass wir das Richtige tun?", fragte ich.

„Ja."

„Ich habe mehr Angst zurückzugehen, als ich hatte, als wir hierhergekommen sind."

„Ich liebe dich. Und ich liebe unsere Kinder. Ganz gleich, wo wir wohnen werden, darum geht es letztlich."

Tim standen plötzlich die Tränen in den Augen.

„Wir haben es zusammen hingekriegt, was?"

In vertrautem Schweigen saßen wir einen Augenblick da und sahen einem Fischerboot zu, das aufs Meer hinausfuhr. Langsam drang der erste Verkehrslärm den Hügel hinauf bis zu uns vor, und ein Hund fing an, nach seinem Frühstück zu bellen. Ich sah zu, wie einige der Nachbarn die Fensterläden und die Fenster öffneten.

Schwach drang das Pfeifen des ersten Zuges am Morgen, der noch weiter unten an der Küste war, durch die Stille. Wir schauten einander vielsagend an, und Tim fing an, Paul Simons „Train in the Distance" zu singen.

Wir stießen mit unseren Kaffeetassen an, tranken auf unsere Zukunft, und ich sang die zweite Zeile des Refrains, wohl wissend, dass das Lied eigentlich von Scheidung und einer kaputten Ehe handelte. Aber was jetzt zählte, war nur, dass wir den Text gut genug kannten, um ihn an einem wunderschönen italienischen Morgen inbrünstig gemeinsam zu singen.

Kapitel 81

Alle Wege führen nach … Hause

Schweigend gingen wir zum letzten Mal aus der Wohnungstür. Den ganzen Morgen schon hatte Matt verkündet, was wir jetzt alles zum letzten Mal taten.

„Jetzt putze ich zum letzten Mal meine Zähne an diesem Waschbecken. Das ist die letzte Schüssel Cornflakes, die ich an diesem Tisch esse. Wir stehen zum letzten Mal auf diesem Balkon. Das ist das letzte Mal, dass ich auf diesen Knopf drücke."

„Und ich sage dir jetzt zum letzten Mal, dass du endlich ruhig sein sollst", zischte Katie ihn an, als wir zum letzten Mal mit dem Aufzug nach unten fuhren. Er rauschte klappernd nach unten, und Gott war bei uns, wie ich es gehofft hatte.

„Wir sind ein bisschen aufgeregt, was unsere Heimreise angeht."

„Aber ihr habt keine Angst?"

„Nein. Hier, das muss ich dir zeigen." Ich fummelte in meiner Hosentasche herum und zog ein frisches, neues Kärtchen heraus, auf das ich Matthäus 6,25-34 fein säuberlich in einer besonders schönen Schriftart getippt hatte.

„Sehr nett. Eine moderne Schriftart."

„Schau mal hier." Ich drehte das Kärtchen um und zeigte auf einen neuen Vers auf der Rückseite: Matthäus 7,7-8. „‚Bittet Gott, und er wird euch geben! Sucht, und ihr werdet finden! Klopft an, und euch wird die Tür geöffnet! Denn wer bittet, der bekommt. Wer sucht, der findet. Und wer anklopft, dem wird geöffnet.' Ist doch eine überzeugende Kombination, oder?"

„Sehr klug."

„Wir könnten in Los Angeles ein bisschen Hilfe in Sachen Arbeitssuche gebrauchen."

„Ich werde euch führen. Hört nur auf mich."

„Ich vertraue dir."

Wir sprangen aus dem Fahrstuhl und gingen mit hängenden Schultern hinunter zu der kleinen Kirche in unserem Viertel, zu unserer letzten Messe. Wie es der Zufall wollte, waren alle regelmäßigen Besucher da. Giglio und Pierangela erzählten dem Priester, dass wir noch heute nach Hause fahren würden, und der kündigte es wiederum vor Beginn des Gottesdienstes an. Während alle Blicke auf uns gerichtet waren, verkündete er, dass er diese Messe für unsere sichere Heimreise halten würde.

Während des ganzen Gottesdienstes seufzte Carmelina, und andere warfen uns traurige Blicke zu und lächelten wehmütig. Tim, Katie und ich kämpften mit den Tränen, gaben schließlich auf und ließen sie einfach laufen, bis sie auf unser wohlvertrautes St.-Josephs-Messbuch fielen. Matthew war zum letzten Mal Messdiener, und Pierangela legte ihre Schüchternheit ab und hielt stolz die Lesung.

Am Schluss organisierte Giglio noch ein Gruppenfoto vor dem Altar, und das ganze Viertel stand im Hof beisammen und verabschiedete uns.

Als wir danach zusammen mit Giglio und Pierangela zurück zu unserer Wohnung gingen, versuchten wir, die Unterhaltung so unverfänglich wie möglich zu halten.

„Was war das alles, was da gestern Abend in der Tüte vor unserer Tür war?", fragte Giglio augenzwinkernd.

„Ich habe dir doch gesagt, dass wir euch unsere restlichen Lebensmittel geben würden", erwiderte ich.

„Wir haben nur ein paar Sachen erkannt. Was ist dieses … dieses Crisco-Zeug?"

„Giglio, hör auf", sagte Pierangela lachend.

„Wir saßen zwei Stunden lang mit dieser großen blauen Dose am Küchentisch und haben gerätselt, was das sein könnte. Pierangela wollte es behalten, aber ich hatte Angst, dass es für immer ein ganzes Fach im Kühlschrank belegen würde. Was macht man damit?"

„Es ist so etwas wie … Schmalz, glaube ich", sagte ich. „Man benutzt es, um Dinge zu frittieren, oder für Kuchenböden."

„Dann ist es Teig."

„Werft es einfach weg", sagte Tim.

„Habe ich schon gemacht", sagte Giglio lachend, als wir vor ihrer Wohnung ankamen, wo sowohl Giglios neues Auto als auch unser Chevy Neon mit der Hälfte unseres Gepäcks vollgestopft bereitstanden. Wir mussten zweimal zum Bahnhof fahren, um alles hinunterzuschaffen. Ich wollte bei der ersten Fuhre mitfahren, um dann auf das Gepäck aufzupassen.

Wehmütig sah ich mich noch ein letztes Mal in unserer Nachbarschaft um. Ich schaute zu unserer inzwischen verlassenen Terrasse, der Wäscheleine auf dem Dach und den leeren Korbstühlen hinauf. Ich sah die orangefarbenen Trompetenblumen rund um die alte Steintreppe und schaute mit Katie zusammen durch die Bäume auf den blauen Horizont und die Segelboote auf dem Meer.

Heiße Tränen liefen mir über meine ohnehin schon durchnässten Wangen, und ich ging schweren Herzens zu Pierangela. Plötzlich war die Luft ganz dick, fast unwirklich.

„Jetzt müssen wir uns wohl Lebewohl sagen", fing ich an.

„Ich habe ein Geschenk." Pierangela holte eine kleine, eingepackte Schachtel aus ihrer Handtasche. „Ein Geburtstagsgeschenk für dich."

„Woher weißt du das?"

„Tim."

Ich packte die Schachtel aus und nahm eine kleine, bunt emaillierte Schildkröte heraus. „Die werde ich auf meinen Schminktisch stellen, als Erinnerung daran, das Leben etwas langsamer anzugehen. Danke."

„Gern geschehen, meine amerikanische Freundin." In ihren sanften, braunen Augen standen die Tränen. „Mach's gut."

Ich drückte sie fest und roch ihr duftendes Parfüm.

Dann ging sie zu Katie, die sich weinend in ihre Arme fallen ließ. „Bella Katerina!"

Anschließend nahm sie Matts Gesicht in beide Hände und sagte: „Kümmere dich um deine Schwester, Matteo. Du bist ein Mann geworden."

Tapfer nickte er. „Sì, sì. Das werde ich."

„Der Zug wartet nicht auf euch“, rief Giglio sanft mahnend aus dem Auto, wo er geduldig hinter dem Lenkrad gewartet hatte.

„Ihr kommt doch nächsten Sommer nach Nova Scotia und besucht uns in unserem Ferienhaus, ja?“

„Papa, bitte.“

„Wir versuchen es“, sagte Tim und stieg in den Neon. Matt umarmte Pierangela schnell und wir quetschten uns in die Autos und wickelten uns irgendwie um unser Gepäck.

Pierangela stand in ihrer frisch gestärkten Bluse mit dem eleganten Tuch mit Paisleymuster im Ausschnitt da und winkte uns nach, als wir losfuhren. Ich legte die Fingerspitzen an die Lippen und warf ihr eine letzte Kusshand zu, als wir um die erste Kurve bogen.

Wenige Minuten später luden Tim und Giglio uns mit der ersten Ladung Koffer am Bahnhof ab. Katie, Matt und ich standen vor dem Bahnhof in Nervi und warteten. Wenn Melancholie Staub gewesen wäre, dann hätten wir alle wie der schmutzige Pig Pen von den Peanuts ausgesehen.

Ich saß auf einer unserer roten Taschen, starrte die Straße entlang und bewunderte die großen Palmen, die auf beiden Straßenseiten wuchsen. Ich prägte mir den blauen Himmel, den Eisstand auf der linken Seite, das Hotel *Astor*, in dem wir unser Jahr begonnen hatten, und die Menschen ein, die herumliefen, als sei es ein ganz gewöhnlicher Sonntag. Wie konnten sie nur so gleichgültig sein? Merkten sie denn gar nicht, dass es uns das Herz brach, sie zu verlassen? Sahen sie denn nicht, wie mitleiderregend wir dasaßen und die Köpfe hängen ließen?

Nicht lange, und ich sah Giglios Auto wieder auf uns zukommen. Den Neon hatten sie oben an der Wohnung stehen lassen. Mir wurde ganz schwer ums Herz, denn ich wusste, dass das jetzt endgültig der Abschied war. Es gab nichts mehr hinauszuzögern. Es gab keinen Grund mehr, noch ein wenig zu bleiben.

Tim und Giglio luden das Gepäck aus dem Kofferraum, und dann standen wir alle fünf einfach da und vermieden es krampfhaft, einander anzusehen.

„Wir werden euch vermissen", sagte ich zu Giglio. Aber die Worte fühlten sich zu leicht an in meinem Mund, als könnten sie das Gewicht dessen, was ich fühlte, gar nicht tragen.

„Geht jetzt. Nicht reden", sagte Giglio.

Er war nicht der Typ für emotionale Momente. Er drückte jeden von uns einmal kräftig und schüttelte uns die Hand, dann sprang er in sein Auto, fuhr weg und winkte dabei noch mit einer Hand aus dem Fenster, bis er am Ende der Straße war. So einfach war alles vorbei. Jetzt waren wir wieder zu viert. Ganz allein auf der Welt.

Auf dem Bahnsteig fing die Glocke an zu läuten. Uns blieben noch zwei Minuten, um eine halbe Tonne Gepäck zum *binario due* zu befördern. Wie die Pawlow'schen Hunde setzten wir uns auf das Glockensignal hin in Bewegung. Inzwischen waren wir Bahnreise-Profis. Wir hatten gelernt, dass wir zusammenarbeiten mussten, um unser Ziel zu erreichen.

Wir steuerten auf eine ungewisse Zukunft zu. Ein neues Haus, neue Schulen, keine Arbeit. Aber wir hatten keine Angst. Wir waren zusammen. Und wir waren eine Familie. Alles andere war nicht wirklich wichtig.

Epilog

Die Pohlmans kamen zurück nach Los Angeles und fingen langsam an, ihr Leben wieder aufzubauen. Tim erfüllte sich einen Traum und gründete seine eigene Firma. Katie und Matthew gingen in neue Schulen, Susan wurde stellvertretende Schulleiterin an einer nahe gelegenen Grundschule, und Zucca wurde der erbosten Carmel Corn vorgestellt, die ihn bis heute nicht ausstehen kann.

Im Juni 2007 zogen sie aus geschäftlichen und familiären Gründen nach Scottsdale in Arizona. Tim und Susan sind immer noch glücklich verheiratet und erleben, wie Gottes Gnade in ihrem Leben und dem ihrer Kinder wirkt.

Und obwohl das rasante Tempo der amerikanischen Kultur sich wieder in ihr Leben geschlichen hat, tragen sie in ihren Herzen doch den Frieden und das Bewusstsein für die Dinge, die sie in ihrem zauberhaften Jahr in Ligurien gelernt haben.

Dank

Wenn im Leben etwas Außergewöhnliches, eine echte, tiefgreifende Veränderung geschieht, dann haben wir das ganz große Verlangen, jedem davon zu erzählen, der so freundlich ist, interessiert zu tun. Als wir nach Italien zogen, hatte ich keine Ahnung, dass diese Erfahrung einmal auf den Seiten eines Buches landen würde, aber irgendwie konnte ich nicht widerstehen, alles aufzuschreiben. Es sprudelte einfach aus mir heraus. Ein Buch zu schreiben und herauszugeben war für mich ein genauso überraschender Schritt wie unser Umzug nach Italien.

Ich bräuchte noch ein ganzes Kapitel, um allen zu danken, die an der Entstehung dieses Buches beteiligt waren. Viele dieser Menschen sind Ihnen auf den vorangegangenen Seiten bereits begegnet, aber diejenigen, die hinter den Kulissen gearbeitet haben, möchte ich Ihnen hier vorstellen.

Ich werde Judith Riven, meiner Freundin und Agentin, die mich auf diesem oft beschwerlichen Weg begleitet und sich von Anfang an für unsere Geschichte eingesetzt hat, ewig dankbar sein. Dank auch an Anita Bartholomew, die mir geholfen hat, mein Manuskript zu überarbeiten, und die mir mehr über die Kunst des Schreibens beigebracht hat, als ich je für nötig gehalten hatte zu lernen.

Mein Dank geht an Linda Raglan Cunningham, die auf eine unbekannte Autorin gesetzt hat, und an meine wunderbare und geistreiche Lektorin Elizabeth Kramer Gold. Es war ein Vorrecht und eine große Freude, mit euch zusammenzuarbeiten.

Unbedingt danken möchte ich meinen Eltern, Harry und Lois Hall. Ihr habt sechs Kinder dazu erzogen, ihre Familien zu lieben und zu schätzen. Euer Vorbild war für mich immer der Wegweiser, nach dem ich mich in meinem Leben gerichtet habe. Danke auch an alle meine Verwandten und auch an Tims Familie für ihre beständige Liebe und Unterstützung. Ich schätze euch alle sehr.

Einen herzlichen Dank an Carol Firenze, die Banko-Girls, Kim, Beth, Debbie, Karen, Sharon, Mary Lou, Mary Kay, meine geniale Schreibgruppe und an alle Frauen, die in meinem Leben eine Rolle gespielt haben. Ihr seid zu viele, um euch alle aufzuzählen, aber jede Einzelne von euch bedeutet mir viel.

Zum Schluss möchte ich den wichtigsten Menschen meine tiefe Dankbarkeit aussprechen: meinem Mann Tim und meinen wunderbaren Kindern Katie und Matthew. Das Leben hat nur einen Sinn, wenn wir zusammenhalten.